PIENSE
γ
HÁGASE RICO

Jeremy P. Tarcher/Penguin
A member of Penguin Group (USA) Inc.
New York

PIENSE
y HÁGASE
RICO

NAPOLEON HILL

JEREMY P. TARCHER/PENGUIN
Publicado por el Penguin Group

Penguin Group (USA) Inc., 375 Hudson Street, New York, New York 10014, USA • Penguin Group
(Canada), 90 Eglinton Avenue East, Suite 700, Toronto, Ontario M4P 2Y3, Canada (una división de Pearson
Penguin Canada Inc.) • Penguin Books Ltd, 80 Strand, London WC2R 0RL, England • Penguin Ireland,
25 St Stephen's Green, Dublin 2, Ireland (una división de Penguin Books Ltd) • Penguin Group (Australia),
707 Collins Street, Melbourne, Victoria 3008, Australia (una división de Pearson Australia Group Pty
Ltd) • Penguin Books India Pvt Ltd, 11 Community Centre, Panchsheel Park, New Delhi–110 017,
India • Penguin Group (NZ), 67 Apollo Drive, Rosedale, Auckland 0632, New Zealand (una división
de Pearson New Zealand Ltd) • Penguin Books, Rosebank Office Park, 181 Jan Smuts Avenue,
Parktown North 2193, South Africa • Penguin China, B7 Jaiming Center, 27 East Third Ring
Road North, Chaoyang District, Beijing 100020, China

Penguin Books Ltd, Oficinas Registradas: 80 Strand, London WC2R 0RL, England

Think and Grow Rich fue publicado por primera vez en 1937.
Primera edición Jeremy P. Tarcher, 2008.
Traducción © 2012, Penguin Group (USA) Inc.

La mayoría de los libros de Tarcher/Penguin están disponibles en cantidades especiales y con descuento para
compras al por mayor, ventas promocionales, eventos de recaudación fondos y temas educativos. También se
pueden crear ediciones especiales o fragmentos para necesidades específicas. Para más detalles, contactarse con
Penguin Group (USA) Inc. Special Markets, 375 Hudson Street, New York, NY 10014.

Library of Congress Cataloging-in-Publication Data
Hill, Napoleon, 1883-1970.
[Think and grow rich. Spanish]
Piense y hágase rico / Napoleon Hill. — 1st Jeremy P. Tarcher ed.
p. cm.
ISBN 978-0-451-41531-8
1. Success in business.   I. Title.
HF5386.H5718 2012
650.1—dc23
2012033423

Printed in the United States of America

CONTENIDO

PIENSE
y
HÁGASE RICO

PREFACIO DEL EDITOR

Este libro transmite la experiencia de más de quinientos hombres de gran riqueza, que comenzaron desde abajo, sin otra cosa que dar a cambio de riquezas salvo pensamientos, ideas y planes organizados.

Aquí tiene toda la filosofía para hacer dinero, tal y como se estableció a partir de los logros reales de los hombres más exitosos que ha conocido el pueblo estadounidense durante los últimos cincuenta años. Aquí se describe lo que debe hacer, y también, cómo hacerlo.

Este libro le ofrece instrucciones completas sobre cómo vender sus servicios personales.

Le proporciona un perfecto sistema de auto-análisis que le dirá lo que se ha interpuesto en el pasado entre usted y el "dinero en grande".

Describe la famosa fórmula de logro personal de Andrew Carnegie, que le permitió acumular cientos de millones de dólares y convirtió en millonarios a no menos de veinte hombres tras enseñarles su secreto.

Tal vez no necesite todo lo que se encuentra en este libro —ninguno de los quinientos hombres de cuyas experiencias se escribió lo hizo— pero es posible que necesite una idea, plan o propuesta para empezar a alcanzar su meta. En el libro encontrará este estímulo necesario.

El libro fue inspirado por Andrew Carnegie, después de que consiguió su fortuna y se retiró. Fue escrito por el hombre a quien Carnegie le reveló el secreto de su asombrosa riqueza; el mismo hombre a quien los quinientos hombres ricos revelaron el origen de sus riquezas.

En este volumen se encuentran los trece principios para hacer dinero, esenciales para todas las personas que consigan dinero suficiente para garantizarles la independencia financiera. Se estima que la investigación realizada para este libro, antes de que fuera escrito o pudiera escribirse —una investigación que abarca más de veinticinco años de esfuerzo continuo— no podía ser duplicada a un costo inferior a $100.000,00 dólares.

Por otra parte, los conocimientos contenidos en este libro no pueden ser duplicados, a ningún costo, por la sencilla razón de que más de la mitad de los quinientos hombres que suministraron la información que contiene el libro, han fallecido.

¡Las riquezas no siempre se pueden medir en dinero!

El dinero y las cosas materiales son esenciales para la libertad de cuerpo y de la mente, pero hay algunos que piensan que la más grande de todas las riquezas se puede evaluar sólo en términos de amistades duraderas, relaciones familiares armoniosas, la simpatía y la comprensión entre los socios de negocios, y la armonía introspectiva que trae una paz mental que sólo se puede medir en valores espirituales.

Todos los que lean, comprendan y apliquen esta filosofía estarán mejor preparados para atraer y disfrutar de estos estados superiores que siempre han estado y les serán negados a todos, excepto a quienes están listos para ellos.

Por lo tanto, prepárese cuando se exponga a la influencia de esta filosofía, para experimentar un cambio en la vida que podrá ayudarle no sólo a negociar su camino por la vida con armonía y entendimiento, sino también a prepararlo para la acumulación de riquezas materiales en abundancia.

PREFACIO DEL AUTOR

En cada capítulo de este libro, se menciona el secreto para hacer dinero que les permitió conseguir fortunas a más de quinientos hombres muy ricos a quienes he analizado cuidadosamente durante un largo período de años.

El secreto fue traído a mi atención por Andrew Carnegie, más de un cuarto de siglo atrás. El astuto y amable anciano escocés lo arrojó en mi mente cuando yo era sólo un niño. Luego se sentó en su silla, con un brillo alegre en los ojos y miró con atención para ver si yo tenía la inteligencia suficiente para entender el significado completo de lo que me había dicho.

Cuando vio que yo había captado la idea, me preguntó si estaría dispuesto a pasar veinte años o más preparándome para divulgarlo al mundo, a hombres y mujeres que, de no ser por este secreto, podrían haber fracasado en la vida. Le dije que sí, y con la cooperación del señor Carnegie, he mantenido mi promesa.

Este libro contiene el secreto, después de haber sido sometido a una prueba práctica por miles de personas, en casi todos los ámbitos de la vida. Fue idea del señor Carnegie que la fórmula mágica, la cual le dio una fortuna estupenda, debía de estar al alcance de las personas que no tienen tiempo para investigar cómo se gana dinero, y era su esperanza que yo pudiera probar y demostrar la solidez de la fórmula a través de la experiencia de hombres y mujeres de todos los orígenes. Él creía que la fórmula debería ser enseñada en todas las escuelas y universidades públicas, y manifestó que si se enseñara adecuadamente, podría revolucionar todo el sistema educativo de tal manera que el tiempo de permanencia en la escuela se podría reducir a menos de la mitad.

Su experiencia con Charles M. Schwab, y otros jóvenes semejantes a él, convencieron al señor Carnegie de que gran parte de lo que se enseña en las escuelas no tiene valor alguno en relación con el negocio de ganarse la vida o con la acumulación de riquezas. Él había llegado a esta conclusión, porque había tenido en su negocio a un joven tras otro, muchos de ellos con muy pocos estudios escolares, y luego de entrenarlos en el uso de esta fórmula, desarrolló en ellos un liderazgo poco común. Por otra parte, *este entrenamiento les permitió amasar fortunas a todos los que siguieron sus instrucciones.*

En el capítulo sobre la Fe, leerá la asombrosa historia de la organización de la gigantesca United States Steel Corporation, tal como fue concebida y llevada a cabo por uno de los jóvenes a través del cual el señor Carnegie demostró que su fórmula *funcionará para todos los que están preparados para ella*. La aplicación de este secreto, por parte del joven Charles M. Schwab, le permitió amasar una gran fortuna en dinero y oportunidades. En términos generales, esta aplicación particular de la fórmula valía *seiscientos millones de dólares*.

Estos hechos —y son hechos bien sabidos por casi todas las personas que conocían al señor Carnegie— le darán una idea bastante clara de lo que podrá ofrecerle la lectura de este libro, siempre y cuando *sepa qué es lo que quiere*.

Incluso antes de ser sometido a veinte años de pruebas prácticas, el secreto fue transmitido a más de cien mil hombres y mujeres que lo han utilizado para su beneficio personal, tal como el señor Carnegie planeó que lo hicieran. Algunos han hecho fortunas gracias a él. Otros lo han utilizado con éxito para crear armonía en sus hogares. Un clérigo lo usó con tanta eficacia que le produjo un ingreso de más de $75.000,00 dólares al año.

Arthur Nash, un sastre de Cincinnati, utilizó su negocio casi en bancarrota como un "conejillo de indias" para poner a prueba la fórmula. El negocio renació y les dio una fortuna a sus propietarios. El negocio aún es próspero, aunque el señor Nash ya no esté con nosotros. El experimento fue tan único que los periódicos y revistas le dieron más de un millón de dólares en publicidad elogiosa.

El secreto le fue revelado a Stuart Austin Wier, de

Dallas, Texas. Estaba preparado para él, tanto así que renunció a su profesión y estudió leyes. ¿Tuvo éxito? Esa historia se cuenta también.

Le di el secreto a Jennings Randolph, el día que se graduó de la universidad, y lo ha utilizado con tanto éxito que ahora está cumpliendo su tercer mandato como miembro del Congreso, con una excelente oportunidad para seguir utilizándolo hasta que lo lleve a ser presidente.

Mientras se desempeñaba como gerente de Publicidad en la Universidad La Salle, cuando ésta era muy poco conocida, tuve el privilegio de ver a J.G. Chapline, el presidente de la universidad, utilizar la fórmula con tanta eficacia, que ha hecho de La Salle una de las grandes escuelas de extensión del país.

El secreto al que me refiero se ha mencionado no menos de un centenar de veces a lo largo de este libro. No se ha nombrado directamente, ya que parece funcionar con más éxito cuando permanece oculto y es dejado a la vista, donde los que están preparados y lo buscan, pueden captarlo. Es por eso que el señor Carnegie me lo dio de una forma tan discreta, sin darme su nombre específico.

Si está listo para ponerlo en práctica, reconocerá este secreto al menos una vez en cada capítulo. Ojalá pudiera sentir el privilegio de decirle cómo saber si está listo, pero esto lo privaría de gran parte de los beneficios que recibirá cuando lo descubra por sus propios medios.

Cuando estaba escribiendo este libro, mi hijo, que estaba en el último año de la universidad, abrió el manuscrito en el capítulo dos, lo leyó, y descubrió el secreto. Utilizó la información de manera tan eficaz que obtuvo un cargo de gran responsabilidad y con un salario inicial mayor que el recibido por la mayoría de las personas. Su historia ha sido descrita brevemente en el capítulo dos. Cuando lo lea, tal vez hará a un lado cualquier sentimiento que pueda haber tenido, al principio del libro, en el sentido de prometer demasiado. Y, también, si alguna vez se ha desanimado, si ha tenido que superar dificultades que estuvieron a un paso de robarle el alma, si ha intentado y fallado, si ha estado limitado por una enfermedad o dolencia física, esta historia del descubrimiento de mi hijo y del uso de la fórmula Carnegie podría ser el oasis en el desierto de la esperanza perdida que ha estado buscando.

Este secreto fue ampliamente utilizado por el presidente Woodrow Wilson durante la guerra mundial. Les fue transmitido a todos los soldados que combatieron en la guerra, cuidadosamente camuflado en el entrenamiento recibido antes de ir al frente. El presidente Wilson me dijo que había jugado un papel importante en el aumento de los fondos necesarios para la guerra.

Hace más de veinte años, el Excmo. Manuel L. Quezon (en ese entonces Comisionado Residente de las Islas Filipinas), fue inspirado por el secreto a fin de obtener la libertad para su pueblo. Él obtuvo la libertad para las Filipinas, y es el primer presidente de ese estado libre.

Un detalle curioso acerca de este secreto es que aquellos que lo adquieren y lo utilizan, se encuentran, literalmente, catapultados hacia el éxito, con poco esfuerzo, y nunca más están expuestos al fracaso. Si duda de esto, estudie los nombres de las personas que lo han utilizado dondequiera que hayan sido mencionados, revise sus archivos por sus propios medios, y se convencerá.

¡No hay tal cosa como algo por nada!

El secreto al que me refiero no se puede obtener sin un precio, aunque el precio es muy inferior a su valor.

Aquellos que no tienen la intención de buscarlo no podrán obtenerlo por ningún precio. No puede ser regalado y no se puede comprar con dinero, pues viene en dos partes. Una parte ya está en posesión de aquellos que están preparados para él.

El secreto sirve por igual a todos los que están preparados para él. La educación no tiene nada que ver con esto. Mucho antes de que yo naciera, el secreto había encontrado su camino en la posesión de Thomas A. Edison, quien lo utilizó de manera tan inteligente que se convirtió en uno de los inventores más importantes del mundo, aunque sólo tenía tres meses de educación escolar.

El secreto pasó a manos de un socio de negocios del señor Edison, y lo utilizó con tanta eficacia que, aunque sólo ganaba $12.000 dólares al año, acumuló una gran fortuna, y se retiró del negocio activo cuando era todavía un hombre joven. Encontrará su historia en el comienzo del primer capítulo. Este libro debería de convencerlo de que las riquezas no están fuera de su alcance, que todavía puede ser lo que quiere ser, que el dinero, la fama, el reconocimiento y la felicidad pueden obtenerse por parte de todos aquellos que están listos y decididos a tener estas bendiciones.

¿Cómo puedo saber estas cosas? Deberá recibir la respuesta antes de terminar este libro. Puede encontrarla en el primer capítulo, o en la última página.

Mientras realizaba la investigación, durante veinte años, que llevé a cabo a petición del señor Carnegie, analicé a cientos de hombres bien conocidos, muchos de los cuales admitieron que habían acumulado sus inmensas fortunas gracias a la ayuda del secreto de Carnegie; entre estos hombres estaban los siguientes:

Henry Ford	Theodore Roosevelt
William Wrigley Jr.	John W. Davis
John Wanamaker	Elbert Hubbard
James J. Hill	Wilbur Wright
George S. Parker	William Jennings Bryan
E. M. Statler	Dr. David Starr Jordan
Henry L. Doherty	J. Odgen Armour
Cyrus H. K. Curtis	Charles M. Schwab
George Eastman	Harris F. Williams
Dr. Frank Gunsaulus	Daniel Willard
King Gillette	Ralph A. Weeks
Juez Daniel T. Wright	John D. Rockefeller
Thomas A. Edison	Frank A. Vanderlip
F. W. Woolworth	Coronel Robert A. Dollar
Edward A. Filene	Edwin C. Barnes

Arthur Brisbane

Wm. Howard Taft

Edward W. Bok

Elbert H. Gary

John H. Patterson

Stuart Austin Wier

George M. Alexander

Excmo. Jennings Randolph

Clarence Darrow

Woodrow Wilson

Luther Burbank

Frank A. Munsey

Dr. Alexander Graham Bell

Julius Rosenwald

Dr. Frank Crane

J. G. Chapline

Arthur Nash

Estos nombres representan sólo una pequeña fracción de los cientos de estadounidenses conocidos, cuyos logros financieros y de otro tipo, demuestran que quienes entienden y aplican el secreto de Carnegie llegan a las esferas más altas en la vida. Nunca he conocido a nadie que se hubiera inspirado para utilizar el secreto y que no lograra un éxito notable en su profesión elegida. Nunca he conocido a ninguna persona que se hubiera distinguido, o acumulado riquezas importantes, sin estar en posesión del secreto. A partir de estos dos hechos, saco la conclusión de que el secreto es más importante, como parte de los conocimientos esenciales para la autodeterminación, que cualquier otro que reciba a través de lo que popularmente se conoce como "educación".

¿Qué es la educación, de todos modos? Esto ha sido respondido con todo detalle.

Muchos de estos hombres tuvieron muy poca educación. John Wanamaker me dijo una vez que la poca educación escolar que obtuvo, la adquirió casi del mismo modo en que una locomotora moderna recibe el agua: "expulsándola mientras funciona". Henry Ford no llegó a la escuela secundaria, y mucho menos a la universidad. No estoy tratando de minimizar el valor de la educación, sino de expresar mi creencia sincera en que aquellos que dominen y apliquen el secreto llegarán a las esferas más altas, acumularán riquezas, y asumirán la vida bajo sus propios términos, incluso si su escolaridad ha sido escasa.

¡En algún lugar, y a medida que lea, el secreto al que me refiero saltará de la página y estará osadamente delante de usted, si está preparado para él! Lo reconocerá cuando aparezca. Bien sea que reciba la señal en el primer capítulo o en el último, deténgase un momento cuando se le revele, alégrese y celebre, pues esta ocasión marcará el punto de inflexión más importante de su vida.

Pasemos ahora al capítulo uno, y a la historia de mi muy querido amigo, que ha reconocido generosamente haber visto el signo místico, y cuyos logros en los negocios son prueba suficiente de que él lo celebró. Al leer su historia, y las demás, recuerde que se tratan de los problemas importantes de la vida, tal como lo experimentan todas las personas. Los problemas derivados de la propia empresa para ganarse la vida, para encontrar la esperanza, el coraje, la alegría y la paz mental, para acumular riquezas y para disfrutar de la libertad en cuerpo y espíritu.

Recuerde, también, a medida que avanza en este libro, que trata con hechos y no con ficción; que su propósito es transmitir una gran verdad universal por medio de la cual todos los que estén dispuestos podrán aprender, no sólo *qué* hacer, sino también *cómo* hacerlo, y recibir así el estímulo necesario para volver a empezar.

Como palabra final de preparación, antes de comenzar el primer capítulo, ¿puedo hacerle una breve sugerencia que podría darle una pista por la cual se puede reconocer el secreto de Carnegie? Es esta: *¡todos los logros, todas las riquezas obtenidas, tienen su comienzo en una idea!* Si está listo para el secreto, ya posee la mitad de él; por lo tanto, reconocerá fácilmente la otra mitad en el instante en que llegue a su mente.

EL AUTOR

INTRODUCCIÓN

EL HOMBRE QUE "PENSÓ" EN LA MANERA DE ASOCIARSE CON THOMAS A. EDISON

En realidad, "los pensamientos son cosas", cosas muy poderosas, cuando se combinan con un propósito definido, perseverancia, y un deseo ardiente para que se traduzcan en riquezas o en otros objetos materiales.

Hace poco más de treinta años, Edwin C. Barnes descubrió cuán cierto es que los hombres realmente piensan y se hacen ricos. Su descubrimiento no se produjo en una sola sesión. Ocurrió poco a poco, comenzando con un ardiente deseo de convertirse en un socio de negocios del gran Edison.

Una de las características principales del deseo de Barnes es que era un deseo *definitivo*. Quería trabajar *con* Edison, no *para* él. Observe con cuidado la descripción de cómo tradujo su deseo en realidad y tendrá una mejor comprensión de los trece principios que conducen a la riqueza.

Cuando este deseo o impulso de pensamiento cruzó inicialmente por su mente, él no estaba en condiciones de actuar en consecuencia. Dos dificultades se interponían en su camino. No conocía al señor Edison, y no tenía dinero suficiente para pagar el billete de ferrocarril a Orange, Nueva Jersey.

Estas dificultades bastarían para haber desalentado a la mayoría de los hombres de hacer algún intento por materializar su deseo. ¡Pero el suyo no era un deseo ordinario! Él estaba tan decidido a encontrar una manera de materializarlo, que se fue a East Orange en un tren de carga.

Se presentó en el laboratorio de Edison y anunció que había ido para hacer negocios con el inventor. Al referirse al primer encuentro con Barnes, el señor Edison dijo años más tarde: "Estaba ante mí, parecía un simple vagabundo, *pero había algo en la expresión de su rostro que daba la impresión de que estaba decidido a conseguir aquello que había venido a buscar.* Yo había aprendido, tras años de experiencia con los hombres, que cuando alguien desea realmente algo de un modo tan profundo, que está dispuesto a apostar todo su futuro en una sola carta con el fin de conseguirlo, seguramente lo conseguirá. Le di la oportunidad que me pidió, *porque vi que había tomado la decisión de perseverar hasta lograrlo.* Los acontecimientos posteriores demostraron que no cometí ningún error".

Lo que el joven Barnes le dijo al señor Edison en esa

ocasión fue mucho menos importante *que lo que pensó*. ¡El mismo Edison lo dijo! No podría haber sido el aspecto del joven lo que le permitió iniciar su carrera en la oficina de Edison, pues era algo que estaba sin duda en su contra. Lo que contó fue lo que él pensaba.

Si el significado de esta afirmación pudiera ser transmitido a toda persona que la leyera, no habría necesidad de leer el resto de este libro.

Barnes no logró asociarse con Edison en su primera entrevista. Tuvo la oportunidad de trabajar en las oficinas de Edison, con un salario muy nominal, haciendo un trabajo que no era importante para Edison, pero muy importante para Barnes, porque le dio la oportunidad de mostrar su "mercancía" donde su supuesto "socio" pudiera verla.

Transcurrieron los meses. Al parecer, no pasó nada para hacer que la codiciada meta que Barnes había creado en su mente como su objetivo definido y principal se materializara. Sin embargo, algo importante estaba sucediendo en la mente de Barnes. Estaba intensificando constantemente su deseo de convertirse en el socio de negocios de Edison.

Los psicólogos han afirmado con mucho acierto "cuando uno está verdaderamente preparado para algo, hace que se manifieste". Barnes estaba preparado para asociarse con Edison y, además, estaba decidido a seguir así hasta conseguir lo que buscaba.

No se dijo a sí mismo: "Ah, bueno, ¿de qué sirve? Creo que voy a cambiar mi mentalidad y tratar de ser un vendedor". Dijo: "Vine aquí para entrar en el negocio con Edison, y voy a cumplir con este propósito aunque me tome el resto de mi vida". *¡Lo decía en serio!* ¡Qué historia tan diferente tendrían para contar algunos hombres si sólo adoptaran un propósito definido, y perseveraran en él hasta que se convirtiera en una obsesión que lo consuma todo!

Tal vez el joven Barnes no lo sabía en ese momento, pero su gran determinación, su perseverancia en pos de un solo deseo, estaba destinada a eliminar toda la oposición, y a darle la oportunidad que estaba buscando.

Cuando llegó la oportunidad, apareció de una forma diferente, y desde una dirección distinta que Barnes había esperado. Ese es uno de los trucos de la oportunidad. Tiene la costumbre de colarse por la puerta de atrás, y suele venir disfrazada en forma de desgracia o derrota temporal. Tal vez por eso muchos no reconocen la oportunidad.

El señor Edison acababa de perfeccionar un nuevo dispositivo para oficinas, conocido en ese momento como el dictáfono Edison (actualmente Ediphone). Sus vendedores no mostraron entusiasmo por la máquina. No creían que se pudiera vender sin un gran esfuerzo. Barnes vio su oportunidad. Había aparecido en silencio, escondida en una máquina de aspecto extraño que no le interesaba a nadie más que a Barnes y al inventor.

Barnes sabía que podía vender el dictáfono Edison. Le sugirió esto a Edison y rápidamente tuvo su oportunidad. Él vendió la máquina. De hecho, la vendió con tanto éxito que Edison le dio un contrato para distribuir y comercializarla en todo el país. A partir de esa asociación empresarial, surgió el lema "Hecho por Edison e instalado por Barnes".

La alianza comercial funcionó durante más de treinta años. Gracias a ella, Barnes se ha hecho rico en dinero, pero hizo algo infinitamente más grande: demostró que uno realmente puede "pensar y hacerse rico".

No tengo forma de saber cuánto dinero le representó a Barnes su deseo original. Tal vez dos o tres millones de dólares, pero cualquiera que sea la cantidad, es insignificante cuando se compara con el activo más grande que adquirió en la forma de conocimiento definido de que *un impulso intangible del pensamiento se puede transmutar en su equivalente físico* por la aplicación de principios conocidos.

¡Barnes *pensó* literalmente en una alianza con el gran Edison! Se pensó dueño de una fortuna. No tenía nada para empezar, a excepción de la capacidad de saber lo que quería, y de la determinación de perseverar en ese deseo hasta haberlo conseguido.

No tenía dinero para empezar. Tenía poca educación. No tenía ninguna influencia. Pero tenía la iniciativa, la fe y la voluntad de ganar. Con estas fuerzas intangibles, *se convirtió* en el hombre número uno del mayor inventor de todos los tiempos.

Ahora, echemos un vistazo a una situación diferente, y estudiemos a un hombre que tenía un montón de pruebas tangibles de riquezas, pero las perdió, porque se detuvo cuando le faltaban tres pies para alcanzar la meta que estaba buscando.

A TRES PIES DEL ORO

Una de las causas más comunes del fracaso es el hábito de claudicar cuando nos sentimos superados por la *derrota temporal*. Toda persona es culpable de este error en un momento u otro.

Un tío de R.U. Darby fue víctima de la "fiebre del oro", y se dirigió al oeste para explorar y hacerse rico. Nunca había oído que se ha sacado *más oro de los cerebros de los hombres que de la tierra*. Obtuvo una licencia y empezó a cavar con pico y pala. La labor era ardua, pero su sed de oro era muy definida.

Después de varias semanas de trabajo, fue recompensado por el descubrimiento del mineral brillante. Necesitaba maquinaria para llevar el mineral a la superficie. Cubrió la mina en silencio, regresó a su hogar en Williamsburg, Maryland, y les dijo a sus parientes y a algunos vecinos sobre su golpe suerte. Reunieron el dinero necesario para la maquinaria y la encargaron. Darby y su tío regresaron a la mina.

Extrajeron el primer carro de mineral y lo enviaron a una fundición. ¡Las utilidades demostraron que era una de las minas más ricas de Colorado! Unos pocos carros más del mineral les alcanzaría para saldar sus deudas. Luego vendrían ganancias descomunales.

¡Los taladros perforaron la tierra! Las esperanzas de Darby y de su tío estaban por las nubes! ¡Entonces sucedió algo! ¡El filón de mineral de oro desapareció! ¡Habían llegado al final del arco iris, y la olla de oro ya no estaba allí! Perforaron, tratando desesperadamente de encontrar de nuevo la veta, pero todo fue en vano.

Finalmente, decidieron renunciar.

Vendieron la maquinaria a un chatarrero por unos pocos cientos de dólares, y tomaron el tren de vuelta a casa. Algunos de estos hombres eran tontos, pero no este chatarrero. Llamó a un ingeniero para que examinara la mina e hiciera un pequeño cálculo. El ingeniero informó que el proyecto había fracasado porque los dueños no estaban familiarizados con las "líneas de falla". ¡Sus cálculos demostraron que la vena estaba a sólo tres pies de donde los Darby habían dejado de perforar! ¡Fue exactamente allí donde fue encontrada!

El hombre extrajo millones de dólares en mineral de la mina, porque supo buscar asesoramiento antes de darse por vencido.

La mayoría del dinero para la maquinaria se obtuvo gracias a los esfuerzos de R.U. Darby, que en aquel entonces era un hombre muy joven. El dinero provenía de sus familiares y vecinos, debido a la fe que tenían en él. Él les devolvería cada dólar, pero tardaría varios años en hacerlo.

Mucho tiempo después, el señor Darby recuperó de

sobra el tiempo perdido, *cuando hizo el descubrimiento* de que el deseo se puede transmutar en oro. Lo hizo después de entrar en el negocio de la venta de seguros de vida.

Recordando que había perdido una inmensa fortuna, porque se detuvo a tres pies del oro, Darby aprovechó la experiencia en su trabajo elegido, por el método sencillo de decirse a sí mismo, "me detuve a tres pies del oro, pero nunca me detendré porque los hombres digan 'no' cuando les pida que me compren un seguro".

Darby pertenece a un pequeño grupo de menos de cincuenta hombres que venden más de un millón de dólares en seguros de vida al año. Debe su "perseverancia" a la lección que aprendió de su "renuncia" en el negocio de la minería de oro.

Antes de que el éxito llegue a la vida de cualquier hombre, éste debe sufrir varias derrotas temporales y, tal vez, algún fracaso. Cuando la derrota se apodera de un hombre, lo más fácil y más lógico de hacer es renunciar. Eso es exactamente lo que hacen la mayoría de los hombres.

Más de 500 de los hombres más exitosos en la historia de este país le contaron al autor que su mayor éxito ocurrió sólo un paso *más allá* del punto en el que la derrota se había apoderado de ellos. El fracaso es un embustero con un agudo sentido de la ironía y de la astucia. Se deleita en hacer tropezar cuando el éxito está casi al alcance.

UNA LECCIÓN DE CINCUENTA CENTAVOS EN LA PERSEVERANCIA

Poco después de que el señor Darby recibiera su título de la "Universidad de los golpes duros", y decidiera sacar provecho de su experiencia en el negocio de la minería de oro, tuvo la buena fortuna de estar presente en una ocasión que le demostró que "no", no significa necesariamente eso.

Una tarde estaba ayudando a su tío a moler trigo en un molino antiguo. El tío tenía una granja grande en la que vivían varios aparceros negros. La puerta se abrió en silencio, y una niña negra, hija de un inquilino, se acercó junto a la puerta.

El tío levantó la vista, vio a la niña, y le gritó malhumorado:

—¿Qué quieres?

La niña respondió con humildad:

—Mi mamá dice que le envíe sus cincuenta centavos.

—No lo haré —replicó el tío—. Ahora vuelve a casa.

—Sí señor —respondió la niña. *Pero no se movió.*

El tío siguió con su trabajo, tan ocupado que no le prestó atención a la niña y no advirtió que no se había ido. Cuando levantó la vista y la vio allí, le gritó:

—¡Te dije que te fueras a casa! Vete ahora mismo, o te daré una paliza.

La niña dijo:

—Sí señor —*pero no se movió una sola pulgada.*

El tío dejó caer un saco de grano que estaba a punto de verter en la tolva del molino, cogió una duela de barril, y se dirigió hacia la niña con una expresión en su cara que presagiaba cosas malas.

Darby contuvo el aliento. Tuvo la certeza de que estaba a punto de presenciar un asesinato. Sabía que su tío tenía un temperamento feroz. Sabía que los niños negros no debían desafiar a los blancos en esa parte del país.

Cuando el tío llegó al lugar donde estaba la niña, esta se adelantó rápidamente un paso, lo miró a los ojos y le gritó con su voz chillona:

—¡Mi mamá necesita esos cincuenta centavos!

El tío se detuvo y la miró durante un minuto. Luego, puso lentamente la duela de barril en el suelo, se echó la mano al bolsillo, sacó medio dólar y se lo dio.

La niña tomó el dinero y retrocedió lentamente hacia la puerta, sin apartar los ojos del hombre *al que acababa de someter*. Cuando ella se marchó, el tío se sentó en una caja y miró fijamente por la ventana durante más de diez minutos. Estaba pensando, con temor, en la paliza que acababa de recibir.

El señor Darby también estaba pensando. Era la primera vez en toda su vida que había visto a una niña negra dominar deliberadamente a un adulto blanco. ¿Cómo lo hizo? ¿Qué le sucedió a su tío que le hizo perder su furor y ser tan dócil como un cordero? ¿Qué extraño poder utilizó esa niña que la convirtió en ama de su superior? Estas y otras preguntas similares destellaban en la mente de Darby, pero no encontró la respuesta hasta años más tarde, cuando me contó la historia.

Curiosamente, la historia de esta experiencia inusual le fue contada al autor en el viejo molino, en el mismo lugar donde el tío recibió la derrota. Curiosamente, también, dediqué casi un cuarto de siglo al estudio del poder que le permitió a una niña ignorante, analfabeta y negra someter a un hombre inteligente.

Mientras estábamos allí, en aquel molino viejo y húmedo, el señor Darby repitió la historia del sometimiento inusual, y terminó preguntando:

—¿Cómo entender esto? ¿Qué extraño poder utilizó esa niña, que sometió por completo a mi tío?

La respuesta a su pregunta se encuentra en los principios descritos en este libro. Es una respuesta total y completa. Contiene detalles e instrucciones suficientes para que cualquier persona pueda entender y aplicar la misma fuerza que encontró la niña por accidente.

Mantenga su mente alerta, y podrá observar exactamente qué poder extraño acudió al rescate de esta niña; verá un destello de este poder en el próximo capítulo. En algún lugar del libro encontrará una idea que acelerará sus poderes receptivos, y dejará a su disposición, y para su propio beneficio, este mismo poder irresistible. La conciencia de este poder podrá llegar a usted en el primer capítulo, o parpadear en su mente en algún capítulo posterior. Puede manifestarse en la forma de una sola idea. O bien, en la naturaleza de un plan o un propósito. Una vez más, puede hacerlo regresar a sus experiencias pasadas de fracaso o derrota, y sacar a la superficie alguna lección que le permita recuperar todo lo que ha perdido mediante la derrota.

Después de haberle descrito el poder utilizado de manera involuntaria por la niña negra, el señor Darby pensó rápidamente en sus treinta años de experiencia como vendedor de seguros de vida, y, francamente, reconoció que su éxito en ese campo se debió, en no poca medida, a la lección que había aprendido de la niña.

El señor Darby señaló:

—Cada vez que un prospecto intentaba rechazarme y no me compraba, yo veía a esa niña en el viejo molino, mirando con sus ojos grandes en señal de desafío, y me decía a mí mismo: 'Tengo que hacer esta venta'. La mejor parte de todas las ventas que he hecho, fue con las personas que me habían dicho 'no'.

Recordó también su error al haber renunciado a sólo tres pies del oro.

—Pero —dijo— esa experiencia fue una bendición disfrazada. Me enseñó a *seguir perseverando*, sin importar lo duras que puedan ser las cosas, una lección que tuve que aprender antes de poder tener éxito en cualquier cosa.

Esta historia del señor Darby y de su tío, de la niña negra y la mina de oro, será leída por cientos de hombres que se ganan la vida vendiendo seguros de vida, y a todos ellos, el autor desea ofrecerles la sugerencia de que Darby debe a estas dos experiencias su capacidad de vender cada año más de un millón de dólares en seguros de vida.

¡La vida es extraña, y muchas veces imponderable! Tanto los éxitos como los fracasos tienen sus raíces en experiencias sencillas. Las experiencias del señor Darby eran un lugar común y bastante simples; sin embargo, contenían la respuesta a su destino en la vida, por lo que fueron tan importantes (para él) como la vida misma. Él aprovechó estas dos experiencias dramáticas, porque *las analizó*, y encontró la lección que contenían. Pero ¿qué pasa con el hombre que no tiene el tiempo ni la inclinación para estudiar el fracaso en la búsqueda del conocimiento que puede conducir al éxito? ¿Dónde y cómo aprenderá el arte de convertir la derrota en un trampolín hacia las oportunidades?

Este libro fue escrito en respuesta a estas preguntas.

La respuesta pedía una descripción de trece principios, pero recuerde que, a medida que lea, la respuesta que pueda estar buscando a las preguntas que lo han hecho reflexionar sobre la extrañeza de la vida, pueden encontrarse *en su propia mente*, a través de una idea, plan o propósito que puedan surgir en su mente a medida que lea este libro.

Una buena idea es todo aquello que uno necesita para alcanzar el éxito. Los principios descritos en este libro contienen los mejores y más prácticos de todos los conocidos, en relación con los medios y formas para crear ideas útiles.

Antes de profundizar en nuestra aproximación a la

descripción de estos principios, creemos que usted tiene derecho a recibir esta importante sugerencia... Cuando las riquezas empiezan a aparecer, llegan tan rápidamente, y con una abundancia tal, que uno se pregunta dónde se han estado ocultando durante todos esos años de vacas flacas. Esta es una afirmación sorprendente, y más aún si se tiene en cuenta la creencia popular de que las riquezas sólo acuden a aquellos que trabajan duro y durante mucho tiempo.

Cuando comience a pensar y a hacerse rico, observará que las riquezas empiezan con un estado de ánimo, con un propósito definido, y con poco o ningún trabajo duro. Usted y cualquier otra persona deberían estar interesados en saber cómo adquirir ese estado mental que atraerá riquezas. Pasé veinticinco años investigando y analizando a más de 25.000 personas, porque yo también quería saber "cómo los hombres ricos llegan a serlo".

Este libro no podría haber sido escrito sin la mencionada investigación.

Debe darse cuenta de una verdad muy importante: la depresión económica comenzó en 1929, y continuó dejando una secuela de destrucción nunca antes vista, hasta un poco después que el presidente Roosevelt asumiera la presidencia. Entonces, la depresión empezó a desvanecerse en la nada. Así como un electricista eleva las luces de un teatro de forma tan gradual que la oscuridad se transforma en luz antes de uno darse cuenta, así mismo ocurrió con el hechizo del miedo en las mentes de la gente, el cual se desvaneció poco a poco y se convirtió en fe.

Observe muy de cerca: tan pronto como domine los principios de esta filosofía y empiece a seguir las instrucciones para la aplicación de esos principios, su situación financiera comenzará a mejorar, y todo lo que toque comenzará a transmutarse en un activo para su beneficio. ¿Imposible? ¡En absoluto!

Una de las mayores debilidades de la humanidad es la familiaridad del hombre promedio con la palabra "imposible". Él conoce todas las reglas que no darán resultado. Sabe todas las cosas que no se pueden hacer. Este libro fue escrito para aquellos que buscan las reglas que han hecho exitosos a otros, y están dispuestos a *arriesgarlo todo* con esas reglas.

Hace muchos años compré un diccionario muy completo. Lo primero que hice fue buscar la palabra "imposible", y recortar la definición. No estaría mal que usted también lo hiciera.

El éxito les llega a quienes son conscientes del éxito. El fracaso ronda a quienes se resignan a él con indiferencia.

El objetivo de este libro es ayudar a todo aquel que quiera aprender el arte de cambiar su mentalidad: de la conciencia del fracaso a la conciencia del éxito.

Otra debilidad que se encuentra en muchas personas es el hábito de medirlo todo, y a todos, *por sus propias* impresiones y creencias. Algunos de los que lean esto creerán que nadie puede pensar y hacerse rico. Ellos no pueden pensar en términos de riqueza, debido a que sus hábitos de pensamiento están basados en la pobreza, la carencia, la miseria, el fracaso y la derrota.

Estas personas desafortunadas me recuerdan a un chino prominente, que llegó a Estados Unidos para ser educado en las costumbres americanas. Asistió a la Universidad de Chicago. Un día, Harper, el presidente de la institución, se reunió con este joven, se detuvo a charlar con él durante unos minutos en el campus, y le preguntó qué le había impresionado como la característica más notable del pueblo estadounidense.

—Bueno —exclamó el hombre—, la forma extraña de sus ojos. ¡Sus ojos son rarísimos!

¿Qué decimos nosotros de los chinos?

Nos negamos a creer aquello que no entendemos. Creemos absurdamente que nuestras propias limitaciones son la justa medida de las limitaciones. Claro, los ojos del otro compañero son "rarísimos", porque no son iguales a los nuestros.

Millones de personas miran los logros de Henry Ford, y lo envidian a causa de su buena fortuna, suerte, genio, o lo que sea que le atribuyan a su inmensa fortuna. Tal vez una persona de cada cien mil conoce el secreto del éxito de Ford, y aquellos que lo conocen son demasiado modestos, o se niegan a hablar de él, *debido a su simplicidad*. Un solo ejemplo ilustrará el "secreto" a la perfección.

Hace unos años, Ford decidió producir su famoso

motor V-8. Optó por construir un motor con los ocho cilindros fundidos en un solo bloque, y les dio instrucciones a sus ingenieros para que diseñaran el motor. Hicieron el diseño en un papel, pero los ingenieros le dijeron a alguien que era simplemente *imposible* hacer un motor de ocho de cilindros de un solo bloque.

Ford dijo:

—Háganlo de todos modos.

—Pero —respondieron ellos—, ¡es imposible!

—Adelante —ordenó Ford—, y sigan trabajando hasta que tengan éxito, sin importar cuánto tiempo tarden.

Los ingenieros siguieron trabajando. No tenían otra opción si querían permanecer en el equipo de Ford. Transcurrieron seis meses, y no sucedió nada. Transcurrieron otros seis meses, y nada. Los ingenieros probaron todos los planes concebibles para cumplir las órdenes, pero el asunto parecía estar fuera de toda cuestión: *¡Imposible!*

Al final del año, Ford habló con sus ingenieros, y de nuevo le informaron que no habían encontrado la manera de cumplir sus órdenes.

—Adelante —dijo Ford—, Quiero ese motor, y lo tendré.

Ellos siguieron trabajando, y luego, como por arte de magia, descubrieron el secreto.

¡La determinación de Ford había ganado una vez más!

Es probable que esta historia no esté descrita con precisión de detalles, pero las circunstancias y la esencia son correctas. Deduzca de ella, usted que desea pensar y hacerse rico, el secreto de los millones de Ford, si es posible. No tendrá que buscar muy lejos.

Henry Ford tuvo éxito, porque entendió y *aplicó* los principios del éxito. Uno de ellos es el deseo: saber lo que uno quiere. Recuerda esta historia de Ford mientras lee, y marque las líneas en que se describe el secreto de su hazaña extraordinaria. Si puede hacer esto, si puedes señalar los principios de lo que hizo rico a Henry Ford, podrá igualar sus logros en casi todas los campos.

TÚ ERES "EL DUEÑO DE TU DESTINO, Y EL CAPITÁN DE TU ALMA", PORQUE...

Cuando Henley escribió las líneas proféticas: "Soy dueño de mi destino, y capitán de mi alma", debería habernos informado que somos Dueños de nuestro Destino y Capitanes de nuestras Almas, *porque* tenemos el poder de controlar nuestros pensamientos.

Debería habernos dicho que el éter en el que flota la tierra, en el que nos movemos, es una forma de energía que se mueve a un ritmo increíblemente alto de vibración, y que el éter está lleno de una forma de poder universal que se adapta a la naturaleza de los pensamientos que albergamos en nuestra mente, y que influye de forma natural en nosotros, para transmutar nuestros pensamientos en su equivalente físico.

Si el poeta nos hubiera dicho esta gran verdad, sabríamos por qué somos los Dueños de nuestro Destino, y los

Capitanes de nuestras Almas. Él debería habernos dicho con gran énfasis, que este poder no pretende discriminar entre los pensamientos destructivos y los pensamientos constructivos, y que nos instará a traducir a la realidad física los pensamientos de pobreza con la misma rapidez que influirá en nosotros para hacer lo mismo con los pensamientos de riqueza.

Debería habernos dicho, también, que nuestros cerebros se magnetizan con los pensamientos dominantes que tenemos en nuestras mentes, y, por medios que nadie conoce, estos "imanes" atraen hacia nosotros las fuerzas, las personas, y las circunstancias de la vida que armonizan con la naturaleza de nuestros pensamientos *dominantes*.

Debería habernos dicho que antes de poder acumular riquezas en abundancia, tenemos que magnetizar nuestras mentes con un intenso deseo de riqueza, que debemos tener "conciencia de la riqueza", que debemos ser "conscientes de la riqueza" hasta que el deseo por el dinero nos lleve a hacer planes definidos para adquirirlo.

Pero como Henley era un poeta, y no un filósofo, se contentó con afirmar una gran verdad de manera poética, dejando que sus lectores interpretaran el significado filosófico de sus líneas.

Poco a poco, la verdad ha ido develándose, y hasta ahora parece cierto que los principios descritos en este libro contienen el secreto del dominio sobre nuestro destino económico.

Ahora estamos listos para examinar el primero de

estos principios. Mantenga un espíritu de apertura y recuerde, a medida que lea, que nadie los ha inventado. Los
principios fueron recogidos de las experiencias de vida de
más de quinientos hombres que acumularon riquezas en
grandes cantidades; hombres que comenzaron en la pobreza, con poca educación y sin ninguna influencia. Los
principios les funcionaron a ellos. Usted puede hacer que
funcionen para su beneficio permanente.

Verá que es fácil de hacer.

Antes de leer el próximo capítulo, quiero que sepa que
contiene información sobre hechos que pueden cambiar
fácilmente su destino financiero, como lo ha hecho sin
duda con dos de las personas descritas.

Quiero que sepa, también, que la relación entre estos
dos hombres y yo es tal que yo no podría haber alterado
los hechos, aunque hubiera querido hacerlo. Uno de ellos
ha sido mi mejor amigo personal desde hace casi veinticinco años, y el otro es mi propio hijo. El éxito inusual de
estos dos hombres, éxito que ellos le acreditan generosamente al principio descrito en el capítulo siguiente, justifica sobradamente esta referencia personal como un medio
de hacer énfasis en el poder más amplio de este principio.

Hace cinco quince años, pronuncié el discurso de
graduación en el Salem College, en Virginia Occidental.
Hice hincapié en el principio descrito en el capítulo siguiente, con tanta intensidad que uno de los miembros
de la clase que iba a graduarse se lo apropió y lo convirtió

en una parte de su propia filosofía. El joven es ahora un miembro del Congreso y un personaje importante en la administración de Franklin D. Roosevelt. Antes de publicar este libro, me escribió una carta en la que expresaba con tanta claridad su opinión sobre el principio descrito en el capítulo siguiente, que he decidido publicarla como una introducción a este capítulo.

Le dará una idea de los beneficios que lo esperan.

Estimado Napoleon:

Dado que mi servicio como miembro del Congreso me ha proporcionado cierta comprensión de los problemas de hombres y mujeres, me dirijo a usted para ofrecerle una sugerencia que puede ser útil a miles de personas.

Debo decir que si la sugerencia es tenida en cuenta, supondrá varios años de trabajo y de responsabilidad para usted, pero me atrevo a hacerla porque sé de su gran amor por la prestación de un servicio útil.

En 1922, usted pronunció el discurso de graduación en Salem College, cuando yo era miembro de la clase que se estaba graduando. En aquel discurso, usted sembró en mi mente una idea a la que debo la oportunidad que tengo ahora de servir a la gente de mi Estado, y que será responsable, en gran medida, de cualquier éxito que yo pueda tener en el futuro.

La sugerencia que tengo en mente es que usted consigne en un libro el resumen y la esencia del discurso que pronunció en el Salem College, para darle así al pueblo de los Estados Unidos la oportunidad de sacar provecho de sus muchos años de experiencia y de la asociación con los hombres que, por su grandeza, han hecho de Estados Unidos la nación más rica de la tierra.

Recuerdo, como si fuera ayer, la maravillosa descripción que hizo usted del método por el que Henry Ford, con pocos estudios, sin un dólar, sin amigos influyentes, llegó tan alto. Entonces resolví, incluso antes de que usted hubiera terminado su discurso, que me haría un lugar en la vida, sin importar cuántas dificultades tuviera que superar.

Miles de jóvenes terminarán sus estudios este año y en los próximos. Cada uno de ellos buscará precisamente un mensaje de aliento práctico como el que recibí de usted. Ellos querrán saber dónde acudir, qué hacer, cómo empezar en la vida. Usted puede decírselos, porque ha ayudado a resolver los problemas de muchísimas personas.

Si hay alguna manera en que usted pueda prestar un servicio tan grande, quisiera sugerir que incluya en cada libro sus Tablas de Análisis de Personal, con el fin de que con el libro pueda tener el beneficio de un auto-inventario completo, que indique, como usted me indicó hace años, exactamente lo que se interpone en el camino del éxito.

Este tipo de servicio, que les ofrezca a los lectores de su libro una visión completa e imparcial de sus defectos y sus virtudes, significaría para ellos la diferencia entre el éxito y el fracaso. Este servicio no tendría precio.

Millones de personas se enfrentan ahora al problema de comenzar de nuevo, debido a la depresión, y hablo por experiencia personal cuando digo que sé que estas personas honestas agradecerían la oportunidad de contarle sus problemas, y de recibir sus sugerencias para solucionarlos.

Usted conoce los problemas de quienes se enfrentan a la necesidad de comenzar de nuevo. Hay miles de personas en Estados Unidos a quienes les gustaría saber cómo pueden convertir sus ideas en dinero, gente que debe comenzar de cero, sin dinero, y recuperar sus pérdidas. Si alguien puede ayudarles, es usted.

Si publica el libro, me gustaría recibir el primer ejemplar que salga de la imprenta, autografiado por usted.

Con los mejores deseos, créame.

Cordialmente suyo,

Jennings Randolph

CAPÍTULO 2

DESEO

EL PUNTO DE PARTIDA DE TODOS LOS LOGROS

El primer paso hacia la riqueza

Cuando Edwin C. Barnes se bajó del tren de carga en Orange, Nueva Jersey, más de treinta años atrás, tal vez pareciera un vagabundo, ¡pero sus *ideas* eran las de un rey!

Su mente trabajaba sin descanso mientras se dirigía desde las vías del tren a la oficina de Thomas A. Edison. Se vio a sí mismo en presencia de Edison. Se oyó a sí mismo pidiéndole al señor Edison una oportunidad de llevar a cabo la única obsesión de su vida, el deseo ardiente de convertirse en el socio de negocios del gran inventor.

¡El deseo de Barnes no era una esperanza! ¡No era una *aspiración*! Era un deseo vehemente y palpitante que trascendía todo lo demás. Era definido.

El deseo no era nuevo cuando Barnes se acercó a Edison. Había sido su *deseo dominante* durante mucho tiempo.

Al principio, cuando el deseo apareció por primera vez en su mente, puede haber sido, y probablemente fue, sólo un deseo, pero no era un mero deseo cuando compareció con él ante Edison.

Unos años más tarde, Edwin C. Barnes estuvo una vez más ante Edison, en la misma oficina donde se había reunido por primera vez con el inventor. Esta vez, su deseo se había vuelto realidad. *Era socio de Edison*. El sueño dominante de su vida se había convertido en una realidad. La gente que conocía a Barnes lo envidiaba a causa de la "oportunidad" que le dio la vida. Simplemente vieron sus días de su triunfo, pero no se tomaron la molestia de investigar la causa de su éxito.

Barnes tuvo éxito porque eligió una meta definida, puso toda su energía, toda su fuerza de voluntad y todo su esfuerzo en ese objetivo. No se convirtió en el socio de Edison el día que llegó. Se alegró de empezar con el trabajo más humilde, siempre y cuando le ofreciera la oportunidad de dar siquiera un solo paso hacia su ansiado objetivo.

Pasaron cinco años antes de que la oportunidad que había esperado se manifestara. Durante todos esos años, ni un rayo de esperanza, ni una promesa de la materialización de su deseo se le había presentado. Para todos, excepto para sí mismo, él parecía ser sólo una pieza más en el engranaje de negocios de Edison, pero en su interior, él fue el socio de Edison cada minuto del día, desde el primer día en que empezó a trabajar allí.

Este es un ejemplo notable del poder que tiene un deseo definido. Barnes consiguió su objetivo porque quería ser socio de negocios de Edison más que ninguna otra cosa. Creó un plan para alcanzar ese propósito. Se mantuvo firme en su deseo hasta que esté se convirtió en la obsesión dominante de su vida y, finalmente, en un hecho.

Cuando viajó a Orange, no se dijo a sí mismo: "trata de de convencer a Edison para que me de algún tipo de trabajo" sino, "hablaré a Edison para explicarle que he venido a hacer negocios con él".

No se dijo: "Voy a trabajar allí durante unos meses y si no recibo ningún estímulo, me retiraré y conseguiré trabajo en otro lugar". Se dijo: "Empezaré en cualquier posición. Haré todo lo que Edison me diga que haga, pero *antes de que yo termine*, seré su socio".

No se dijo: "Estaré alerta ante cualquier oportunidad en caso de que no consiga lo que quiero en la organización de Edison". Se dijo: "Sólo hay una cosa en este mundo que estoy decidido a conseguir, y es asociarme con Thomas A. Edison. Quemaré todas las naves tras de mí, y apostaré mi futuro a mi capacidad para conseguir lo que quiero".

En ningún momento pensó en retroceder. ¡Él tenía que triunfar o morir!

¡Esa es toda la historia del éxito de Barnes!

Hace mucho tiempo, un gran guerrero se enfrentó a una situación, la cual lo obligó a tomar una decisión que asegurara su éxito en el campo de batalla. Estaba a punto de enviar a su ejército a combatir contra un enemigo poderoso, cuyos hombres superaban en número al suyo. Hizo subir a sus soldados en los barcos, zarpó hacia el país enemigo, descargó a los soldados y a los equipos, y luego dio la orden de quemar las naves que los habían llevado. Dirigiéndose a sus hombres antes de la primera batalla, les dijo, "Ustedes ven los barcos incendiarse. ¡Eso significa que no podemos abandonar vivos estas costas a menos que ganemos! Ahora no tenemos otra opción: *¡ganamos o perecemos!*". Ellos ganaron.

Toda persona que triunfe en cualquier empresa debe estar dispuesta a quemar sus naves y a cortar todas las fuentes de retirada. Sólo así puede uno estar seguro de mantener ese estado mental conocido como un ardiente deseo de ganar, que es esencial para el éxito.

La mañana después del gran incendio de Chicago, un grupo de comerciantes permaneció en la calle State, mirando los restos humeantes de lo que habían sido sus tiendas. Hablaron para decidir si intentaban reconstruir, o abandonaban Chicago y volvían a empezar en una región más prometedora del país. Llegaron a una decisión —todos menos uno—: abandonar Chicago.

El comerciante que decidió quedarse y reconstruir señaló con el dedo los restos de su tienda, y les dijo:

—Señores, en ese mismo lugar construiré la tienda más grande del mundo, sin importar cuántas veces se pueda quemar.

Eso fue hace casi un siglo. La tienda fue construida.

Allí está hoy en día, un monumento imponente al poder de ese estado mental conocido como deseo ardiente. Lo fácil para el mariscal de campo hubiera sido exactamente lo que hicieron aquellos comerciantes. Cuando las cosas eran difíciles, y el futuro parecía sombrío, ellos se marcharon allí donde las cosas parecían ser más fáciles.

Observa bien esta diferencia entre el mariscal Field y los otros comerciantes, porque es la misma diferencia que distingue a Edwin C. Barnes de miles de otros jóvenes que trabajaron en la organización de Edison. Es la misma diferencia que distingue a casi todos los que tienen éxito de aquellos que fracasan.

Todo ser humano que alcanza la edad de comprender la razón de ser del dinero quiere dinero. *Quererlo* no basta para traer riquezas. Pero *desear* la riqueza con un estado mental que se convierte en una obsesión, planear las formas y los medios definidos para adquirirla y ejecutar esos planes con una perseverancia que *no acepte el fracaso*, atraerá la riqueza.

El método por el cual el deseo de riquezas se puede transmutar en su equivalente financiero consiste en seis pasos concretos y prácticos, que son los siguientes:

PRIMERO. Determine en su mente la cantidad exacta de dinero que desea. No basta con decir simplemente: "Quiero mucho dinero". Defina la cantidad exacta. (Hay una razón psicológica para esta precisión, que describiré en un capítulo posterior).

SEGUNDO. Determine exactamente lo que se propone dar a cambio del dinero que desea. (No se recibe "algo por nada".)

TERCERO. Establezca una fecha definida en la que se proponga *poseer* el dinero que desea.

CUARTO. Cree un plan preciso para llevar a cabo su deseo, y empiece de inmediato, bien sea que esté preparado o no para poner este plan en acción.

QUINTO. Escriba una declaración clara y concisa de la cantidad de dinero que se propone conseguir, anote la fecha límite para esta adquisición, señale aquello que se propone dar a cambio del dinero y describa claramente el plan a través del cual se propone acumularlo.

SEXTO. Lea su declaración escrita en voz alta, dos veces al día, una vez antes de acostarse, y después de levantarse por la mañana. Mientras lee, mírese, siéntese y créase ya en posesión del dinero.

Es importante que siga las instrucciones descritas en estos seis pasos. Es especialmente importante que observe y siga las instrucciones del sexto paso. Tal vez se queje de que le resulta imposible "verse a sí mismo en posesión de dinero" antes de tenerlo realmente. Aquí es donde el deseo ardiente acudirá en su ayuda. Si realmente desea el dinero con tanta intensidad que su deseo se ha convertido en una obsesión, no tendrá dificultades para convencerse de que lo va a adquirir. El objetivo es desear dinero y estar tan decidido a tenerlo que se convencerá a sí mismo de que lo tendrá.

Sólo aquellos que son "conscientes del dinero" acumulan grandes riquezas. La "conciencia del dinero" significa que la mente se ha vuelto tan completamente saturada con el deseo de dinero, que uno puede verse a sí mismo ya en posesión de él.

Estas instrucciones pueden parecerles poco prácticas a quienes no han sido educados en los principios del funcionamiento de la mente humana. A los que no logren reconocer la validez de los seis pasos, les puede ser útil saber que la información que transmiten fue revelada por Andrew Carnegie, quien comenzó como un simple obrero en una siderúrgica, pero se las arregló, a pesar de sus humildes comienzos, para que estos principios le produjeran una fortuna de mucho más de cien millones de dólares.

Puede ser aún más útil saber que los seis pasos recomendados aquí fueron analizados cuidadosamente por el difunto Thomas A. Edison, quien les dio su sello de aprobación no sólo como los pasos esenciales para la acumulación de dinero, sino como necesarios para la consecución de *cualquier meta definida*.

Éstos pasos no requieren un "trabajo duro". Tampoco ningún sacrificio. No exigen que uno se vuelva ridículo ni crédulo. No hace falta educación superior para utilizarlos. Pero la aplicación exitosa de estos seis pasos exige la suficiente *imaginación* que nos permita ver y comprender que la acumulación de dinero no se puede dejar al azar, a la buena suerte o al destino. Uno debe darse cuenta de que todos los que han acumulado grandes fortunas primero han soñado, esperado, deseado, querido, pensado y planeado antes de haber adquirido el dinero.

Es posible que sepa también que nunca podrá obtener riquezas en grandes cantidades, a menos que pueda tener un deseo ardiente por el dinero y realmente crea que va a tomar posesión de él.

Es posible que sepa también que todos los grandes líderes, desde los comienzos de la civilización hasta el presente, han sido soñadores. El cristianismo es el poder más grande que existe actualmente en el mundo, porque su fundador fue un soñador intenso que tuvo la visión y la imaginación para ver realidades en su forma mental y espiritual antes de que se manifestaran en una forma física.

Si no ve una gran riqueza en su imaginación, nunca la verá en su cuenta bancaria.

Nunca antes en la historia de América ha habido una oportunidad tan grande para los soñadores prácticos como ahora. El colapso económico de seis años de duración redujo a todos los hombres, sustancialmente, al mismo nivel. Una nueva carrera está a punto de comenzar. Las apuestas representan grandes fortunas que se acumularán en los próximos diez años. Las reglas del juego han cambiado, porque ahora vivimos en un mundo diferente que sin duda favorece a las masas, a los que tenían poca o ninguna oportunidad de ganar en las condiciones existentes durante la depresión, cuando el miedo paralizó el crecimiento y el desarrollo.

Los que estamos en esta carrera por la riqueza deberíamos animarlos al saber que este mundo transformado en el que vivimos nos exige nuevas ideas, nuevas formas de hacer las cosas, nuevos líderes, nuevos inventos, nuevos métodos de enseñanza, nuevos métodos de comercialización, nuevos libros, nueva literatura, nuevos programas radiales, nuevas ideas para el cine. Detrás de toda esta demanda por cosas nuevas y mejores, hay una cualidad que uno debe poseer para ganar: un propósito definido, el conocimiento de lo que uno desea, y un deseo ardiente de poseerlo.

La depresión económica marcó el fin de una época, y el nacimiento de otra. Este mundo cambiante requiere soñadores prácticos que puedan y *pongan* sus sueños en acción. Los soñadores prácticos han sido siempre y serán quienes establecen los parámetros de la civilización.

Quienes deseamos acumular riquezas debemos recordar que los verdaderos líderes del mundo han sido siempre hombres que han sabido dominar, para su uso práctico, las fuerzas intangibles e invisibles de la oportunidad que está por surgir, y han convertido esas fuerzas (o impulsos de pensamiento), en rascacielos, ciudades, fábricas, aviones, automóviles, y toda forma de comodidad que hace que la vida sea más agradable.

La tolerancia y una mente abierta son las necesidades prácticas del soñador de hoy. Los que tienen miedo de las nuevas ideas están condenados antes de comenzar. Nunca ha habido un momento más favorable para los pioneros que el actual. Es cierto que no hay salvaje oeste que conquistar, como en los días de la caravana de Oregón, pero hay un gran mundo, financiero, industrial y de negocios que debe replantearse y guiarse por uno parámetros nuevos y mejores.

Al planear la adquisición de su parte de las riquezas, no se deje influir por quienes desprecian sus sueños. Para lograr grandes ganancias en este mundo cambiante, debe captar el espíritu de los grandes pioneros del pasado, cuyos sueños le han dado a la civilización todo lo que tiene de valiosa, el espíritu que infunde energía en nuestro propio país; su oportunidad y la mía, para desarrollar y vender nuestros talentos.

¡No olvidemos que Colón soñaba con un mundo desconocido, se jugó la vida por la existencia de ese mundo, ¡y lo descubrió!

Copérnico, el gran astrónomo, soñaba con una multiplicidad de mundos, ¡y los reveló! Nadie lo denunció por ser "inviable" después de haber triunfado. Al contrario, el mundo entero le rindió culto, lo que demuestra una vez más que "el éxito no necesita disculpas, y el fracaso no acepta excusas".

Si lo que desea hacer es correcto, y si *cree en eso*, ¡adelante, hágalo! Lleve a cabo su sueño, y no haga caso de lo que digan los "demás" si sufre una derrota temporal, ya que tal vez los "demás" no saben que cada fracaso lleva consigo la semilla de un éxito equivalente.

Henry Ford, pobre y sin educación, soñó con un carruaje sin caballos, empezó a trabajar con las herramientas que tenía, sin esperar que la oportunidad lo favoreciera, y ahora la prueba de su sueño cubre toda la tierra. Él puso a funcionar más ruedas más que ningún otro hombre que haya vivido, porque no tenía miedo de creer en sus sueños.

Thomas Edison soñaba con una lámpara que funcionara con electricidad, empezó a transformar su sueño en acción, y a pesar de más de *diez mil fracasos*, mantuvo su sueño hasta que lo convirtió en una realidad física. ¡Los soñadores prácticos no se rinden!

Whelan soñó con una cadena de tiendas de puros, transformó su sueño en acción, y las tiendas de United Cigar Stores ocupan muchas esquinas de América.

Lincoln soñó con la libertad de los esclavos negros, transformó su sueño en acción, y estuvo a punto de vivir para ver al Norte y al Sur unidos, convirtiendo su sueño en una realidad.

Los hermanos Wright soñaron con una máquina que volaba por los aires. Ahora podemos ver en todo el mundo que sus sueños se han cumplido.

Marconi soñaba con un sistema para dominar las fuerzas intangibles del éter. La prueba de que él no soñó en vano se puede encontrar en cada aparato de radio y de televisión que hay en el mundo. Por otra parte, el sueño de

Marconi hizo que la más humilde cabaña y la casa más majestuosa estuvieran al mismo nivel. Hizo que los pueblos de todas las naciones de la tierra fueran vecinos. Le dio al Presidente de los Estados Unidos un medio para hablar con todos los habitantes de América al mismo tiempo, y en un plazo breve. Quizá le interese saber que los "amigos" de Marconi lo pusieron bajo custodia y fue examinado en un hospital para psicópatas, cuando anunció que había descubierto un principio mediante el cual podía enviar mensajes a través del aire, sin la ayuda de cables ni de ningún otro medio físico y directo de comunicación. Pero a los soñadores de hoy en día les va mucho mejor.

El mundo se ha acostumbrado a los nuevos descubrimientos. En realidad, ha demostrado su voluntad de premiar a los soñadores que aportan nuevas ideas al mundo.

"El mayor logro fue, al principio, y durante un tiempo, solo un sueño".

"El roble duerme en la bellota. El ave espera en el huevo, y en la más elevada visión del alma se agita un ángel de la guarda. Los sueños son las semillas de la realidad".

Despiértense, levántense, y afírmense a sí mismos, soñadores del mundo. Su estrella se encuentra ahora en ascenso. La depresión mundial ha traído la ocasión que han estado esperando. Les ha enseñado humildad, tolerancia y apertura mental a las personas.

El mundo está lleno de una gran cantidad de oportunidades que desconocían los soñadores del pasado.

El deseo ardiente de ser y de hacer es el punto de partida desde el cual debe comenzar el soñador. Los sueños no nacen de la indiferencia, la pereza o la falta de ambición.

El mundo ya no se burla de los soñadores, ni los llama poco prácticos. Si cree que lo hace, viaje a Tennessee, y sea testigo de lo que un Presidente soñador ha hecho para aprovechar y utilizar el poder de las grandes aguas de América. Una veintena de años atrás, un sueño como este habría parecido una locura.

Si se ha decepcionado, si ha sufrido la derrota durante la depresión, ha sentido el corazón aplastado dentro de usted hasta sangrar. ¡Ánimo, pues estas experiencias han templado el metal espiritual del que está hecho: son activos de un valor incomparable.

Recuerde también que todos los que triunfan en la vida tienen un mal comienzo, y pasan por muchas dificultades antes de "lograrlo". El punto de inflexión en las vidas de aquellos que tienen éxito suele aparecer en el momento de una crisis, a través de la cual es presentado su "otro yo".

John Bunyan escribió *Pilgrim's Progress*, que se cuenta entre lo mejor de toda la literatura inglesa, después de haber estado confinado en la prisión y haber sido duramente castigado a causa de sus ideas religiosas.

O'Henry descubrió el genio que dormía en su interior después de haber sufrido grandes desgracias, y estuvo encarcelado en Columbus, Ohio. Obligado a través de su adversidad a conocer su "otro yo" y a usar su imaginación, descubrió que era un gran autor en lugar de un criminal miserable y marginado. Las formas de vida son extrañas y variadas, y más extraños aún son los caminos de la Inteligencia Infinita, a través de la cual los hombres son obligados a veces a someterse a todo tipo de castigos antes de descubrir su inteligencia, y su capacidad para crear ideas útiles a través de la imaginación.

Edison, el inventor y científico más grande del mundo, era un operador "corriente" de telégrafos y fracasó en innumerables ocasiones antes de descubrir el genio que dormía en su interior.

Charles Dickens comenzó pegando etiquetas en latas de betún. La tragedia de su primer amor penetró las profundidades de su alma, y lo convirtió en uno de los autores más grandes del mundo. Esa tragedia produjo, en primer lugar, a *David Copperfield*, y posteriormente, varias obras que hacen de éste un mundo más rico y mejor para todos los que lean sus libros. En general, la decepción amorosa tiene el efecto de que los hombres se ahoguen en la bebida, y las mujeres se hundan en la ruina. Esto se debe a que la mayoría de la gente no aprende el arte de transformar sus emociones más fuertes en sueños de carácter constructivo.

Helen Keller quedó sorda, muda y ciega poco después de nacer. A pesar de su desgracia, ha escrito su nombre con letras indelebles en las páginas de la historia de los grandes. Toda su vida ha sido una demostración de que *nadie es derrotado hasta que la derrota sea aceptada como una realidad.*

Robert Burns era un campesino analfabeto; sufrió la maldición de la pobreza, y creció para ser un borracho. El mundo fue mejor gracias a su vida, porque adornó sus pensamientos poéticos con prendas hermosas, y por tanto, arrancó un espino para plantar un rosal en su lugar.

Booker T. Washington nació en la esclavitud, en la desventaja que suponía su raza y color. Pero era tolerante, tenía una mente abierta en todo momento y en todos los temas, y era un soñador, así que dejó su impronta para el bien de toda una raza.

Beethoven era sordo y Milton ciego, pero sus nombres perdurarán en el tiempo, porque soñaron y tradujeron sus sueños en ideas organizadas.

Antes de pasar al siguiente capítulo, encienda de nuevo en su mente el fuego de la esperanza, la fe, el coraje y la tolerancia. Si tiene estos estados de ánimo, y un conocimiento práctico de los principios que se han descrito, todo lo demás que necesite vendrá a usted cuando esté listo para ello. Deje que Emerson lo diga con estas palabras: "Cada proverbio, cada libro y cada sinónimo que te pertenezca para ayudarte y consolarte, sin duda acudirá a ti a través de pasajes abiertos o llenos de viento. Todo amigo que no sea tu voluntad fantástica sino el alma grande y tierna que cava en ti, te estrechará en su abrazo".

Hay una diferencia entre desear algo y estar listo para

recibirlo. Nadie está *preparado* para algo hasta que no *crea* poder adquirirlo. El estado mental debe ser la creencia, y no la mera esperanza o el deseo. Una mente abierta es esencial para creer. Las mentes cerradas no inspiran fe, valor ni convicción.

Recuerde que no se requiere ningún esfuerzo diferente para apuntar alto en la vida y reclamar abundancia y prosperidad, del que hace falta para aceptar la miseria y la pobreza. Un gran poeta ha expresado acertadamente esta verdad universal a través de estas líneas:

Le discutí un penique a la Vida,
Y la vida no me dio más,
Por más que le implorara de noche
Cuando contaba mis escasos bienes.

La Vida es un amo justo,
y te da lo que le pides,
Pero cuando has fijado el precio,
Debes soportar la faena

Trabajé por un salario de jornalero,
Sólo para descubrir perplejo,
Que cualquier salario que le hubiera pedido a la Vida,
Esta me lo hubiese pagado de buen grado.

EL DESEO LE LLEVA VENTAJA A LA MADRE NATURALEZA

Como culminación adecuada de este capítulo, quiero presentar a una de las personas más inusuales que he conocido. Lo vi por primera vez unos minutos después de su nacimiento. Vino al mundo sin ningún rastro físico de orejas, y el médico admitió, cuando le pedí una opinión sobre el caso, que el niño sería sordo y mudo de por vida.

Me opuse a la opinión del médico. Estaba en mi derecho pues era el padre del niño. Tomé una decisión y me formé una opinión, pero la expresé en silencio, en el secreto de mi propio corazón. Decidí que mi hijo iba a escuchar y a hablar. La Naturaleza podía enviarme un niño sin orejas, pero la Naturaleza *no podía inducirme a aceptar* la realidad de la aflicción.

En mi interior supe que mi hijo iba a escuchar y hablar. ¿Cómo? Estaba seguro de que tenía que haber una manera y yo sabía que la encontraría. Pensé en las palabras del inmortal Emerson: "El curso de las cosas acontece para enseñarnos la fe. Sólo tenemos que obedecer. Hay claves para cada uno de nosotros, y si escuchamos con humildad, oiremos la palabra *justa*".

¿La palabra justa? ¡El deseo! Más que cualquier otra cosa, yo deseaba que mi hijo no fuera sordomudo. De ese deseo no renegué jamás, ni por un segundo.

Muchos años atrás, yo había escrito: "Nuestras únicas limitaciones son las que hemos creado en nuestras propias mentes". Por primera vez, me pregunté si esto era cierto. Acostado en la cama frente a mí estaba un niño recién nacido, sin los órganos naturales de la audición. Aunque pudiera oír y hablar, obviamente estaría desfigurado de por vida. Sin duda, se trataba de una limitación que el niño no se había formado en su propia mente.

¿Qué podía hacer yo al respecto? Encontraría alguna forma de trasplantar a ese niño mi propio deseo ardiente de dar con medios y maneras de hacer llegar el sonido a su cerebro sin la ayuda de los oídos.

Tan pronto como el niño tuviera edad suficiente para cooperar, yo llenaría tanto su mente con aquel deseo ardiente de oír, que la Naturaleza lo traduciría a la realidad física por sus propios métodos.

Todos estos pensamientos ocurrieron en mi propia mente, pero no se los dije a nadie. Todos los días renovaba la promesa que me había hecho a mí mismo de no aceptar que mi hijo sería sordomudo.

Cuando creció y empezó a percibir las cosas que lo rodeaban, vimos que tenía un grado leve de audición. Cuando alcanzó la edad en que los niños suelen comenzar a hablar, no hizo ningún intento por hablar, pero podíamos ver por sus actos que podía oír ligeramente ciertos sonidos. ¡Eso era todo lo que yo quería saber! Estaba convencido de que si podía oír, aunque fuera poco, también podía desarrollar una mayor capacidad auditiva. Entonces sucedió algo que me dio esperanzas. Surgió de una fuente totalmente inesperada.

Compramos una vitrola. Cuando el niño escuchó la música por primera vez, entró en éxtasis y rápidamente se apropió de la máquina. Pronto mostró su preferencia por ciertos discos, entre ellos: "Es un largo camino a Tipperary". En una ocasión, puso esta canción una y otra vez, durante casi dos horas, de pie frente a la vitrola, *con los dientes apretados en el borde de la caja*. La importancia de este hábito auto-formado sólo se hizo claro para nosotros varios años después, pues nunca habíamos oído hablar del principio de "conducción ósea" del sonido en ese momento.

Poco después de apropiarse de la vitrola, descubrí que podía oírme con claridad cuando le hablaba y mis labios tocaban su hueso mastoides o la base de su cerebro. Cuando descubrí que podía oír perfectamente, comencé a transferirle de inmediato mi *deseo ardiente* de que oyera y hablara. En ese momento él se esforzaba para decir algunas palabras. El panorama estaba lejos de ser alentador, pero el deseo respaldado por la fe no conoce la palabra imposible.

Después de decidir que podía escuchar claramente el sonido de mi voz, empecé a transferirle inmediato mi deseo de que oyera y hablara. Pronto descubrí que el niño disfrutaba cuando yo le contaba cuentos antes de dormir, así que empecé a inventar historias para que él desarrollara la autonomía y la imaginación, así como un *profundo deseo de escuchar y de ser normal*.

Había un cuento en particular en el cual insistí, dándole un tono nuevo y dramático cada vez que se lo contaba. El objetivo era sembrar en su mente la idea de que su dificultad no era una limitación sino un activo de gran valor. A pesar de que la filosofía que yo había examinado indicaba claramente que toda adversidad trae consigo la semilla de una ventaja equivalente, debo confesar que yo no tenía la menor idea de *cómo* esta aflicción podría convertirse en una ventaja. Sin embargo, continué con mi práctica de inculcarle esa la filosofía en los cuentos antes de dormir, esperando que él encontrara un plan por medio del cual pudiera convertirse en algún propósito útil.

La razón me dijo claramente que no había una compensación adecuada por la falta de orejas y de órganos auditivos. El deseo respaldado por la fe empujó a un lado la razón, y me inspiró a seguir adelante.

Al analizar esta experiencia en términos retrospectivos, ahora puedo ver que *la fe de mi hijo en mí* tuvo mucho que ver con sus sorprendentes resultados. Él no puso en duda nada de lo que le dije. Le vendí la idea de que tenía una clara ventaja sobre su hermano mayor, y que esta ventaja se reflejaba de muchas formas. Por ejemplo, los profesores en la escuela veían que él no tenía orejas, por lo cual le brindaban atención especial y lo trataban con una amabilidad extraordinaria. Siempre lo hicieron. Su madre se aseguró de que así fuera, al visitar a los profesores y hablar con ellos para que le prestaran al niño toda la atención necesaria. Le vendí la idea, también, cuando fue lo suficientemente mayor para vender periódicos (su hermano mayor ya era un vendedor de periódicos), que tendría una gran ventaja sobre su hermano, por la sencilla razón de que la gente le pagaría más dinero, pues podía ver que él era un muchacho brillante y trabajador, a pesar de no tener orejas.

Vimos que la audición del niño mejoraba poco a poco. Por otra parte, él no tenía la menor tendencia a ser tímido a causa de su aflicción. Cuando tenía unos siete años, mostró la primera prueba de que nuestro método de apoyo estaba dando sus frutos. Durante varios meses suplicó el privilegio de vender periódicos, pero su madre no quiso dar su consentimiento. Tenía miedo de que las calles fueran peligrosas para él debido a su sordera.

Entonces se ocupó del asunto por sus propios medios. Una tarde, cuando se quedó en casa con los criados, subió por la ventana de la cocina, salió y se estableció por su cuenta. Le pidió seis centavos de dólar en préstamo al zapatero del barrio, lo invirtió en periódicos, los vendió, reinvirtió el dinero, y repitió la operación hasta tarde en la noche. Después de hacer sus cuentas y de pagar los seis centavos, obtuvo una ganancia neta de cuarenta y dos centavos. Cuando llegamos a casa esa noche, lo encontramos en la cama durmiendo, con el dinero apretado en su mano.

Su madre le abrió la mano, sacó las monedas, y lloró. ¡Eso me sorprendió! Llorar por el primer triunfo de su hijo me parecía inapropiado. Mi reacción fue todo lo contrario. Me reí de buena gana, porque yo sabía que mi esfuerzo por sembrar en la mente del niño una actitud de fe en sí mismo había tenido éxito.

Su madre veía, en su primera aventura de negocios, a

un niño sordo que había salido a la calle y arriesgado su vida para ganar dinero. Yo veía a un pequeño hombre de negocios, valiente, ambicioso y lleno de confianza en sí mismo, cuyo valor había aumentado un ciento por ciento, porque había hecho negocios por su propia iniciativa, y había ganado. Esto me agradó, porque yo sabía que mi hijo había dado pruebas de un rasgo de ingenio que lo acompañaría toda la vida. Los acontecimientos posteriores demostraron que esto era cierto. Cuando su hermano mayor quería algo, se tiraba en el suelo, ponía sus pies en el aire, lloraba y lo conseguía. Cuando el "niño sordo" quería algo, planeaba una manera de ganar el dinero y luego lo compraba. ¡Y todavía practica ese plan!

En verdad, mi hijo me ha enseñado que los obstáculos se pueden convertir en peldaños sobre los cuales se puede escalar hacia una meta valiosa, a menos que sean aceptados como obstáculos, y se utilicen como excusas.

El niño sordo asistió a la escuela primaria, a la secundaria y a la universidad sin poder de escuchar a sus profesores, salvo cuando le gritaban de cerca. No fue a una escuela para sordos. No le permitimos que aprendiera el lenguaje de los sordomudos. Estábamos decididos a que él debía llevar una vida normal y estar con niños normales, y mantuvimos esa decisión, aunque nos costó muchas discusiones acaloradas con funcionarios escolares.

Mientras estaba en la escuela secundaria, ensayó un audífono eléctrico pero no le dio resultado; pensamos que se debía a una condición revelada cuando el niño tenía seis años, cuando el doctor J. Gordon Wilson, de Chicago, operó un lado de la cabeza de nuestro hijo y descubrió que no tenía rastros de órganos auditivos.

Durante su última semana en la universidad (dieciocho años después de la operación), sucedió algo que marcó el punto de inflexión más importante de su vida. En lo que parecía ser una mera casualidad, entró en posesión de otro aparato auditivo eléctrico que le enviaron para probar. Estuvo indeciso en probar el aparato, debido a su decepción con el anterior. Finalmente tomó el instrumento, lo colocó en su cabeza, conectó la batería, y ¡sorpresa! Como por arte de magia, ¡su deseo permanente de tener una audición normal se convirtió en una realidad! Por primera vez en su vida escuchó prácticamente tan bien como cualquier persona con audición normal. "Dios actúa de formas misteriosas para realizar sus maravillas".

Lleno de alegría por el mundo nuevo que acaba de percibir por medio de su aparato auditivo, corrió hacia el teléfono, llamó a su madre, y oyó su voz perfectamente. Al día siguiente, escuchó con claridad las voces de sus profesores en clase, ¡por primera vez en su vida! Anteriormente sólo podía oírlos cuando le gritaban de cerca. Escuchó la radio. Oyó lo que decían en las películas. Por primera vez en su vida, pudo conversar libremente con otras personas, sin la necesidad de que le hablaran en voz alta. En verdad, había entrado en posesión de un mundo distinto. Nos habíamos negado a aceptar el error de la naturaleza y, gracias al deseo persistente, habíamos inducido a la naturaleza a corregir ese error a través de los únicos medios disponibles.

El deseo había comenzado a pagar dividendos, pero la victoria todavía no era completa. El muchacho aún tenía que encontrar una manera clara y práctica para convertir su desventaja en una *ventaja equivalente*.

Apenas sin darse cuenta de la importancia de lo que había logrado, pero embriagado con la alegría de su mundo recién descubierto del sonido, le escribió una carta entusiasta al fabricante del audífono, describiéndole su experiencia. Algo en su carta, algo que tal vez no estaba escrito en las líneas sino en el fondo, hizo que la compañía lo invitara a Nueva York. Cuando fue allí, lo llevaron a visitar la fábrica, y mientras hablaba con el ingeniero jefe y le contaba acerca de su mundo recién descubierto, una corazonada, una idea o inspiración, o como quiera llamársele, acudió a su mente. Fue este *impulso del pensamiento* lo que convirtió su limitación en una ventaja, destinada a pagar dividendos en dinero y en felicidad a miles de personas en todos los tiempos venideros.

El resumen y la esencia de ese *impulso del pensamiento* fue así: se le ocurrió que podría ser de ayuda para los millones de sordos que viven sin el beneficio de los audífonos, si él pudiera encontrar la manera de contarles la historia de su mundo recién descubierto. En ese instante decidió dedicar el resto de su vida a prestarles un servicio útil a quienes tenían dificultades para oír.

Durante todo un mes, realizó una investigación exhaustiva, analizando todo el sistema de comercialización del fabricante de audífonos, e ideando formas y medios de comunicación con personas sordas en todo el mundo con el propósito de compartir con ellos su mundo recién descubierto. Una vez hecho esto, puso por escrito un plan de dos años basado en sus investigaciones. Cuando le presentó el plan a la empresa, fue contratado de inmediato para llevar a cabo su ambición.

Poco había soñado, cuando empezó a trabajar, que estaba destinado a llevar esperanza y alivio a miles de sordos que, sin su ayuda, habrían estado condenados para siempre a la sordera.

Poco después se asoció con el fabricante de su audífono y me invitó a una conferencia organizada por su compañía, con el propósito de enseñarles a oír y hablar a los sordomudos. Nunca había oído nada semejante, y fui a la conferencia con escepticismo, pero también con la esperanza de no desperdiciar mi tiempo por completo. Vi una demostración que me dio una visión muy ampliada de lo que había hecho yo para despertar y mantener vivo en la mente de mi hijo el deseo de una audición normal. Vi cómo les enseñaban realmente a escuchar y hablar a los sordomudos, a través de la aplicación del mismo principio que yo había utilizado más de veinte años atrás, para salvar a mi hijo de la sordera.

De este modo, a través de algún extraño giro de la Rueda del Destino, mi hijo Blair y yo hemos estado destinados a ayudar a corregir la sordera de los que no han nacido todavía, porque hasta donde yo sé, somos los únicos seres vivos humanos en haber establecido definitivamente el hecho de que la sordera se puede corregir en el sentido de que las personas que sufren esta aflicción puedan llevar una vida normal. Si se ha hecho por el bien de un individuo, se hará para el bien de los demás.

No hay duda en mi mente de que Blair hubiera sido sordomudo toda su vida, si su madre y yo no hubiéramos logrado moldear su mente del modo en que lo hicimos. El médico que lo ayudó a venir al mundo nos dijo confidencialmente que el niño no iba a poder escuchar ni hablar. El doctor Irving Voorhees, un famoso especialista en estos casos, examinó cuidadosamente a Blair. Quedó asombrado cuando se enteró de lo bien que mi hijo escucha y habla ahora, y dijo que su estudio señaló que "en teoría, el niño no debería poder escuchar". Pero lo cierto es que Blair oye, a pesar del hecho de que los rayos X muestran que no hay apertura en el cráneo donde sus orejas deberían conectarse con el cerebro.

Cuando sembré en su mente el deseo de escuchar y hablar, y de vivir como una persona normal, al lado de ese impulso hubo una influencia extraña, la cual hizo que la naturaleza construyera puentes y abarcara el abismo de silencio entre el cerebro y el mundo exterior, utilizando unos medios que los médicos especialistas más agudos no han podido descifrar. Sería un sacrilegio para mí conjeturar la forma en que la naturaleza hizo este milagro. Sería imperdonable si yo me olvidara de decirle al mundo todo lo que sé sobre el humilde papel que tuve en esta extraña experiencia. Es mi deber y privilegio poder decir que creo, y no sin razón, que nada es imposible para la persona que respalda el deseo con una fe perdurable.

En verdad, un deseo ardiente tiene formas oscuras de transmutarse en su equivalente físico. Blair quería tener una audición normal, ¡y ahora la tiene! Él nació con una limitación que fácilmente podría convertir en limosnero a una persona que tuviera un deseo menos definido. Esa incapacidad promete ser un medio por el cual él le presta un servicio muy útil a millones de personas duras de oído, y le dará también un empleo útil con una compensación financiera adecuada por el resto de su vida.

Las pequeñas "mentiras piadosas" que sembré en su mente cuando era un niño, al hacerle creer que su limitación se convertiría en una gran ventaja que podría capitalizar, se justificó a sí misma. En verdad, no hay nada, correcto o incorrecto, que la creencia, además de un deseo ardiente, no pueda hacer realidad. Estas cualidades están al alcance de todos.

En toda mi experiencia al tratar con hombres y mujeres que tenían problemas personales, nunca he manejado un solo caso que demuestre con mayor claridad el poder del deseo. Los autores a veces cometen el error de escribir sobre temas de los cuales tienen conocimientos superficiales o muy elementales. He contado con la buena fortuna de haber tenido el privilegio de poner a prueba la solidez del poder del deseo, a través de la aflicción de mi propio hijo. Tal vez fue providencial que la experiencia ocurriera tal como lo hizo, porque seguramente no hay nadie mejor preparado que él para servir como ejemplo de lo que sucede cuando el deseo es puesto a prueba. *Si la Madre Naturaleza se inclina a la voluntad del deseo, ¿es lógico que simples hombres puedan derrotar a un deseo ardiente?*

¡El poder de la mente humana es extraño e imponderable! No entendemos el método por el cual utiliza cada circunstancia, cada individuo, o cada cosa física a su alcance, como una forma de transmutar el deseo en su equivalente físico. Es probable que la ciencia pueda descubrir este secreto.

Yo sembré en la mente de mi hijo el deseo de escuchar y hablar como lo hace cualquier persona normal. Este deseo se ha convertido en una realidad. Sembré en su mente el deseo de convertir su mayor desventaja en su mayor ventaja. Ese deseo se ha cumplido. El *modus operandi* por el cual se logró este sorprendente resultado no es difícil de describir. Constaba de tres hechos muy concretos. En primer lugar, mezclé la fe con el deseo de una audición normal, y se lo transmití a mi hijo. En segundo lugar, le comuniqué mi deseo en todas las formas posibles, por medio de un esfuerzo persistente y continuo, durante varios años. En tercer lugar, ¡él me creyó!

Mientras esto sucedía, llegó la noticia de la muerte de Mme. Schuman-Heink. Un breve párrafo en el despacho de prensa da la clave para el gran éxito de esta mujer como cantante. Cito el párrafo, ya que la pista que contiene no es otra que el deseo.

Al comienzo de su carrera, la señora Schuman-Heink visitó al director de la Ópera de la Corte de Viena para que le hiciera una prueba de su voz. Pero él no lo hizo. Después de echarle un vistazo a la chica torpe y mal vestida, exclamó, no muy gentilmente:

—Con esa cara, y sin personalidad alguna, ¿cómo puede esperar tener éxito en la ópera? Señorita, renuncie a esa idea. Cómprese una máquina de coser, y póngase a trabajar. Jamás podrá ser cantante.

¡Jamás es mucho tiempo! El director de la Ópera de la Corte de Viena sabía mucho sobre la técnica del canto, pero sabía muy poco sobre el poder del deseo, cuando éste asume las proporciones de una obsesión. Si hubiese sabido algo más sobre ese poder, no habría cometido el error de condenar al genio sin darle una oportunidad.

Hace varios años, uno de mis socios se enfermó. Empeoró con el paso del tiempo, y tuvo que ser llevado al hospital para una operación. Justo antes de entrar al quirófano, lo miré y me pregunté cómo alguien tan delgado y demacrado como él podría sobrevivir a una operación tan delicada. El médico me advirtió que había poca o ninguna posibilidad de que sobreviviera. Pero esa era la opinión del médico. No era la opinión del paciente. Justo antes de ser conducido a la cirugía, él me susurró débilmente:

—No te inquietes, jefe. Saldré de aquí en unos pocos días.

La enfermera me miró con lástima. Sin embargo, el paciente sobrevivió. Posteriormente, su médico dijo:

—Nada más que su propio deseo de vivir lo salvó. Él no habría sobrevivido si no se hubiera negado a aceptar la posibilidad de la muerte.

Creo en el poder del deseo respaldado por la fe, porque he visto este poder elevar a hombres de orígenes humildes a lugares de poder y de riqueza; he visto arrebatárselos a la tumba de sus víctimas, lo he visto servir como un medio por el cual los hombres llevaron a cabo su rehabilitación después de haber sido derrotados en cientos de formas diferentes, lo he visto darle a mi propio hijo una vida normal, feliz y exitosa, a pesar de que la naturaleza lo enviara al mundo sin orejas.

¿Cómo se puede aprovechar y utilizar el poder del deseo? Esto ha sido explicado en este capítulo y en los siguientes de este libro. Este mensaje llegará al mundo al final de la depresión más larga y quizá más devastadora que hayamos conocido nunca. Es razonable suponer que el mensaje llegue a la atención de muchos que han sido golpeados por la depresión, de quienes han perdido sus fortunas, de otros que han perdido sus posiciones, y de un gran número que tienen que reorganizar sus planes y comenzar de nuevo. A todos ellos deseo expresar el pensamiento de que todo logro, sin importar cuál sea su naturaleza o finalidad, debe comenzar con un deseo intenso y ardiente por algo concreto.

Mediante un principio extraño y poderoso de "química mental" que nunca ha divulgado, la naturaleza envuelve en el impulso del deseo ardiente "ese algo" que no reconoce la palabra imposible y que no acepta la realidad como un fracaso.

CAPÍTULO 3

FE

VISUALIZACIÓN Y CREENCIA EN EL LOGRO DEL DESEO

El segundo paso hacia la riqueza

La fe es el elemento químico más importante de la mente. Cuando la fe se mezcla con la vibración del pensamiento, la mente subconsciente recoge inmediatamente la vibración, la traduce en su equivalente espiritual y la transmite a la Inteligencia Infinita, como en el caso de la oración.

Las emociones de la fe, el amor y el sexo son las más poderosas de las emociones positivas más importantes. Cuando las tres se mezclan, tienen el efecto de "colorear" la vibración del pensamiento de tal manera que llega de inmediato a la mente subconsciente, donde se transforma en su equivalente espiritual, la única forma que induce una respuesta de la Inteligencia Infinita.

El amor y la fe son psíquicos y están relacionados con el aspecto espiritual del hombre. El sexo es puramente biológico y se refiere únicamente a lo físico. La mezcla o combinación de estas tres emociones tiene el efecto de abrir una línea directa de comunicación entre la mente finita y pensante del hombre, y la Inteligencia Infinita.

CÓMO DESARROLLAR LA FE

Hay un planteamiento que lo ayudará a comprender mejor la importancia que tiene el principio de la autosugestión en la transmutación del deseo en su equivalente físico o monetario; es decir, que la fe es un estado de ánimo que puede ser inducido o creado por medio de la afirmación o de instrucciones repetidas a la mente subconsciente, a través del principio de la autosugestión.

A modo de ejemplo, piense el propósito para el cual está leyendo probablemente este libro. El objetivo es, naturalmente, adquirir la habilidad de transmutar el pensamiento intangible del impulso del deseo en su contrapartida física, el dinero. Al seguir las instrucciones expresadas en los capítulos sobre la autosugestión y la mente subconsciente, que se resumen en el capítulo sobre la autosugestión, usted puede convencer a la mente subconsciente de que cree que recibirá lo que está pidiendo, y eso actuará en esa creencia, que su mente subconsciente le devolverá en forma de "fe", acompañada de planes definidos para conseguir aquello que deseas.

El método por el cual desarrollamos la fe, cuando esta no existe, es muy difícil de describir; de hecho, es casi tan difícil como sería describirle el color rojo a un ciego que nunca ha visto este color. Tampoco existe nada con qué compararlo. La fe es un estado de ánimo que puede desarrollar a voluntad, después de haber dominado los trece principios, porque es un estado de ánimo que se desarrolla de manera voluntaria, mediante la aplicación y el uso de estos principios.

La repetición de la afirmación de órdenes a su mente subconsciente es el único método conocido para el desarrollo voluntario de la emoción de la fe.

Tal vez el significado pueda ser más claro mediante la siguiente explicación sobre la manera en que los hombres se convierten a veces en criminales. Dicho en las palabras de un famoso criminólogo, "Cuando los hombres entran por primera vez en contacto con el crimen, lo aborrecen. Si se mantienen en contacto con el crimen por un tiempo, se acostumbran a él y lo soportan. Si se mantienen en contacto con el crimen por el tiempo suficiente, acaban por aceptarlo y se dejan influir por él".

Esto equivale a decir que cualquier impulso de pensamiento que le sea transmitido varias veces a la mente subconsciente, es aceptado e influye en la mente subconsciente, la cual procede a traducir ese impulso en su equivalente físico mediante el procedimiento más práctico que esté a su alcance.

En relación con esto, piense de nuevo que todos los pensamientos que han sido emocionalizados (cargados emocionalmente) y mezclados con la fe, empiezan a traducirse inmediatamente en su equivalente físico o en su contraparte.

Las emociones, o la parte "sentimental" de los pensamientos, son los factores que dan vitalidad y acción a estos. Las emociones de la fe, el amor y el sexo, cuando se mezclan con cualquier impulso de pensamiento, le dan una mayor acción de lo que cualquiera de estas emociones puede hacer por separado.

No sólo aquellos impulsos de pensamiento que han sido mezclados con la fe, sino los que se han mezclado con alguna de las emociones positivas, o con cualquiera de las negativas, pueden influir en la mente subconsciente.

A partir de esta afirmación, comprenderá que la mente subconsciente traducirá en su equivalente físico un impulso de pensamiento de naturaleza negativa o destructiva, con tanta facilidad como actuaría con impulsos de pensamiento de naturaleza positiva o constructiva. Esto explica el extraño fenómeno que experimentan tantos millones de personas, denominado como "desgracia" o "mala suerte".

Hay millones de personas que creen estar "condenadas" a la pobreza y al fracaso, debido a una fuerza extraña sobre la que no creen tener ningún control. Ellos son los creadores de sus propias "desgracias" a causa de esta creencia negativa, que es captada por la mente subconsciente y traducida en su equivalente físico.

Este es un momento apropiado para sugerirle de nuevo

que puede beneficiarse si le transmite a su mente subconsciente cualquier deseo que quiera traducir en su equivalente físico o monetario, en un estado de esperanza o de convicción de que la transmutación tendrá lugar. Su creencia o fe es el elemento que determina la acción de su mente subconsciente. No hay nada que le impida "embaucar" a su mente subconsciente al darle instrucciones por medio de la autosugestión, tal como yo embauqué a la mente subconsciente de mi hijo.

Para que este "engaño" sea más realista, compórtese como lo haría si estuviera ya en posesión del objeto material que pide cuando recurre a su mente subconsciente.

La mente subconsciente puede transmutar en su equivalente físico, por el medio más práctico y directo, cualquier orden que se le dé en un estado de convicción o de fe en que la orden se llevará a cabo.

Sin duda, se ha dicho lo suficiente como para establecer un punto de partida desde el cual se puede, a través de la experimentación y la práctica, adquirir la capacidad de mezclar la fe con cualquier orden que se le dé a la mente subconsciente. La perfección llegará por medio de la práctica, pues no aparecerá por el mero hecho de *leer* las instrucciones.

Si es verdad que uno puede ser un criminal al asociarse con el crimen (y esto es un hecho conocido), no es menos cierto que uno puede desarrollar la fe al sugerirle de forma voluntaria a la mente subconsciente que uno tiene fe. La mente llega, finalmente, a asumir la naturaleza de las influencias que la dominan. Si entiende esta verdad, sabrá por qué es esencial que fomente las *emociones positivas* como las fuerzas dominantes de su mente, y desaliente —*y elimine*— las emociones negativas.

Una mente dominada por emociones positivas se convierte en un refugio favorable para el estado de ánimo conocido como fe.

Una mente dominada de este modo puede darle instrucciones a la mente subconsciente, la cual las aceptará y de inmediato y actuará basada en ellas.

LA FE ES UN ESTADO MENTAL QUE PUEDE SER INDUCIDO POR AUTOSUGESTIÓN

En todas las épocas, los religiosos han invitado a la humanidad en conflicto a "tener fe" en este o en aquel dogma o credo, pero no han logrado explicarles a las personas cómo tener fe. Ellos no han señalado que "la fe es un estado de ánimo, y que puede ser inducida por la autosugestión".

En un lenguaje que cualquier ser humano normal pueda entender, vamos a describir todo lo que se sabe sobre el principio de la fe a través del cual se puede desarrollar la fe, allí donde no existe.

Tenga fe en usted mismo, fe en lo Infinito.

Antes de comenzar, debe recordarlo una vez más:

¡La fe es el "elixir eterno" que le da vida, poder y acción al impulso del pensamiento!

Vale la pena leer la frase anterior por segunda, tercera, y por cuarta vez. ¡Vale la pena leerla en voz alta!

¡La fe es el punto de partida para toda acumulación de riquezas!

¡La fe es la base de todos los "milagros", y de todos los misterios que no pueden analizarse con las reglas de la ciencia!

¡La fe es el único antídoto conocido contra el fracaso!

La fe es el elemento, el componente "químico" que, al mezclarse con la oración, nos ofrece una comunicación directa con la Inteligencia Infinita.

La fe es el elemento que transforma la vibración ordinaria del pensamiento, creada por la mente finita del hombre, en su equivalente espiritual.

La fe es el único medio a través del cual la fuerza cósmica de la Inteligencia Infinita puede ser aprovechada y utilizada por el hombre.

¡Cada una de las afirmaciones anteriores puede ser demostrada!

La prueba es simple y fácilmente demostrable. Está incluida en el principio de la autosugestión. Por lo tanto, centraremos nuestra atención en este principio, para saber qué es, y qué puede lograr.

Es un hecho bien conocido que uno llega a creer finalmente lo que se repite a sí mismo, independientemente de que la afirmación sea verdadera o falsa. Si un hombre repite una mentira una y otra vez, eventualmente aceptará esta mentira como verdad. Y también creerá que es verdad. Todo hombre es lo que es por los pensamientos dominantes que permite que ocupen su mente. Los pensamientos que un hombre pone deliberadamente en su propia mente, los que alienta con simpatía, y con los que combina una o varias emociones, constituyen las fuerzas motivadoras que dirigen y controlan todos sus movimientos, actos, ¡y hazañas!

Aquí tenemos una declaración muy importante de la verdad: los pensamientos que se mezclan con cualquiera de las emociones constituyen una fuerza "magnética" que atrae, a partir de las vibraciones del éter, otros pensamientos similares o relacionados. Un pensamiento "magnetizado" así por la emoción puede compararse con una semilla que, cuando se siembra en suelo fértil, germina, crece y se multiplica una y otra vez, hasta que lo que fue originalmente una pequeña semilla, ¡se convierte en millones y millones de semillas de la misma clase!

El éter es una gran masa cósmica de las fuerzas eternas de la vibración. Se compone de dos vibraciones destructivas y constructivas. Contiene, en todo momento, las vibraciones del miedo, la pobreza, la enfermedad, el fracaso y la miseria, y las vibraciones de la prosperidad, la salud, el éxito y la felicidad, del mismo modo en que contiene el sonido de cientos de orquestaciones musicales, y cientos de voces humanas, todas las cuales mantienen su propia individualidad y medios de identificación a través de la radio.

Desde la gran despensa del éter, la mente humana está

atrayendo constantemente vibraciones que armonizan con la que domina la mente humana. Cualquier pensamiento, idea, plan o propósito que uno *tenga* en la mente, atrae, a partir de las vibraciones del éter, una gran cantidad de otras semejantes, las agrega a su propia fuerza, y crece hasta convertirse en el propósito maestro que domina y motiva a la persona en cuya mente se ha alojado.

Ahora, volvamos al punto de partida para informarnos de cómo se puede sembrar la semilla original de una idea, plan o propósito en la mente. La información se transmite con facilidad: cualquier idea, plan o propósito puede ser depositado en la mente *por medio de la repetición del pensamiento.* Por esta razón, le damos instrucciones para que escriba un planteamiento de su propósito principal, u objetivo primordial definido, lo memorice, y lo repita todos los días en voz alta, hasta que estas vibraciones de sonido lleguen a su mente subconsciente.

Somos lo que somos debido a las vibraciones de pensamiento que recogemos y registramos en —y a través de— los estímulos de nuestro entorno cotidiano.

Decídase a hacer a un lado las influencias de todo ambiente dañino para construir su propia vida a la medida. Al hacer un inventario de sus activos y pasivos mentales, descubrirá que su mayor debilidad es la falta de confianza en usted mismo. Esta desventaja puede ser superada y la timidez se puede convertir en valor, mediante el principio de la autosugestión. La aplicación de este principio puede hacerse consignando por escrito impulsos de pensamiento positivos, memorizándolos y repitiéndolos hasta que se conviertan en una parte del funcionamiento de su mente subconsciente.

FORMULA DE LA CONFIANZA EN SÍ MISMO

PRIMERO. Sé que tengo la capacidad de lograr el objeto de mi Propósito Definido en la vida; por lo tanto, exijo de mí mismo acción perseverante y continua hacia su consecución, y aquí y ahora prometo ejecutar tal acción.

SEGUNDO. Comprendo que los pensamientos dominantes de mi mente se reproducirán en la acción física y exterior, y se transformarán gradualmente en la realidad física; por lo tanto, concentraré mis pensamientos durante treinta minutos diarios a la tarea de pensar en esa persona que tengo la intención de convertirme, creando en mi mente una clara imagen mental de esa persona.

TERCERO. Sé que por medio del principio de la autosugestión, cualquier deseo que abrigue con perseverancia buscará expresarse a través de algunos medios prácticos para alcanzar el objeto que haya tras él; por lo tanto, dedicaré diez minutos diarios a exigir a mí mismo desarrollar la confianza en mí mismo.

CUARTO. He escrito con claridad una descripción

de mi Propósito Definido en la vida, y no dejaré de intentarlo hasta haber desarrollado la suficiente confianza en mí mismo para alcanzarlo.

QUINTO. Soy plenamente consciente de que no hay riqueza o posición que dure mucho tiempo si no se construye sobre la base de la verdad y la justicia; por lo tanto, no me comprometeré con ninguna acción que no beneficie a todos a los que afecte. Tendré éxito en atraer a mí las fuerzas que deseo emplear, y la cooperación de otras personas. Induciré a otros a servirme debido a mi deseo de servir a los demás. Eliminaré el odio, la envidia, los celos, el egoísmo y el cinismo, al cultivar el amor por toda la humanidad, porque sé que una actitud negativa hacia los demás nunca me dará el éxito. Haré que los demás crean en mí porque creeré en ellos y en mí mismo.

Firmaré esta fórmula con mi nombre, la memorizaré y la repetiré en voz alta una vez al día, con la fe absoluta de que influirá gradualmente en mis pensamientos y acciones, para convertirme así en una persona autosuficiente y exitosa.

Detrás de esta fórmula hay una ley de la naturaleza que ningún hombre ha podido explicar. Ha desconcertado a los científicos de todas las épocas. Los psicólogos la han llamado "la ley de autosugestión".

El nombre por el cual se conoce esta ley es de poca importancia. Lo importante es que funciona para gloria y éxito de la humanidad si se utiliza de manera constructiva. Por otro lado, si se usa destructivamente, destruirá con la misma facilidad. En esta afirmación se puede encontrar una verdad muy importante: que los que se hunden en la derrota y terminan sus vidas en la pobreza, la miseria y la angustia, lo hacen por la aplicación negativa del principio de la autosugestión. La causa puede encontrarse en el hecho de que todos los impulsos del pensamiento tienen una tendencia a adoptar su equivalente físico.

La mente subconsciente (el laboratorio químico en el que todos los impulsos del pensamiento se combinan y se preparan para la traducción a la realidad física) no hace ninguna distinción entre los impulsos del pensamiento constructivos y los destructivos. Funciona con el material con que la alimentamos, a través de nuestros impulsos de pensamiento. La mente subconsciente traducirá a la realidad un pensamiento transmitido por el miedo con la misma facilidad con que traducirá a la realidad un pensamiento impulsado por el valor o la fe.

Las páginas de la historia clínica contienen muchos ejemplos de casos de "suicidio sugerente". Un hombre puede cometer suicidio por sugestión negativa, con la misma eficacia que por cualquier otro medio. En una ciudad del Medio Oeste, un hombre llamado Joseph Grant, funcionario de un banco, "pidió prestada" una gran suma de dinero del banco sin el consentimiento de los directores. Perdió el dinero en los juegos de azar. Una tarde, la Superintendencia de Bancos comenzó a revisar las cuentas. Grant salió del banco, tomó una habitación en un hotel local y cuando lo encontraron, tres días más tarde, estaba acostado en la cama, llorando y gimiendo, repitiendo una y otra vez estas palabras: "¡Dios mío, esto me va a matar! No puedo soportar la vergüenza". Y poco después murió. Los médicos dictaminaron el caso como "suicidio mental".

Al igual que la electricidad hace girar las ruedas de la industria, y presta servicios útiles si se utiliza de forma constructiva, o acaba con la vida si es mal utilizada, del mismo modo la ley de la autosugestión lo conducirá a la paz y a la prosperidad, o lo arrastrará al valle de la miseria, del fracaso y de la muerte, según el grado de comprensión y aplicación de la misma.

Si llena su mente con miedos, dudas y desconfianza en su capacidad para conectar y utilizar las fuerzas de la Inteligencia Infinita, la ley de la autosugestión tomará este espíritu de incredulidad y lo utilizará como un patrón por el cual su mente subconsciente lo traducirá en su equivalente físico.

¡Esta afirmación es tan verdadera como la afirmación de que dos y dos son cuatro!

Así como el viento lleva un barco al Este y otro al

Oeste, la ley de la autosugestión lo levantará o lo derribará, según la forma en que oriente sus velas del pensamiento.

La ley de la autosugestión, a través de la cual cualquier persona puede ascender a las alturas de unos logros que superan la imaginación, está bien descrita en los siguientes versos:

Si piensas que estás vencido, lo estarás,
Si piensas que no te atreves, no lo harás,
Si te gusta ganar, pero crees que no puedes,
Es casi seguro: no ganarás.

Si piensas que perderás, estarás perdido
Porque en el mundo descubrimos
Que el éxito comienza con un aliado de la voluntad:
Todo está en el estado de ánimo.

Si piensas que eres superior, lo serás,
Has tenido que pensar alto para levantarte,
Has tenido que estar seguro de ti mismo antes de
poder ganar un premio.

Las batallas de la vida no siempre favorecen
al hombre más fuerte o más rápido,
Pero tarde o temprano, el hombre que gana
¡Es el hombre que piensa que puede hacerlo!

Tenga en cuenta las palabras destacadas, y captará el profundo significado que el poeta tenía en mente.

En algún lugar de su carácter (tal vez en las células de su cerebro) está latente y *adormecida* la semilla de los logros que, si se despierta y entra en acción, lo llevará a unas alturas que nunca soñó con alcanzar.

Así como un virtuoso de la música puede hacer que las melodías salgan de las cuerdas de un violín, usted también puede despertar el genio que yace dormido en su cerebro, y hacer que lo conduzca hacia arriba, hacia cualquier meta que quiera lograr.

Abraham Lincoln fracasó en todo lo que intentó hasta después de haber cumplido cuarenta años. Era un Don Nadie, de Ninguna Parte, hasta que una gran experiencia entró en su vida, despertó el genio dormido dentro de su corazón y su cerebro, y le dio al mundo a uno de sus hombres realmente grandes. Esa "experiencia" estaba combinada con las emociones del dolor y del amor. Le sucedió a través de Anne Rutledge, la única mujer a quien amó realmente.

Es un hecho conocido que la emoción del amor está estrechamente relacionada con el estado de ánimo conocido como la fe, y esto por la sencilla razón de que el amor se acerca mucho a traducir los impulsos del pensamiento en su equivalente espiritual. Durante su trabajo de investigación, el autor descubrió, a partir del análisis de la obra de la vida y los logros de cientos de hombres de posiciones sobresalientes, que detrás de casi cada uno estaba la influencia del amor de una mujer. La emoción del amor, en el corazón y en el cerebro humano, crea un campo favorable de atracción magnética que produce una afluencia de las vibraciones más altas y exquisitas que flotan en el éter.

Si quiere ver pruebas del poder de la fe, estudie los logros de hombres y mujeres que lo han utilizado. Jesús Nazareno encabeza la lista. El cristianismo es la mayor fuerza que influye en las mentes de los hombres. La base del cristianismo es la fe, sin importar cuántas personas puedan haber tergiversado o malinterpretado el significado de esta gran fuerza, y sin importar el gran número de dogmas y credos que se han creado en su nombre pero que no reflejan sus principios.

La suma y la esencia de las enseñanzas y los logros de Cristo, que pueden haber sido interpretadas como "milagros" son nada más ni nada menos que la fe. Si hay fenómenos como los "milagros" ¡se producen sólo a través del estado de ánimo conocido como la fe! Algunos profesores de religión, y muchos que se llaman cristianos, no entienden ni practican la fe.

Veamos el poder de la fe, tal como nos la mostró un hombre conocido en todo el mundo: Mahatma Gandhi, de la India. En este hombre, el mundo tuvo a uno de los ejemplos más sorprendentes conocidos de las posibilidades de la fe. En este hombre el mundo tiene a uno de los ejemplos más sorprendentes sobre las posibilidades de la fe que haya conocido la humanidad. Gandhi ejerció un poder superior al de cualquier otro hombre de su época y esto, a pesar del hecho de que no tenía ninguna de las herramientas ortodoxas del poder, como dinero, barcos de guerra, soldados, ni materiales de la guerra. Gandhi no tenía dinero, no tenía casa, no tenía un traje, pero tenía poder. ¿Cómo lo adquirió?

Lo obtuvo gracias a su comprensión del principio de la fe y a su capacidad para trasplantar esta fe en doscientos millones de mentes.

Gandhi logró, a través de la influencia de la fe, lo que no pudo lograr la mayor potencia militar del planeta, y lo que nunca se podrá alcanzar con soldados ni armas. Logró la hazaña asombrosa de influir en doscientos millones de mentes para unirse y moverse al unísono, como una sola mente.

¿Qué otra fuerza en la tierra, excepto la fe, podía hacer lo mismo?

Llegará un día en que los empleados, así como los empleadores, descubran las posibilidades de la fe. Ese día está llegando. El mundo entero tuvo una gran oportunidad, durante la depresión económica, de presenciar lo que la falta de fe les hará a las empresas.

Sin duda, la civilización ha producido un número suficiente de seres humanos inteligentes para hacer uso de esta gran lección que le ha enseñado la depresión al mundo. Durante esta depresión, el mundo tenía pruebas abundantes de que el miedo generalizado paralizaría el engranaje de la industria y del comercio. De esta experiencia surgirán líderes en los negocios y en la industria, que se beneficiarán del ejemplo que Gandhi le ha dado al mundo, y aplicarán a las empresas las mismas tácticas que utilizó el líder indio para obtener la mayor cantidad de seguidores que se ha visto en la historia del mundo. Estos líderes provendrán de las filas de hombres desconocidos, que trabajan en las plantas de acero, en las minas de carbón, en las fábricas de automóviles, y en los pequeños pueblos y ciudades de América.

Los negocios necesitan una reforma; ¡no se equivoque sobre esto! Los métodos del pasado, basados en combinaciones económicas de fuerza y de miedo, serán sustituidos por los principios más justos de la fe y de la cooperación. Los trabajadores recibirán más que jornales diarios; recibirán los mismos dividendos de la empresa que los que aportan el capital para el negocio, pero primero tienen que dar más a sus empleadores y poner fin a esta riña y a la negociación por la fuerza, a costa del público. *¡Ellos deben ganarse el derecho a los dividendos!*

Además, y esto es lo más importante de todo, serán dirigidos por líderes que puedan entender y aplicar los principios empleados por Mahatma Gandhi. Sólo de esta manera podrán obtener los líderes de sus seguidores el espíritu de plena cooperación que constituye el poder en su forma más elevada y duradera.

Esta época estupenda de la máquina en la que vivimos, y de la que estamos saliendo, se ha apoderado del alma de los hombres. Sus líderes han tratado a los hombres como si fueran piezas de maquinaria; se vieron obligados a hacer esto por los empleados que han negociado, a expensas de todos los interesados, para *obtener* y no para *dar*. La consigna del futuro será la felicidad humana y la alegría, y cuando este estado de ánimo se haya alcanzado, la producción se hará cargo de sí misma, con una eficiencia mayor que cualquier otra cosa que jamás se haya logrado, pues los hombres no podían mezclar -ni lo hicieron- la fe y el interés individual con su trabajo.

Debido a la necesidad de la fe y de la cooperación para dirigir los negocios y la industria, será a la vez interesante y rentable analizar un evento que ofrece una excelente comprensión del método por el cual los industriales y hombres de negocios acumulan grandes fortunas dando antes que intentar obtener.

El evento elegido para ilustrar este caso se remonta a 1900, cuando se estaba formando la United States Steel Corporation. Mientra lee esta historia, tenga en cuenta estos hechos fundamentales y entenderá cómo las ideas han sido convertidas en enormes fortunas.

En primer lugar, la enorme United States Steel Corporation nació en la mente de Charles M. Schwab, en la forma de una idea que él creó a través de su imaginación. En segundo lugar, él combinó la fe con su idea. En tercer lugar, formuló un plan para la transformación de su idea en una realidad física y financiera. En cuarto lugar, puso su plan en acción con su famoso discurso en el University

Club. En quinto lugar, aplicó su plan, le infundió perseverancia, y lo respaldó con una decisión firme hasta haberlo cumplido en su totalidad. En sexto lugar, preparó el camino para el éxito por medio de un ardiente deseo de alcanzar el éxito.

Si ustes es uno de los que se ha preguntado cómo se amasan las grandes fortunas, esta historia de la creación de la United States Steel Corporation será esclarecedora. Si tiene alguna duda de que los hombres pueden pensar y hacerse ricos, esta historia deberá disiparla, porque podrá ver claramente en la historia de la United States Steel la aplicación de una parte importante de los trece principios descritos en este libro.

Esta descripción asombrosa del poder de una idea fue expresada de un modo dramático por John Lowell, en el periódico *New York World-Telegram*, que transcribimos gracias a su cortesía.

UN BONITO DISCURSO DE SOBREMESA POR MIL MILLONES DE DÓLARES

"Cuando, en la tarde del 12 de diciembre de 1900, unos ochenta miembros de la nobleza financiera de la nación se reunieron en el salón de banquetes del University Club en la Quinta Avenida para rendir homenaje a un joven del Oeste de Estados Unidos, menos de media docena de los invitados se dieron cuenta que iban a presenciar el epi-

sodio más importante en la historia industrial nortea-
mericana.

"J. Edward Simmons y Charles Stewart Smith, con
sus corazones llenos de gratitud por la generosa hospitali-
dad que les brindó Charles M. Schwab, durante una reciente visita a Pittsburgh, habían organizado la cena para
presentarles al zar del acero, de treinta y ocho años de
edad, a la sociedad bancaria de la costa Este. Pero no es-
peraban que magnetizara de tal modo la convención. Le
advirtieron, de hecho, que los corazones que había debajo
de las camisas de Nueva York no reaccionarían a la orato-
ria, y que, si no quería aburrir a los Stillman, a los Har-
riman y a los Vanderbilt, sería mejor que se limitara a
quince o veinte minutos de cortesías amables, pero no
más que eso.

"Incluso John Pierpont Morgan, sentado a la derecha
de Schwab, como indicaba su dignidad imperial, se con-
formó con agradecer muy brevemente su presencia en la
mesa del banquete. Y en lo que a la prensa y el público se
refería, todo el asunto era de tan poco interés que los periódicos no lo mencionaron al día siguiente.

"De modo que los dos anfitriones y sus invitados dis-
tinguidos probaron los habituales siete u ocho platos. Hubo
poca conversación, y fue parca y discreta. Muy pocos banqueros y agentes de bolsa conocían a Schwab, cuya carrera
había florecido a orillas del Monongahela, y nadie lo conocía bien. Pero antes de que la velada terminara, ellos —y

también "Money Master Morgan"— quedarían admirados y una empresa de mil millones de dólares, la United States Steel Corporation, nacería allí.

"Es tal vez lamentable para la historia que no se haya grabado el discurso pronunciado por Charlie Schwab en aquella cena. Repitió algunas partes en una fecha posterior, durante una reunión similar con los banqueros de Chicago. Y también posteriormente, cuando el Gobierno presentó una demanda para disolver el *trust* del acero, él dio su propia versión, desde el estrado de los testigos, sobre los comentarios que catapultaron a Morgan en un frenesí de actividad financiera.

"Es probable, sin embargo, que haya sido un discurso 'familiar', con errores gramaticales (pues Schwab nunca se preocupaba por las sutilezas del lenguaje), lleno de refranes y armado con ingenio. Pero aparte de eso, el discurso tuvo una fuerza galvánica y un efecto sobre los cinco mil millones de dólares de capital estimado que representaban los comensales. Cuando terminó y la reunión todavía estaba bajo su hechizo, aunque Schwab había hablado durante noventa minutos, Morgan condujo al orador a una ventana apartada y habló con él una hora más, sus piernas colgando de una silla alta e incómoda.

"La magia de la personalidad de Schwab se había desatado con toda su fuerza, pero lo más importante y perdurable fue el programa claro y detallado que expuso para el engrandecimiento del acero. Muchos otros hombres habían tratado de interesar Morgan en conformar juntos un *trust* de acero a partir de alianzas con empresas de pastelería, cables y flejes, azúcar, caucho, whisky, aceite o chicles. John W. Gates, el apostador, lo había invitado a hacer esto, pero Morgan desconfiaba de él. Los hermanos Moore, Bill y Jim, corredores de valores de Chicago, que habían fusionado una fábrica de fósforos y una empresa de galletas, habían tratado de convencerlo, aunque sin éxito. Elbert H. Gary, el abogado moralista, procuró venderle la idea, pero no era lo suficientemente grande como para impresionarlo. Hasta que la elocuencia de Schwab llevó a J. P. Morgan a las alturas desde donde pudo visualizar los sólidos resultados de la entidad financiera más audaz jamás concebida, el proyecto fue considerado como un sueño delirante de chiflados en busca de dinero fácil.

"El magnetismo financiero que comenzó a atraer a miles de pequeñas empresas y, a veces administrados con ineficiencia a combinaciones más grandes y competitivas, se hizo operativa en el mundo del acero gracias a las artimañas de John W. Gates un jovial pirata de los negocios. Gates ya había conformado la American Steel and Wire Company con una cadena de pequeñas empresas, y junto con Morgan había creado la Federal Steel Company. La National Tube y la American Bridge eran dos preocupaciones más de Morgan, y los hermanos Moore habían abandonado la empresa de fósforos y galletas para formar el grupo "americano": hojalatas, aros de acero, láminas de acero, y la National Steel Company.

"Pero comparadas con el gigantesco *trust* vertical de

Andrew Carnegie, dirigido por sus cincuenta y tres accionistas, las otras combinaciones eran insignificantes. Podían combinarse como mejor les pareciera, pero ni todas juntas harían mella en la organización de Carnegie, y Morgan lo sabía.

"El excéntrico viejo escocés también lo sabía. Desde las majestuosas alturas del Castillo Skibo había visto, primero con diversión y luego con resentimiento, los intentos de las empresas más pequeñas de Morgan por entrometerse en sus negocios. Cuando los intentos se tornaron demasiado audaces, el temperamento de Carnegie se transformó en ira y en venganza. Decidió duplicar cada fábrica propiedad de sus rivales. Hasta ese momento, no había estado interesado en cables, tubos, flejes ni láminas. Se había contentado con venderles acero en bruto a estas empresas y que lo trabajaran como quisieran. Ahora, con Schwab como jefe y lugarteniente capaz, planeó poner a sus enemigos contra la pared.

"Fue así como Morgan vio la respuesta a su problema de la combinación en el discurso de Charles M. Schwab. Un trust sin Carnegie —el gigante— no sería ningún *trust* en absoluto; como dijo un escritor: sería un pudín de ciruelas, pero sin las ciruelas.

"El discurso de Schwab en la noche del 12 de diciembre de 1900, aportó sin duda la sugerencia, aunque no la promesa, de que la gran empresa de Carnegie podría estar bajo la sombra de Morgan. Habló del futuro mundial del acero, de la reorganización de la eficiencia, de la especialización, de deshacerse de las fábricas improductivas y de concentrar esfuerzos en las propiedades florecientes, de los ahorros en el tráfico de minerales, en los departamentos generales y administrativos, y de captar los mercados extranjeros.

"Más que eso, les dijo a los bucaneros que los errores de su piratería habitual estaban entre ellos. Sus propósitos, supuso él, habían sido crear monopolios, aumentar los precios, y pagarse a sí mismos grandes dividendos que estaban más allá de todo privilegio. Schwab condenó ese sistema con su estilo campechano. La miopía de esa política, les dijo a sus oyentes, residía en el hecho de que restringía el mercado en una época en que todo pedía una expansión. Según él, al abaratar el costo del acero se crearía un mercado en constante expansión; se crearían más usos para el acero, y podría captarse una buena parte del comercio mundial. En realidad, y aunque no lo sabía, Schwab era un apóstol de la moderna producción en masa.

"Así concluyó la cena en el University Club. Morgan se fue a casa a pensar en las predicciones optimistas de Schwab. Schwab regresó a Pittsburgh con el fin de dirigir el negocio de acero para 'Wee Andra Carnegie', mientras que Gary y el resto regresaron a sus teletipos, para especular, en previsión del próximo movimiento.

"No tardó mucho en ocurrir. Morgan tardó aproximadamente una semana para digerir el festín de razonamientos que Schwab había colocado delante de él. Cuando se aseguró de que no iba a sufrir ninguna indigestión financiera, mandó llamar a Schwab, y descubrió que aquel hombre joven era un poco tímido. Al señor Carnegie, le dijo Schwab, tal vez no le guste si descubriera que el presidente de sus empresas había estado coqueteando con el emperador de Wall Street, un lugar que Carnegie había decidido no pisar nunca. Entonces John W. Gates, que era el intermediario entre Morgan y Schwab, sugirió que si Schwab *llegara* a estar en el Hotel Bellevue, en Filadelfia, JP Morgan también podría *llegar* a estar allí. Cuando Schwab llegó, sin embargo, Morgan estaba enfermo en su casa de Nueva York, y por lo tanto, presionado por la invitación del anciano, Schwab viajó a Nueva York y se presentó en la puerta de la biblioteca del financiero.

"Ahora algunos historiadores económicos han creído que desde el principio hasta el final de este drama, que todo fue preparado por Andrew Carnegie: la cena en honor de Schwab, el famoso discurso, la conversación entre Schwab y el rey del dinero la noche del domingo, fueron organizados por el astuto escocés. La verdad es exactamente lo contrario. Cuando Schwab fue llamado para cerrar el trato, ni siquiera sabía si 'el jefecito' como le decían a Andrew, prestaría atención a una oferta para vender, particularmente a un grupo de hombres a quienes Andrew consideraba como dotados con algo menos que santidad. Sin embargo, Schwab llevó a la conversación seis hojas de datos de su puño y letra, que, según él, representaban el valor físico y la capacidad potencial de ingresos de todas las empresas de acero que él consideraba una estrella esencial en el nuevo firmamento del metal.

"Cuatro hombres pensaron en estas cifras durante toda la noche. El jefe, por supuesto, era Morgan, firme en su creencia en el derecho divino del dinero. Con él estaba su aristocrático socio, Robert Bacon, un erudito y un caballero. El tercero era John W. Gates, a quien Morgan despreciaba por ser jugador y utilizado como una herramienta. El cuarto era Schwab, que sabía más sobre los procesos de elaboración y venta de acero que cualquier persona de su época. A lo largo de la conversación, las cifras del hombre Pittsburgh nunca fueron cuestionadas. Si él decía que una compañía valía tanto, entonces valía eso y nada más. Insistió también en incluir en la combinación sólo las empresas que él tenía nominadas. Había concebido una corporación sin dobleces, ni siquiera para satisfacer la avaricia de los amigos que deseaban descargar sus compañías sobre los anchos hombros de Morgan. Fue así como excluyó a propósito varias empresas más grandes en los que las Morsas y los Carpinteros de Wall Street habían posado sus ojos hambrientos.

"Al amanecer, Morgan se levantó y enderezó su espalda. Sólo quedaba una pregunta.

—¿Crees que puedes persuadir a Andrew Carnegie para vender? —preguntó.

—Puedo intentarlo —dijo Schwab.

—Si logras hacer que venda, me encargaré del asunto —dijo Morgan.

"Hasta allí todo iba bien. Pero, ¿vendería Carnegie? ¿Cuánto pedirían? (Schwab pensaba que unos $320 millones de dólares). ¿Cómo se haría el pago? ¿En acciones ordinarias o preferenciales? ¿En bonos? ¿En dinero en efectivo? Nadie podría conseguir $320 millones de dólares en efectivo.

"Había un juego de golf en enero en los helados prados de St. Andrews, en Westchester, con Andrew envuelto en jerséis para protegerse del frío, y Charlie hablando con volubilidad, como de costumbre, para mantener el ánimo. Pero no se mencionó una sola palabra de negocios hasta que se sentaron al calor acogedor de la casa que Carnegie tenía cerca de allí. Luego, con la misma capacidad de persuasión que había hipnotizado a ochenta millonarios en el University Club, Schwab mencionó descollantes promesas de retiro y comodidades, de millones incontables para satisfacer los caprichos sociales del anciano escocés. Carnegie capituló, escribió una cifra en un pedazo de papel, se lo entregó a Schwab y dijo: 'Muy bien, venderemos por este precio".

"La cifra era de aproximadamente $400 millones, y surgió a partir de los $320 millones mencionados por Schwab como una cifra básica, y luego de añadir $80 millones que representaban el valor aumentado del capital en los dos últimos años.

"Más tarde, en la cubierta de un barco transatlántico, el escocés le dijo con tristeza a Morgan, "Ojalá te hubiera pedido $100 millones más".

—Si me los hubieras pedido, te los habría dado —le respondió alegremente Morgan.

"Hubo un gran alboroto, por supuesto. Un corresponsal británico envió un cable diciendo que el mundo del acero extranjero estaba "consternado" por la combinación gigantesca. El presidente Hadley, de Yale, declaró que a menos que los *trusts* fueran regulados, el país podría esperar "un emperador en Washington en los próximos veinticinco años". Pero Keene, el astuto manipulador de acciones, comenzó a impulsar las nuevas acciones al público con tanta insistencia que todo el exceso de liquidez —estimado por algunos en cerca de $600 millones de dólares— fue absorbido en un abrir y cerrar de ojos. Así, Carnegie ganó sus millones, y el sindicato de Morgan ganó sesenta y dos millones por todos sus 'problemas', y todos los 'chicos', de Gates a Gary, ganaron sus millones.

"Schwab, de treinta y ocho años, también obtuvo su recompensa. Fue nombrado presidente de la nueva corporación y la dirigió hasta 1930".

La dramática historia del "gran negocio", que acabas de leer, fue incluida en este libro porque es un ejemplo perfecto del método por el cual *¡el deseo se puede transmutar en su equivalente físico!*

Me imagino que algunos lectores cuestionarán la afirmación de que un deseo simple e intangible se pueda convertir en su equivalente físico. Sin duda, algunos dirán, "¡No se puede convertir nada en algo!". La respuesta está en la historia de la United States Steel.

Esta organización gigantesca fue creada en la mente de un hombre. El plan por el cual la organización recibió las fábricas de acero que le dieron la estabilidad financiera, se creó en la mente del mismo hombre. Su fe, su deseo, su imaginación y su perseverancia fueron los verdaderos ingredientes que entraron en la United States Steel. Las fábricas de acero y los equipos mecánicos adquiridos por la corporación, después de haber sido llevados a la existencia legal, fueron incidentales, pero un análisis cuidadoso revelará el hecho de que el valor calculado de las propiedades adquiridas por la empresa aumentó su valor en un estimado de $600 millones de dólares por la mera transacción que los agrupaba a todos bajo una sola administración.

En otras palabras, la idea de Charles M. Schwab, además de la fe con que la transmitió a las mentes de JP Morgan y de los otros, fue comercializada con una ganancia de aproximadamente $600 millones de dólares. ¡No es una suma insignificante para una sola idea!

Lo que sucedió con algunos de los hombres que recibieron su parte de los millones de dólares por concepto de ganancias obtenidas con esta transacción es un asunto que no nos interesa ahora. La característica importante del logro asombroso es que sirve como prueba incuestionable de la solidez de la filosofía que se describe en este libro, porque esta filosofía era la urdimbre y la trama de toda la transacción. Por otra parte, la viabilidad de esta filosofía ha sido establecida por el hecho de que la United States

Steel prosperó y se convirtió en una de las corporaciones más ricas y poderosas de Estados Unidos, empleando a miles de personas, desarrollando nuevos usos para el acero, y abriendo nuevos mercados; lo que demuestra que los $600 millones de dólares en ganancias que produjo la idea de Schwab eran bien merecidos.

¡Las riquezas comienzan en forma de pensamiento!

La cantidad está limitada solamente por la persona en cuya mente el pensamiento se pone en movimiento. ¡La fe elimina las limitaciones! Recuerda esto cuando estés listo para negociar con la Vida aquello que desees, pues eres tú quien establece el precio por obtener lo que quieres.

Recuerda también que el hombre que creó la United States Steel Corporation era prácticamente desconocido en ese momento. No era más que Andrew Carnegie, hasta que dio origen a su famosa IDEA. Después de eso, él se levantó rápidamente a una posición de poder, fama y riquezas.

No hay limitaciones para la mente
excepto las que *reconocemos*.

Tanto la *pobreza* como la *riqueza* se
derivan del pensamiento.

CAPÍTULO 4

AUTOSUGESTIÓN

EL MEDIO PARA INFLUIR EN LA MENTE SUBSCONSCIENTE

El tercer paso hacia la riqueza

La autosugestión es un término que se aplica a todas las sugerencias y a todos los estímulos auto-administrados que llegan a nuestra mente a través de los cinco sentidos. Dicho de otro modo, la autosugestión es la sugestión de uno mismo. Es la agencia de comunicación entre esa parte de la mente donde se lleva a cabo el pensamiento consciente, y lo que sirve como el asiento de la acción de la mente subconsciente.

A través de los pensamientos dominantes que uno *permite* que permanezcan en la mente consciente (es irrelevante si estos pensamientos son positivos o negativos), el principio de la autosugestión alcanza voluntariamente la mente subconsciente e influye en ella con estos pensamientos.

Ningún pensamiento, ya sea positivo o negativo, puede

entrar en el subconsciente sin la ayuda del principio de la autosugestión, con la excepción de los pensamientos recogidos a partir del éter. Dicho de otra manera, todas las impresiones sensoriales que se perciben a través de los cinco sentidos son detenidas por la mente consciente y pensante, y pueden transmitirse a la mente subconsciente, o ser rechazadas voluntariamente. La facultad de la conciencia sirve, por lo tanto, como un guardia exterior con respecto al subconsciente.

La naturaleza creó al hombre para que tuviera un control absoluto sobre el material que llega a su mente subconsciente, a través de sus cinco sentidos, aunque esto no está destinado a interpretarse como una afirmación de que el hombre siempre ejerce este control. En la gran mayoría de los casos, él no lo ejerce, lo que explica por qué tantas personas viven en la pobreza.

Recordemos lo que se ha dicho sobre la semejanza del subconsciente con un jardín fértil, en el que las malas hierbas crecen en abundancia si no se siembran las semillas de otras plantas más convenientes. La autosugestión es el organismo de control a través del cual un individuo puede alimentar voluntariamente su mente subconsciente con pensamientos de naturaleza constructiva o, por negligencia, permitir que los pensamientos de naturaleza destructiva encuentren su camino en ese rico jardín de la mente.

En el último de los seis pasos descritos en el capítulo sobre el Deseo, le di instrucciones para que leyera en voz alta dos veces al día la declaración escrita de su deseo de dinero, ¡y de ver y sentir que ya está en posesión de él! Al seguir estas instrucciones, le comunica el objeto de su deseo directamente a su mente subconsciente en un espíritu de fe absoluta. Mediante la repetición de este procedimiento, creará de manera voluntaria unos hábitos de pensamiento que serán favorables a sus esfuerzos para transmutar el deseo en su equivalente monetario.

Regrese a estos seis pasos que se describen en el capítulo dos, y léalos de nuevo, muy cuidadosamente, antes de seguir adelante. Luego (cuando llegue a esa parte), lea con atención las cuatro instrucciones para la organización de tu "equipo de trabajo", que se describe en el capítulo sobre la Planificación organizada. Al comparar estos dos conjuntos de instrucciones con lo que se ha dicho en la autosugestión, verá que las instrucciones implican la aplicación del principio de la autosugestión.

Acuérdese, pues, al leer en voz alta la declaración de su deseo (a través del cual se empeña en desarrollar una "conciencia del dinero"), que la simple lectura de las palabras no tendrá ninguna consecuencia, a menos que combine la emoción, o el sentimiento, con sus palabras. Si repite un millón de veces la famosa fórmula de Emil Coué, "Día tras día, en todos los sentidos, estoy cada vez mejor y mejor", sin combinar la emoción y la fe con sus palabras, no obtendrá los resultados deseados. Su mente subconsciente reconoce y actúa sólo sobre los pensamientos que han sido bien combinados con la emoción o el sentimiento.

Este es un hecho de tanta importancia que justifica su repetición prácticamente en cada capítulo, pues el hecho de no entender esto es la razón principal por la que la mayoría de las personas que tratan de aplicar el principio de la autosugestión no obtienen los resultados deseados.

Las palabras planas y sin emociones no influyen en la mente subconsciente. No obtendrá resultados apreciables hasta que aprenda a recurrir a su mente subconsciente por medio de pensamientos o de palabras habladas que tengan la emotividad de la convicción.

No se desanime si no puedes controlar y dirigir sus emociones la primera vez que trate de hacerlo. Recuerde que no es posible conseguir algo a cambio de nada. La habilidad para llegar e influir en su mente subconsciente tiene su precio, y debe pagar por él. No puede engañarse a usted mismo aunque quiera hacerlo. El precio de la capacidad de influir en su mente subconsciente es la perseverancia eterna en la aplicación de los principios que se describen aquí. No podrá desarrollar la capacidad deseada por un precio menor. Usted, y sólo usted, debe decidir si la recompensa que está buscando (la "conciencia del dinero") vale el precio que deberá pagar por ella en términos de esfuerzo.

La sabiduría y la "inteligencia", por sí solas, no van a atraer y a retener el dinero, excepto en unos pocos casos muy raros, donde la ley de los promedios favorece la atracción de dinero a través de estas fuentes. El método para atraer el dinero que se describe aquí no depende de la ley de los promedios. Por otra parte, el método no tiene favoritos. Funcionará para una persona tan eficazmente como lo hará con otra. Si hay un fracaso, es el individuo, y *no el método*, el que ha fracasado. Si lo intenta y fracasa, haga un nuevo esfuerzo, y otro, hasta que lo logre.

Su capacidad para utilizar el principio de la autosugestión dependerá, en gran medida, de su capacidad para concentrarse en un deseo determinado hasta que ese deseo se convierta en una obsesión ardiente.

Cuando comience a llevar a cabo las instrucciones en relación con los seis pasos descritos en el segundo capítulo, será necesario para que haga uso del principio de concentración.

Ofreceremos aquí algunas sugerencias para el uso efectivo de la concentración. Cuando comience a llevar a cabo el primero de los seis pasos que te indica "fijar en su mente la cantidad exacta de dinero que deseas", mantenga sus pensamientos en esa cantidad de dinero por medio de la concentración, o por la fijación de la atención, con los ojos cerrados, hasta que realmente pueda ver el aspecto físico del dinero. Haga esto por lo menos una vez al día. Mientras hace estos ejercicios, siga las instrucciones dadas en el capítulo sobre la fe: ¡y véase a usted mismo en posesión del dinero!

Aquí hay un hecho muy significativo: la mente subconsciente recibe las órdenes dadas en un espíritu de fe absoluta y actúa sobre esas órdenes, aunque las órdenes muchas veces tengan que ser dadas *una y otra vez*, por medio de la repetición, antes de que sean interpretadas por la mente subconsciente. Después de esta afirmación, considere la posibilidad de hacerle un "truco" perfectamente legítimo a su mente subconsciente, al hacerle creer, *porque usted lo cree*, que debe tener la cantidad de dinero que está visualizando, que ese dinero ya está a la espera de que lo reclame, y que su mente subconsciente le debe entregar planes prácticos para adquirir ese dinero que es suyo.

Transmítale el pensamiento sugerido en el párrafo anterior a su imaginación, y mire lo que su imaginación pueda o quiera hacer a fin de crear planes prácticos para la acumulación de dinero a través de la transmutación de su deseo.

No espere un plan definido a través del cual tenga la intención de intercambiar servicios o mercancías a cambio del dinero que está visualizando; más bien, empiece a verse a usted mismo en posesión del dinero, exigiendo y esperando por su parte que su mente subconsciente le hará entrega del plan o planes que necesita. Manténgase alerta para estos planes, y cuando aparezcan, póngalos inmediatamente en acción. Cuando aparezcan, probablemente "destellarán" en su mente a través del sexto sentido, en la forma de una "inspiración". Esta inspiración puede ser considerada un "telegrama" directo, o un mensaje de la Inteligencia Infinita. Trátela con respeto, y actúe en consecuencia tan pronto como la reciba. Si no hace esto, será fatal para su éxito.

En el cuarto de los seis pasos, usted recibió instrucciones para "Crear un plan definido para llevar a cabo tu deseo, y empezar a poner este plan en acción de inmediato". Debe seguir estas instrucciones en la forma descrita en el párrafo anterior. No confíe en su "razón" al crear su plan para acumular dinero a través de la transmutación del deseo. Su razón es defectuosa. Por otra parte, su facultad de razonamiento puede ser perezosa, y si depende por completo de ella para que le sea útil, probablemente lo decepcionará.

Al visualizar el dinero que se propone acumular (con los ojos cerrados), *véase a usted mismo prestando un servicio o entregando la mercancía que se propone dar a cambio de ese dinero. ¡Esto es importante!*

RESUMEN DE LAS INSTRUCCIONES

El hecho de que esté leyendo este libro es una indicación de que busca el conocimiento con ahínco. También es una indicación de que usted es un estudiante de este tema. Si sólo es un estudiante, existe la posibilidad de que pueda aprender muchas cosas que no sabía, pero sólo las aprenderá si tiene una actitud de humildad. Si opta por seguir algunas de las instrucciones, pero descuida o se niega a seguir las demás, ¡fracasará! Para obtener resultados satisfactorios, debe seguir todas las instrucciones con un espíritu de fe.

Las instrucciones dadas en relación con los seis pasos del segundo capítulo serán resumidas y combinadas con los principios contemplados en el presente capítulo, de la siguiente manera:

PRIMERO. Vaya a algún lugar tranquilo (preferiblemente en la cama por la noche) donde nadie lo moleste ni interrumpa; cierre los ojos y repita en voz alta (para que pueda escuchar sus propias palabras) la declaración por escrito sobre la cantidad de dinero que se propone acumular, el plazo para su acumulación, y una descripción del servicio o mercancía que se propone dar a cambio del dinero. Al seguir estas instrucciones, véase a usted mismo ya en posesión del dinero.

Por ejemplo: supongamos que tiene la intención de acumular $50.000 dólares para el primero de enero, dentro de cinco años, y tiene la intención de prestar servicios personales a cambio de ese dinero, como vendedor. La declaración escrita de su propósito debe ser similar a la siguiente:

"El primer día de enero, de 20..., tendré en mi poder $50.000 dólares, que recibiré en varias cantidades de tanto en tanto durante este período de cinco años.

"A cambio de este dinero, prestaré el servicio más eficiente que pueda, retribuyendo la mayor cantidad posible, y prestando el mejor servicio posible como vendedor de... (Describe el servicio o mercancía que tienes en la intención de dar).

"Creo que tendré ese dinero en mi poder. Mi fe es tan fuerte que ahora puedo ver ese dinero frente a mis ojos. Puedo tocarlo con mis manos. Está esperando ser transferido a mí en el tiempo y en la medida en que yo preste el servicio que tengo la intención de dar a cambio de él. Estoy esperando un plan para acumular este dinero, y seguiré ese plan cuando lo reciba".

SEGUNDO. Repita esto día y noche hasta que pueda ver (en su imaginación) el dinero que se propone acumular.

TERCERO. Deje una copia escrita de su declaración donde pueda verla de noche y de día, y léala antes de dormirse y al levantarse hasta que la memorice.

Recuerde que mientras siga estas instrucciones, está aplicando el principio de la autosugestión, con el propósito de darle órdenes a su mente subconsciente. Recuerde también que su mente subconsciente actuará sólo por instrucciones llenas de emotividad y que le sean dadas con "sentimiento". La fe es la más fuerte y productiva de las emociones. Siga las instrucciones dadas en el capítulo sobre la fe.

Estas instrucciones pueden parecer abstractas inicialmente. No deje que esto lo perturbe. Siga las instrucciones sin importar lo abstractas o poco prácticas que puedan parecerle inicialmente. Pronto llegará el momento, si hace lo que se le ha indicado, *tanto en espíritu como en actos*, en que un nuevo universo de poder se desplegará ante usted.

El escepticismo en relación con todas las nuevas ideas es característico de todos los seres humanos. Pero si sigue las instrucciones indicadas, su escepticismo pronto será reemplazado por la convicción, y esto, a su vez, se cristalizará rápidamente en una fe absoluta. Entonces habrá llegado al punto donde realmente pueda decir: "¡Soy el dueño de mi destino, soy el capitán de mi alma!".

Muchos filósofos han afirmado que el hombre es el amo de su propio destino *terrenal*, pero la mayoría de ellos no han podido decir *por qué* lo es. La razón por la que el hombre puede ser el amo de su condición terrenal, y sobre todo de su situación financiera, se explica detalladamente en este capítulo. El hombre puede convertirse en el amo de sí mismo y de su entorno, porque tiene el poder de influir en su propia mente subconsciente y a través de ella, lograr la cooperación de la Inteligencia Infinita.

Está usted leyendo el capítulo que representa la piedra angular de esta filosofía. Las instrucciones contenidas en este capítulo deben ser entendidas y aplicadas con perseverancia si quiere tener éxito en la transmutación de deseo en dinero.

El verdadero acto de transmutar el deseo en dinero implica el uso de la autosugestión como un medio por el cual uno puede influir y acceder a la mente subconsciente. Los otros principios son simples herramientas con las que se aplica la autosugestión. Recuerde esto, y siempre será consciente de la importancia que tiene el principio de la autosugestión para acumular dinero a través de los métodos descritos en este libro.

Siga estas instrucciones como si fuera un niño pequeño. Inyéctele a sus esfuerzos esta fe infantil. El autor ha tenido mucho cuidado para asegurarse de que no se incluyeran instrucciones poco prácticas, debido a su sincero deseo de ser útil.

Después de haber leído todo el libro, regrese a este capítulo y siga la instrucción siguiente en espíritu y en actos:

Lea todo el capítulo en voz alta una vez cada noche, hasta que se convenza totalmente de que el principio de la autosugestión es completamente sólido, y que le dará todo lo que ha pedido. Mientras lee, *subraye con un lápiz* cada frase que le cause una impresión favorable.

Siga estas instrucciones al pie de la letra, y le abrirá el camino para una comprensión y dominio completos de los principios del éxito.

CAPÍTULO 5

CONOCIMIENTO ESPECIALIZADO:

EXPERIENCIAS U OBSERVACIONES PERSONALES

El cuarto paso hacia la riqueza

Hay dos tipos de conocimiento. Uno es general y el otro es especializado. El conocimiento general, sin importar cuán grande sea en cantidad o variedad, es de poca utilidad en la acumulación de dinero. Las facultades de las grandes universidades poseen, en conjunto, prácticamente todas las formas del conocimiento general que ha alcanzado la humanidad. *La mayoría de los profesores tienen poco o ningún dinero*. Ellos se especializan en la *enseñanza* de conocimientos pero no se especializan en la organización o el uso del conocimiento.

El conocimiento no atraerá dinero, a menos que sea organizado y dirigido con inteligencia por medio de planes de acción prácticos, al objetivo definido de la acumulación de dinero. La falta de comprensión de este hecho ha sido una fuente de confusión para millones de personas que creen equivocadamente que "el conocimiento es poder". ¡No es nada de eso! El conocimiento es sólo un poder *potencial*. Se convierte en poder sólo cuando, y si está, organizado en planes definidos de acción, y dirigido a un fin determinado.

Este "eslabón perdido" en todos los sistemas de educación conocidos actualmente, se puede encontrar en el fracaso de las instituciones educativas para enseñarles a sus estudiantes cómo organizar y utilizar el conocimiento después de adquirirlo.

Muchas personas cometen el error de suponer que, porque Henry Ford tenía muy poca "educación escolar", no era un hombre "educado". Aquellos que cometen ese error no conocen a Henry Ford, ni entienden el verdadero significado de la palabra "educar". Esta palabra se deriva de la palabra latina "educo", que significa educir, sacar, y desarrollar desde el interior.

Un hombre educado no es, necesariamente, aquel que tiene una abundancia de conocimientos generales o especializados. Un hombre educado es aquel que ha desarrollado tanto las facultades de su mente que puede adquirir todo lo que quiera, o su equivalente, sin violar los derechos de los demás. Henry Ford encaja perfectamente en el sentido de esta definición.

Durante la Segunda Guerra Mundial, un periódico de Chicago publicó ciertos editoriales en los que, entre otras afirmaciones, Henry Ford fue llamado "un pacifista ignorante". El señor Ford objetó estas afirmaciones y presentó una demanda contra el periódico por difamación. Cuando la demanda fue llevada a los tribunales, los abogados del periódico exigieron una justificación y llevaron al señor Ford al estrado de los testigos, con el propósito de demostrarle al jurado que era un ignorante. Los abogados le hicieron una gran variedad de preguntas, todas ellas destinadas a probar, por su propia evidencia, que, si bien él podría poseer amplios conocimientos especializados relativos a la fabricación de automóviles, era básicamente un ignorante.

El señor Ford fue acosado con preguntas como las siguientes:

"¿Quién fue Benedict Arnold?", y "¿Cuántos soldados enviaron los británicos a América para sofocar la rebelión de 1776?". En respuesta a la última pregunta, el señor Ford replicó:

—No sé el número exacto de soldados que enviaron los británicos, pero he oído que se trataba de un número considerablemente mayor del que regresó a su país.

Por último, el señor Ford se cansó de este tipo de cuestionamientos, y en respuesta a una pregunta particularmente ofensiva, se inclinó, señaló con el dedo al abogado que le había hecho la pregunta, y le dijo:

—Si realmente quisiera responder a esa pregunta tonta que usted acaba de hacer, o a cualquiera de las otras que me ha estado haciendo, permítame recordarle que tengo una hilera de botones eléctricos en mi escritorio, y que al hundir el botón adecuado, puedo convocar a mis asistentes, quienes podrán responder a cualquier pregunta que yo quiera hacerles en relación con los asuntos a los que dedico la mayor parte de mis esfuerzos. Ahora, quiere usted decirme, ¿por qué debo distraer mi mente con conocimientos generales para poder responder a sus preguntas, cuando tengo hombres a mi alrededor que pueden proporcionarme cualquier conocimiento que yo necesite?

Sin duda, esa respuesta tenía mucha lógica.

Esta respuesta puso al abogado en aprietos. Todos los presentes en la sala del tribunal comprendieron que era la respuesta, no de un hombre ignorante, sino de un hombre educado. Cualquier hombre es educado si sabe dónde adquirir el conocimiento cuando lo necesita y cómo organizar ese conocimiento en planes definidos de acción. Gracias a la ayuda de su "equipo de trabajo", Henry Ford tenía a su disposición todo el conocimiento especializado que él necesitaba para convertirse en uno de los hombres más ricos de América. *No era esencial que él tuviera este conocimiento en su propia mente.* Seguramente ninguna persona que tenga la inclinación y la inteligencia suficientes para leer un libro de esta naturaleza pueda pasar por alto el significado de este ejemplo.

Antes de que pueda estar seguro de su capacidad para transmutar el deseo en su equivalente monetario, necesita tener un conocimiento especializado del servicio, mercancía o profesión que tiene la intención de ofrecer a cambio de una fortuna. Tal vez necesite tener un conocimiento mucho más especializado que su capacidad o la intención de adquirir, y si esto fuera cierto, tal vez pudiera superar su debilidad gracias a la ayuda de su "equipo de trabajo".

Andrew Carnegie dijo que él, personalmente, no sabía nada sobre el aspecto técnico de la empresa de acero y, que además, no le importaba mucho saber nada al respecto. El conocimiento especializado que él necesitaba para la fabricación y comercialización del acero lo encontró en las unidades individuales de su "equipo de trabajo".

La acumulación de grandes fortunas requiere de poder, y el poder se adquiere a través de un conocimiento especializado altamente organizado y dirigido de forma inteligente, pero el conocimiento no tiene que estar necesariamente en posesión del hombre que acumula la fortuna.

El párrafo anterior debe darle esperanzas y aliento al hombre que tenga la ambición de acumular una fortuna, y que no tenga la "educación" necesaria para ofrecer los conocimientos especializados que pueda necesitar. A veces, los hombres sufren de "complejo de inferioridad" porque no son "educados". El hombre que puede organizar y dirigir un "equipo de trabajo" conformado por personas que poseen conocimientos útiles para la acumulación de dinero, es tan educado como cualquier integrante de su equipo. Recuerde esto si tiene un sentimiento de inferioridad debido a que su educación ha sido limitada.

Thomas A. Edison recibió apenas tres meses de "educación escolar" durante toda su vida. Pero él no carecía de educación ni murió pobre.

Henry Ford tenía menos de seis años de "educación escolar", pero se las arregló muy bien en términos económicos.

¡El conocimiento especializado es una de las formas de servicio más abundantes y baratas que se puedan tener! Si duda de esto, consulta la nómina de pago de cualquier universidad.

VALE LA PENA SABER CÓMO COMPRAR EL CONOCIMIENTO

En primer lugar, decida el tipo de conocimientos especializados que necesita y el propósito para el cual los necesita. En gran medida, su propósito principal en la vida y la meta por la que está trabajando, lo ayudarán a determinar cuáles son los conocimientos que necesita. Una vez respondida esta pregunta, su próximo paso requiere que tenga información precisa con relación a fuentes confiables de conocimiento. Las más importantes son:

(a) Su experiencia y educación
(b) La experiencia y educación disponibles a través de la cooperación con los demás (alianza del "equipo de trabajo")
(c) Los *colleges* y las universidades
(d) Las bibliotecas públicas (a través de libros y revistas en los que puede encontrarse todo el conocimiento disponible)

(e) Cursos de formación específica (a través de las escuelas nocturnas y escuelas de estudio en el hogar, en particular)

Cuando adquiera el conocimiento, debe organizarlo y utilizarlo con un propósito definido a través de planes prácticos. El conocimiento no tiene valor, excepto el que puede obtenerse de su aplicación hacia un objetivo valioso. Esta es una de las razones por las que los títulos universitarios no son más valorados, pues no representan más que un conocimiento variado.

Si contempla la posibilidad de tomar cursos de educación superior, determine en primer lugar el propósito para el cual quiere el conocimiento que está buscando, y luego averigüe con fuentes confiables dónde puede obtener este conocimiento en particular.

Los hombres exitosos en todos los campos, nunca dejan de adquirir conocimientos especializados relacionados con su objetivo principal, negocio o profesión. Los que no tienen éxito suelen cometer el error de creer que la etapa de adquisición de conocimientos termina al finalizar la escuela. La verdad es que la escuela hace poco más que mostrarnos el camino con el fin de aprender a adquirir conocimientos prácticos.

En este mundo cambiante, que comenzó al final del colapso económico, ocurrieron también cambios asombrosos en los requerimientos educativos. ¡La orden del día es la especialización! Esta verdad fue destacada por Robert P. Moore, secretario de nombramientos de la Universidad de Columbia.

LOS ESPECIALISTAS MÁS BUSCADOS

"Los candidatos más buscados por las empresas son aquellos que se han especializado en algún campo: graduados de la escuela de negocios con formación en contabilidad y estadística, ingenieros de todos los tipos, periodistas, arquitectos, químicos, y también líderes y estudiantes destacados en el último año.

"El hombre que ha estado activo en el campus, cuya personalidad le permite llevarse bien con todo tipo de personas, y que se ha destacado en sus estudios, tiene una clara ventaja sobre el estudiante estrictamente académico. Algunos de ellos, debido a sus diversas cualificaciones, han recibido varias ofertas de trabajo, y algunos, hasta seis.

"Alejándose de la concepción de que el estudiante con altas calificaciones era el que siempre tenía la opción de conseguir los mejores trabajos, el señor Moore dijo que la mayoría de las empresas no sólo miran los registros académicos, sino también los registros de actividades y la personalidad de los estudiantes.

"Una de las mayores compañías industriales, líder en su campo, le escribió lo siguiente al señor Moore acerca de los estudiantes de último año con mayores potenciales:

"'Estamos interesados sobre todo en encontrar hombres que puedan hacer un progreso excepcional en el trabajo de administración. Por esta razón, hacemos hincapié en las cualidades del carácter, la inteligencia y la personalidad, mucho más que en la formación académica específica".

"APRENDIZAJE" PROPUESTO

"Al proponer un sistema de estudiantes aprendices en oficinas, tiendas y ocupaciones industriales durante las vacaciones de verano, el señor Moore afirma que después de los primeros dos o tres años de universidad, a cada estudiante se le debería pedir que 'escoja un curso definido para el futuro y defina su camino si se ha limitado a seguir un currículo académico no especializado y sin un propósito definido'.

"'Las universidades deben hacer frente a la consideración práctica de que todas las profesiones y ocupaciones actuales exigen especialistas', dijo, 'instando a que las instituciones educativas acepten una responsabilidad más directa en la orientación profesional'".

Una de las fuentes más confiables y prácticas de conocimientos disponibles para aquellos que necesitan una educación especializada son las escuelas nocturnas que hay en las ciudades más grandes. Las escuelas por correspondencia ofrecen una formación especializada en cualquier lugar donde llegue el servicio postal de los Estados Unidos, y en todos los temas que se puedan enseñar por el método de extensión. Una de las ventajas del estudio en el hogar es la flexibilidad del programa de estudios, que permite estudiar durante el tiempo libre. Otra ventaja estupenda del estudio en el hogar (si la escuela ha sido cuidadosamente elegida) es el hecho de que la mayoría de los cursos ofrecidos por las escuelas de estudio en el hogar tienen grandes privilegios en materia de consulta que pueden ser de un valor incalculable para aquellos que necesitan un conocimiento especializado. No importa dónde viva, podrá recibir estos beneficios.

Todo aquello que se adquiere sin esfuerzo y sin costo es generalmente poco apreciado, y muchas veces desacreditado; tal vez sea por esto que recibimos tan pocas de nuestras maravillosas oportunidades en las escuelas públicas. La auto-disciplina que recibimos de un programa definido de estudios especializados compensa, en cierta medida, la oportunidad desperdiciada cuando el conocimiento está disponible sin costo alguno. Las escuelas por correspondencia son instituciones empresariales muy organizadas. El costo de la matrícula es tan bajo que se ven obligadas a insistir en el pago oportuno. Pedirle al estudiante que pague, aunque sus notas sean buenas o malas, tiene el efecto de hacer que este siga adelante con el curso que de otra manera dejaría de tomar. Las escuelas por correspondencia no han hecho el suficiente hincapié en este punto, porque la verdad es que sus departamentos de recaudación constituyen el tipo más depurado de formación en las decisiones, la rapidez, el acto y el hábito de terminar lo que uno empieza.

Esto lo aprendí por mi propia experiencia, hace más de veinticinco años. Me matriculé en un curso de publicidad desde mi hogar. Dejé de estudiar después de completar ocho o diez lecciones, pero la escuela me siguió enviando las facturas. Adicionalmente, insistió en el pago, aunque yo siguiera con mis estudios o no. Decidí que si tuviera que pagar por el curso (que ya me había obligado legalmente a hacer), debería completar las lecciones y obtener valor de mi dinero. En ese momento me pareció que el sistema de recaudación de la escuela era muy organizado, pero más tarde en la vida me di cuenta de que había sido una parte valiosa de mi formación, por la que no había tenido que pagar nada. Como yo estaba obligado a pagar, seguí adelante y terminé el curso. Muchos años después, descubrí que el eficiente sistema de recaudación de la escuela había valido la pena en la forma del dinero que gané, gracias a la formación en publicidad que yo había tomado a regañadientes.

Tenemos en este país lo que se dice que es el mejor sistema de educación pública del mundo. Hemos invertido sumas fabulosas para edificios magníficos, hemos ofrecido medios de transportes para los niños que viven en los distritos rurales para que puedan asistir a las mejores escuelas, pero este maravilloso sistema tiene una debilidad asombrosa: ¡es gratis! Una de las cosas extrañas acerca de los seres humanos es que valoramos sólo aquello que tiene un precio. Las escuelas y las bibliotecas públicas gratuitas de Estados Unidos no impresionan a la gente *porque son gratuitas.* Esta es la razón principal por la que tanta gente cree que es necesario adquirir una formación adicional después de abandonar la escuela y comenzar a trabajar. También es una de las razones principales por las que los empleadores prefieren a los empleados que toman cursos de estudio en el hogar. Saben, por experiencia, que cualquier persona que tenga la ambición de renunciar a una parte de su tiempo libre con el fin de estudiar en el hogar, posee las cualidades necesarias para el liderazgo. Este reconocimiento no es un gesto de caridad, sino un sólido juicio empresarial por parte de los empleadores.

Las personas tienen una debilidad para la que no hay remedio. ¡Es la debilidad universal de la falta de ambición! Las personas, especialmente los asalariados, que programan su tiempo libre para estudiar en casa, rara vez permanecen mucho tiempo abajo. Sus actos les abren el camino para ascender, eliminan muchos obstáculos en su camino, y les gana el amistoso interés de quienes tienen el poder para ponerlos en el camino de las oportunidades.

El método de estudio en el hogar es especialmente adecuado para las necesidades de los empleados quienes descubren, después de salir de la escuela, que deben adquirir conocimientos especializados adicionales pero no tienen el tiempo para volver a la escuela.

Las nuevas condiciones económicas que prevalecen desde la depresión han hecho necesario que miles de personas encuentren fuentes de ingresos adicionales o nuevas. Para la mayoría de ellas, la solución a su problema puede estar sólo en adquirir conocimientos especializados. Muchos se verán obligados a cambiar de oficio. Cuando un comerciante observa que una determinada línea de mercancía no se vende, por lo general la reemplaza con otra que esté en demanda. La persona que se dedica a los servicios de marketing personal debe ser también un comerciante eficiente. Si sus servicios no le ofrecen un rendimiento adecuado en una ocupación, deberá dedicarse a otra donde existan mayores oportunidades.

Stuart Austin Wier se preparó como ingeniero de construcción y siguió esta línea de trabajo hasta que la depresión limitó sus posibilidades y no le permitió recibir los ingresos necesarios. Hizo un inventario de sí mismo, decidió optar por las leyes, volvió a la escuela, y tomó cursos especiales donde se preparó como abogado corporativo. Aunque la depresión no había terminado, completó su formación, pasó el examen de abogado y rápidamente consolidó una práctica lucrativa en Dallas, Texas; de hecho, tuvo que rechazar a muchos clientes.

Sólo para dejar las cosas en claro y para anticiparme a las disculpas de los que dirán: "No puedo estudiar porque tengo una familia que mantener", o "Estoy demasiado viejo", añadiré que el señor Wier tenía más de cuarenta años y estaba casado cuando regresó a la escuela. Por otra parte, al seleccionar cuidadosamente los cursos altamente especializados en las universidades mejor preparadas para enseñar los temas elegidos, el señor Wier completó en dos años los estudios que la mayoría de los estudiantes de derecho hacen en cuatro. ¡Realmente vale la pena saber cómo adquirir conocimientos!

La persona que deja de estudiar simplemente porque ha terminado la escuela está condenada para siempre a la mediocridad, sin importar cuál sea su vocación. El camino del éxito es el camino de la búsqueda continua del conocimiento.

Veamos un caso concreto.

Durante la depresión, un vendedor de una tienda de abarrotes se vio sin trabajo. Como tenía un poco de experiencia en contabilidad, tomó un curso especial en esta materia, se familiarizó con las últimas tendencias en teneduría de libros y materiales de oficina, y empezó a trabajar por su cuenta. Comenzando con la tienda de abarrotes en la que había trabajado antes, hizo contratos con más de un centenar de pequeños comerciantes para llevar sus cuentas a cambio de una cuota mensual muy pequeña. Su idea era tan práctica que pronto se vio en la necesidad de establecer una oficina portátil en un camión de reparto, que equipó con maquinaria moderna para contabilidad. Este hombre tuvo una flotilla de estas oficinas de contabilidad "sobre ruedas" y muchos asistentes, lo que le permitió ofrecerles a los pequeños comerciantes un servicio de contabilidad equivalente a lo mejor que el dinero puede comprar, a un costo muy bajo.

El conocimiento especializado, sumado a la imaginación, fueron los ingredientes que conformaron este negocio único y exitoso. Posteriormente, el dueño de ese negocio pagó un impuesto sobre la renta casi diez veces más alto que el pagado por el comerciante para el que trabajó cuando la depresión lo sumió en una adversidad temporal, y que resultó ser una bendición disfrazada.

¡Este negocio exitoso comenzó con una idea!

En la medida en que tuve el privilegio de darle esa idea al vendedor desempleado, tengo ahora el privilegio adicional de sugerir otra idea que contiene la posibilidad de ingresos aún mayores, así como la posibilidad de prestar servicios útiles a miles de personas que necesitan con urgencia ese servicio.

La idea fue sugerida por el vendedor que renunció a su oficio como vendedor y entró en el negocio de la contabilidad a gran escala. Cuando el plan le fue sugerido como una solución a su problema de desempleo, el hombre no tardó en exclamar: "Me gusta la idea, pero no sabría cómo convertirla en dinero en efectivo". En otras palabras, se quejó de que no sabía cómo comercializar sus conocimientos de contabilidad *después de haberlos adquirido.*

Esto hizo que surgiera otro problema que debía ser resuelto. Con la ayuda de una joven mecanógrafa, que escribía muy bien y tenía una buena perspectiva general, preparó un libro muy atractivo que describía las ventajas del nuevo sistema de contabilidad. Las páginas estaban claramente escritas y empastadas en un simple bloc de notas, que fue utilizado como una especie de vendedor silencioso, donde se describía con tanta eficacia la historia de este nuevo negocio, que su dueño no tardó en recibir más cuentas de las que podía manejar.

Hay miles de personas, en todo el país, que necesitan los servicios de un especialista en comercialización, que sea capaz de preparar un resumen atractivo para utilizarlo en la comercialización de servicios personales. La renta anual conjunta de este tipo de servicios puede exceder fácilmente la recibida por la mayor agencia de empleo, y los beneficios del servicio podrían ser mucho más grandes para el comprador que cualquier otro que pudiera obtener de una agencia de empleo.

La idea que se describe aquí nació de la necesidad de sortear una situación de emergencia que tuvo que ser atendida, pero que no se detuvo por el mero servicio de una persona. La mujer que creó la idea tiene una imaginación aguda. Vio en su mente incipiente el camino hacia una nueva profesión, destinada a prestar un servicio valioso a miles de personas que necesitan una guía práctica en la comercialización de sus servicios personales.

Estimulado a la acción por el éxito instantáneo de su primer "plan preparado para comercializar servicios personales", esta enérgica mujer se dedicó entonces a la solución de un problema similar que tenía su hijo quien acababa de terminar la universidad, pero no podía encontrar un mercado para sus servicios. El plan que ideó ella es el ejemplo más logrado de la comercialización de servicios personales que yo haya visto.

Cuando el libro quedó terminado, contenía cerca de cincuenta páginas impecablemente mecanografiadas, con la información adecuadamente organizada, el cual contaba las habilidades naturales de su hijo, su educación, experiencias personales y una gran variedad de información demasiado extensa como para describirla. El libro también contenía una descripción completa de la posición que deseaba su hijo y un maravilloso esquema del plan que utilizaría para obtener esa posición.

La preparación del libro requirió de varias semanas, tiempo durante el cual su autora envió a su hijo a la biblioteca pública casi a diario, para que obtuviera los datos necesarios con el fin de vender sus servicios de la mejor manera posible. Lo envió también a todos los competidores de su posible empleador, y reunió así información vital sobre sus métodos de negocio, lo cual era de gran valor en la formación del plan que pretendía utilizar para conseguir la posición que buscaba. Cuando el plan estuvo terminado, contenía más de media docena de sugerencias excelentes para el uso y beneficio del posible empleador. (Las sugerencias fueron puestas en práctica por la empresa).

Uno estaría inclinado a preguntar: "¿Por qué tantas complicaciones para conseguir un trabajo?". La respuesta va directo al grano y es dramática, porque se trata de un tema que tiene proporciones de tragedia para millones de personas cuya única fuente de ingresos son sus servicios personales.

La respuesta es: "¡Hacer las cosas bien no es ningún

problema! El plan elaborado por esta mujer para el beneficio de su hijo le ayudó a conseguir el trabajo que buscaba en la primera entrevista, con un salario que él mismo estableció".

Además —y esto también es importante— la posición no requería que el joven comenzara desde abajo. Comenzó como ejecutivo junior, pero con el salario de un ejecutivo.

"¿Por qué tantas complicaciones?", se preguntará.

Bueno, por un lado, la presentación prevista de la aplicación de este joven para un puesto le ahorró no menos de diez años de tiempo que hubiera necesitado para llegar a donde comenzó, si hubiera "comenzado desde abajo para luego escalar posiciones".

Esta idea de empezar desde abajo y escalar posiciones puede parecer buena, pero la principal objeción a esto es que muchos de los que empiezan desde abajo no logran levantar la cabeza lo suficientemente alto como para ver oportunidades y entonces permanecen allí. Hay que recordar, también, que la perspectiva "desde abajo" no es tan brillante o alentadora. Tiene una tendencia a matar la ambición. Nosotros lo llamamos "meterse en un atolladero", lo que significa que aceptamos nuestro destino porque nos formamos el hábito de la rutina diaria, un hábito que finalmente se vuelve tan fuerte que dejamos de tratar de deshacernos de él. Y esa es otra razón por la cual vale la pena comenzar a uno o dos pasos por encima del fondo. De este modo, adquirimos el hábito de mirar a nuestro alrededor, de observar cómo los demás salen adelante, de ver las oportunidades y de aceptarlas sin dudarlo un instante.

Dan Halpin es un ejemplo maravilloso de lo que quiero decir. Durante su época en la universidad, fue mánager del famoso equipo de fútbol de Notre Dame que ganó el Campeonato Nacional de 1930, cuando estaba bajo la dirección de Knute Rockne.

Tal vez Halpin se inspiró en el gran entrenador de fútbol para apuntar hacia lo alto y para no confundir los errores temporales con el fracaso, así como Andrew Carnegie, el líder industrial, inspiró a los jóvenes que le ayudaban en los negocios pequeños a establecer metas altas para sí mismos. En cualquier caso, el joven Halpin terminó sus estudios universitarios en un momento altamente desfavorable, cuando había escasez de empleo debido a la depresión, por lo que, después de una incursión fugaz en la banca de inversión y en el cine, aceptó el primer cargo con un futuro potencial que pudo encontrar: vender audífonos a comisión. Cualquiera podía empezar en ese tipo de trabajo y Halpin lo sabía, pero fue suficiente para abrirle las puertas de la oportunidad.

Durante casi dos años, continuó en un trabajo que no era de su agrado y no habría progresado si no hubiera hecho algo con respecto a su insatisfacción. En primer lugar, aplicó para el cargo de Asistente del Gerente de Ventas de su empresa, y lo consiguió. Éste paso hacia arriba lo puso por encima de la multitud, y obtener así una oportunidad aún más grande que lo llevó allí donde las oportunidades lo podrían llevar.

Hizo una venta tan grande de audífonos que A. M. Andrews, el Presidente de la Junta Directiva de la compañía de productos Dictograph, una empresa que competía con la de Halpin, quiso saber algo acerca de este hombre que le estaba arrebatando grandes ventas a la antigua y conocida Compañía Dictograph. Mandó llamar a Halpin. Cuando la entrevista terminó, Halpin era el nuevo Director Comercial, a cargo de la División Acousticon. Entonces, para probar la "madera" del joven Halpin, el señor Andrews se fue a la Florida durante tres meses, dejándolo a su suerte en su nuevo trabajo. ¡Halpin no fracasó! El espíritu de Knute Rockne de "todo el mundo ama a un ganador, y no tiene tiempo para un perdedor", lo inspiró tanto en su trabajo que fue elegido como Vicepresidente de la compañía y Gerente General de la División Acousticon y Silent Radio, un cargo que la mayoría de las personas estarían orgullosas de obtener luego de diez años de esfuerzo leal. Halpin hizo esto en poco más de seis meses.

Es difícil saber quién es más digno de elogio: si el señor Andrews, o el señor Halpin, por la sencilla razón de que ambos mostraron evidencias de tener en abundancia una cualidad muy escasa, conocida como la imaginación. El señor Andrews merece el crédito por ver en el joven Halpin un "buscavidas" de primer orden. Halpin merece el crédito por negarse a resignarse con su vida al aceptar y seguir en un trabajo que no le gustaba, lo cual es uno de los principales puntos que estoy tratando de resaltar a través de toda esta filosofía: que ascendemos a posiciones altas o permanecemos abajo, debido a unas condiciones que podemos controlar si así lo deseamos.

También estoy tratando de hacer énfasis en otro punto: ¡que tanto el éxito como el fracaso son en gran medida resultados de la costumbre! No tengo la menor duda de que la estrecha asociación de Dan Halpin con el mejor entrenador de fútbol que haya existido en América, haya sembrado en su mente el mismo tipo de deseo de superación que hizo que el equipo de fútbol americano de Notre Dame alcanzara fama mundial. En verdad, la idea de que el culto al héroe es útil tiene algo de cierto, siempre y cuando uno admire a un ganador. Halpin me dijo que Rockne fue uno de los líderes más grandes de la historia.

Mi creencia en la teoría de que las asociaciones empresariales son factores vitales, tanto en el fracaso como también del éxito, se demostró recientemente, cuando mi hijo Blair habló con Dan Halpin para conseguir un trabajo. El señor Halpin le ofreció un salario inicial de casi la mitad de lo que podría haber recibido en una compañía rival. Lo presioné como puede hacerlo un padre, y lo induje a aceptar el cargo que le ofrecía el señor Halpin, porque creo que la estrecha asociación con alguien que se niega a aceptar unas circunstancias que no le gustan, es un activo que no se puede medir en términos de dinero.

Estar abajo es monótono, triste y muy poco rentable

para cualquier persona. Es por eso que me he tomado el tiempo para describir cómo los comienzos humildes pueden evitarse con una planificación adecuada. Por otra parte, es por eso que he dedicado tanto espacio para describir esta nueva profesión, creada por una mujer que se inspiró para hacer un buen trabajo de planificación, porque quería que su hijo tuviera una "oportunidad" favorable.

Con las nuevas condiciones que han surgido tras el colapso de la economía mundial, llegó también la necesidad de nuevas y mejores maneras de comercializar los servicios personales. Es difícil determinar por qué alguien que no había descubierto previamente esta gran necesidad, teniendo en cuenta el hecho de que circula más dinero a cambio de servicios personales que por cualquier otro concepto. La suma abonada en forma mensual, a las personas que trabajan por sueldos y salarios, es tan grande que asciende a cientos de millones, y la distribución anual a miles de millones.

¡Tal vez algunos encontrarán, en la idea brevemente descrita aquí, el núcleo de las riquezas que desean! Ideas con un mérito mucho menor han sido semillas a partir de las cuales han surgido grandes fortunas. Por ejemplo, la idea de las tiendas Woolworth de Cinco y Diez centavos, tuvo un mérito mucho menor, pero le permitió amasar una fortuna a su creador.

Quienes ven una oportunidad posible en esta propuesta, encontrarán una ayuda valiosa en el capítulo sobre la Planificación organizada. Dicho sea de paso, un eficiente comercializador de servicios personales encontrará una demanda creciente de sus servicios allí donde haya personas que busquen mejores mercados para sus servicios. Aplicando el principio del "equipo de trabajo", algunas personas con el talento adecuado podrían formar una alianza y tener un negocio rentable con mucha rapidez. Uno tendría que ser un buen escritor, con un instinto para la publicidad y las ventas, a fin de escribir en computador y a mano, por una parte, y ser también un captador de negocios de primera clase que le informe al mundo acerca de sus servicios. Si una persona posee todas estas habilidades, podría comenzar un negocio por su propia cuenta, hasta que superara las capacidades de su propietario.

La mujer que preparó el "Plan de ventas de servicios personales" para su hijo recibió peticiones de todas partes del país para prepararles planes similares a otras personas que querían comercializar sus servicios personales y ganar más dinero. Ella tenía un equipo de mecanógrafos expertos, artistas y escritores con la capacidad de dramatizar cada caso personal con tanta eficacia, que los servicios de una persona pudieron ser comercializados por mucho más dinero que los salarios vigentes para servicios similares. Ella estaba tan segura de su habilidad que aceptó, como la mayor parte de su tarifa, un porcentaje del aumento salarial que les ayudó a conseguir a sus clientes.

No debe suponerse que su plan consistía simplemente en el arte de vender con inteligencia, y por el cual les ayudaba a las personas a pedir y a recibir más dinero por los mismos servicios que les habían generado menos ingresos anteriormente. Ella velaba por los intereses del comprador, así como por los del vendedor de servicios personales, y preparaba sus planes con el fin de que el empleador recibiera el valor total por el dinero adicional que había pagado. El método por el cual logró este resultado sorprendente es un secreto profesional que sólo les contó a sus propios clientes.

Si tiene imaginación y busca una salida más rentable para sus servicios personales, esta sugerencia puede ser el estímulo que ha estado buscando. Esta idea puede producir un ingreso mucho mayor que el del típico médico, abogado o ingeniero, quienes tienen que estudiar varios años en la universidad. La idea es vendible a aquellos que buscan nuevas posiciones en prácticamente todas las que exijan capacidad gerencial o ejecutiva y a quienes desean aumentar los ingresos de sus posiciones actuales.

¡Las buenas ideas no tienen un precio fijo!

Detrás de todas las ideas está el conocimiento especializado. Desafortunadamente, para aquellos que no encuentran riquezas en la abundancia, el conocimiento especializado es más abundante y más fácil de adquirir que las ideas. Debido a esta verdad, existe una demanda universal y una oportunidad cada vez mayor para las personas que puedan ayudarles a otras a vender sus servicios personales de una forma ventajosa. Capacidad significa imaginación, y es la única cualidad necesaria para combinar el conocimiento especializado con las ideas, en forma de planes organizados diseñados para producir riquezas.

Si usted tiene imaginación, este capítulo puede ofrecerle una idea que sea el comienzo de las riquezas que desea. Recuerde: la idea es lo más importante. El conocimiento especializado se puede encontrar a la vuelta de la esquina; ¡de cualquier esquina!

CAPÍTULO 6

IMAGINACIÓN

EL TALLER DE LA MENTE
El quinto paso hacia la riqueza

La imaginación es, literalmente, el taller donde se forjan todos los planes creados por el hombre. El impulso y el deseo reciben su forma y son puestos en acción gracias a la ayuda del poder imaginativo de la mente.

Se ha dicho que el hombre puede crear cualquier cosa que pueda imaginar.

De todas las épocas de la humanidad, esta es la más favorable para el desarrollo de la imaginación, porque es una época de cambios rápidos. Por todas partes, uno puede conectarse con los estímulos que desarrollan la imaginación.

A través de la ayuda de su poder imaginativo, el hombre ha descubierto y aprovechado más las fuerzas de la naturaleza durante los últimos cincuenta años que durante toda la historia de la humanidad. Ha conquistado el aire de tal modo que las aves no se le comparan en saber volar. Ha aprovechado el éter, y lo ha hecho servir como un medio de comunicación instantáneo con cualquier parte del mundo. Ha analizado y medido el sol a una distancia de millones de millas, y ha determinado, gracias a la ayuda de la imaginación, los elementos que lo integran. Ha descubierto que su cerebro es al mismo tiempo una estación difusora y receptora de las vibraciones del pensamiento, y está empezando a aprender a hacer un uso práctico de este descubrimiento. Ha incrementado la velocidad de locomoción, y puede viajar a una velocidad de más de trescientas millas por hora. Poco falta para que un hombre pueda desayunar en Nueva York y almorzar en San Francisco.

La única limitación del hombre, dentro de lo razonable, se encuentra en el desarrollo y en el uso de su imaginación. Todavía no ha llegado a la cúspide del desarrollo en el uso de su facultad imaginativa. Se ha limitado a descubrir que tiene una imaginación y ha comenzado a utilizarla de una manera muy elemental.

DOS FORMAS DE IMAGINACIÓN

La facultad imaginativa funciona de dos formas. Una de ellas es conocida como "imaginación sintética" y la otra como la "imaginación creativa".

La imaginación sintética: por medio de esta facultad, uno puede modificar viejos conceptos, ideas o planes en nuevas combinaciones. Esta facultad no *crea* nada. Simplemente trabaja con el material de la experiencia, la educación, y la observación de las que se alimenta. Es la facultad más utilizada por el inventor, con la excepción del "genio", quien se basa en la imaginación creativa cuando no puede resolver su problema por medio de la imaginación sintética.

La imaginación creativa: por medio de la facultad de la imaginación creativa, la mente finita del hombre tiene comunicación directa con la Inteligencia Infinita. Es la facultad a través de la cual se reciben las "corazonadas" y las "inspiraciones". Es gracias a esta facultad que todas las ideas básicas o nuevas leyes le son transmitidas al hombre. Es a través de esta facultad que recibimos las vibraciones de pensamiento de las mentes de otras personas. Es gracias a esta facultad que un individuo puede "sintonizarse" o comunicarse con la mente subconsciente de otros hombres.

La imaginación creativa funciona de forma automática, tal como se describe en las páginas siguientes. Esta facultad sólo funciona cuando la mente consciente está vibrando a un ritmo muy rápido, como por ejemplo, cuando la mente consciente es estimulada por medio de la emoción de un *deseo fuerte*.

La facultad creativa se hace más alerta y más receptiva a las vibraciones de las fuentes mencionadas en proporción a su desarrollo a través de su uso. ¡Esta afirmación es importante! Medite en ella antes de seguir leyendo.

Tenga en cuenta mientras sigues estos principios que toda la historia acerca de cómo puede convertirse un deseo en dinero es algo que no se puede describir en una sola frase. La historia sólo será completa cuando uno haya dominado, asimilado y comenzado a hacer uso de todos los principios.

Los grandes líderes de negocios, de la industria y las finanzas, y los grandes artistas, músicos, poetas y escritores, fueron grandes porque desarrollaron la facultad de la imaginación creativa.

Tanto las facultades sintéticas y creativas de la imaginación se hacen más alertas con el uso, así como cualquier músculo u órgano del cuerpo se desarrolla a través del uso.

El deseo es sólo un pensamiento, un impulso. Es vago y efímero. Es abstracto y no tiene ningún valor hasta que se haya transformado en su contrapartida física. Si bien la imaginación sintética es la que se utiliza con mayor frecuencia en el proceso de transformar el impulso del deseo en dinero, debe tener en cuenta el hecho de que podría enfrentar circunstancias y situaciones que requieran el uso de la imaginación creativa.

Su facultad imaginativa puede haberse debilitado por la falta de acción. También puede ser revivida y aguzada a través de su uso. Esta facultad no muere, aunque puede hacerse inactiva por falta de uso.

Centre su atención, por el momento, en el desarrollo de la imaginación sintética, ya que esta es la facultad que utilizará con más frecuencia en el proceso de convertir el deseo en dinero.

La transformación del impulso intangible del deseo en la realidad tangible del dinero, requiere el uso de un plan o varios. Estos planes deben ser forjados con la ayuda de la imaginación, y sobre todo, con la facultad sintética.

Lea todo el libro, regrese luego a este capítulo y empiece de inmediato a trabajar su imaginación en la construcción de un plan, o planes, para la transformación de su deseo en dinero. Las instrucciones detalladas para la construcción de los planes se han dado en casi todos los capítulos. Siga las instrucciones que mejor se adapten a sus necesidades y consigne su plan por escrito si no lo ha hecho. Cuando termine de hacer esto, le habrá dado una forma concreta al deseo intangible. Lea la frase anterior una vez más. Hágalo en voz alta, muy lentamente, y mientras lo hace, recuerde que en el instante en que consigne por escrito la declaración de su deseo, y un plan para su realización, habrá dado el primero de una serie de pasos que le permitirá convertir el pensamiento en su contrapartida física.

La tierra en la que vive, usted y todos los objetos materiales, son el resultado de un cambio evolutivo, a través del cual los fragmentos microscópicos de la materia han sido organizados y dispuestos en forma ordenada.

Por otra parte —y esta afirmación es de una gran importancia— esta tierra y cada una de los miles de millones de células individuales de su cuerpo, y cada átomo de materia, *comenzaron como una forma intangible de energía.*

¡El deseo es el impulso del pensamiento! Los impulsos del pensamiento son formas de energía. Cuando activa el impulso del pensamiento y el deseo de acumular dinero, está poniendo a su servicio la misma "materia" que utilizó la Naturaleza en la creación de esta tierra y de toda forma material en el universo, incluyendo el cuerpo y el cerebro donde funcionan los impulsos del pensamiento.

Hasta donde la ciencia ha podido determinar, todo el universo se compone únicamente de dos elementos: materia y energía.

A través de la combinación de la energía y la materia, se ha creado todo lo que es perceptible para el hombre, desde la estrella más grande que flota en el cielo, hasta todo aquello que es más pequeño, incluyendo al hombre.

Dedíquese ahora a tratar de beneficiarse del método de la Naturaleza. Usted está (esperamos que con sinceridad y seriedad) tratando de adaptarse a las leyes de la naturaleza, al tratar de convertir el deseo en su equivalente físico o monetario. ¡Usted puede hacerlo! ¡Ya se ha hecho antes!

Puede amasar una fortuna gracias a la ayuda de leyes que son inmutables. Pero, en primer lugar, debe familiarizarse con estas leyes y aprender a usarlas. Mediante la repetición y luego de abordar la descripción de estos principios desde todos los ángulos concebibles, el autor espera revelarle el secreto a través del cual ha sido amasada toda gran fortuna. Tan extraño y paradójico como pueda parecer, el "secreto" no es un secreto. La naturaleza misma lo anuncia en la tierra en que vivimos, en las estrellas, en los planetas suspendidos ante nuestros ojos, en los elementos que están arriba y alrededor de nosotros, en cada hoja de hierba, y en todas las formas de vida dentro de nuestra visión.

La naturaleza anuncia este "secreto" en los términos de la biología, en la conversión de una célula diminuta, tan pequeña que puede perderse en la punta de un alfiler, en el ser humano que lee esta frase. ¡La conversión del deseo en su equivalente físico no es, ciertamente, más milagroso!

No se desanime si no comprende plenamente todo lo que se ha dicho. A menos que haya sido durante mucho tiempo un estudiante de la mente, no es de esperar que asimile todo este capítulo en una primera lectura.

Pero, con el tiempo, avanzará a buen ritmo.

Los principios que siguen le abrirán el camino para entender la imaginación. Asimile lo que entienda mientras lee por primera vez este planteamiento, y luego, cuando lo vuelva a leer y a estudiar, descubrirá que ha sucedido algo para hacerlo más claro y darle una comprensión más amplia del conjunto. Por sobre todo no se detenga ni dude de estudiar estos principios hasta que haya leído el libro por lo menos tres veces, porque entonces no querrá parar.

CÓMO HACER UN USO PRÁCTICO DE LA IMAGINACIÓN

Las ideas son los puntos de inicio de todas las fortunas. Las ideas son producto de la imaginación. Vamos a examinar algunas ideas bien conocidas que han producido grandes fortunas, con la esperanza de que estos ejemplos transmitan una información precisa sobre el método por el cual la imaginación puede utilizarse en la acumulación de riquezas.

La tetera encantada

Hace cincuenta años, un viejo médico rural se dirigió a la ciudad, amarró su caballo, entró silenciosamente a una farmacia por la puerta de atrás, y comenzó a "regatear" con el joven empleado.

Su misión estaba destinada a producirles una gran riqueza a muchas personas. Estaba destinada a llevarle al Sur el mayor beneficio desde la Guerra Civil.

Durante más de una hora, detrás del mostrador, el viejo doctor y el empleado hablaron en voz baja. Luego, el médico se marchó. Fue a su caballo y volvió con una tetera grande y antigua con una paleta de madera (utilizada para agitar el contenido de la tetera), y la dejó en la parte trasera de la tienda.

El empleado inspeccionó la tetera, buscó en su bolsillo interior, sacó un fajo de billetes y se lo entregó al médico. El fajo contenía exactamente $500 dólares, ¡todos los ahorros del empleado!

El médico le entregó un papelito donde escribió una fórmula secreta. ¡Las palabras de aquel pedazo de papel valían tanto como el rescate de un rey! *¡Pero no para el médico!* Esas palabras mágicas eran necesarias para hacer que hirviera la tetera, pero ni el médico ni el joven empleado sabían las fortunas fabulosas que estaban destinadas a salir de esa tetera.

El viejo médico estaba contento de venderla por $500 dólares. El dinero pagaría sus deudas y le daría libertad mental. ¡El empleado estaba corriendo un gran riesgo al apostar los ahorros de toda su vida en un simple trozo de papel y una tetera vieja! Nunca había soñado que su inversión haría que su tetera rebosara de un oro líquido que superaría los milagros de la lámpara de Aladino.

¡Lo que el empleado *compró realmente* fue una idea!

La vieja tetera, la paleta de madera y el mensaje secreto en aquel trozo de papel eran incidentales. El extraño comportamiento de esa tetera comenzó a ocurrir después de que el nuevo propietario le agregara a las instrucciones secretas un ingrediente que el médico desconocía.

Lea esta historia con cuidado ¡y someta su imaginación a una prueba! Mire si puede descubrir qué fue lo que el joven le añadió al mensaje secreto que hizo que la tetera derramara oro. Recuerde mientras lee que no se trata de una historia de *Las mil y una noches*. Aquí tiene la historia de unos hechos más extraños que la ficción; hechos que comenzaron en la forma de una idea.

Echemos un vistazo a las grandes fortunas de oro que

ha producido esta idea. Ha pagado, y sigue pagando, enormes fortunas a hombres y mujeres en todo el mundo, que distribuyen el contenido de la tetera a millones de personas.

La vieja tetera es ahora uno de los mayores consumidores mundiales de azúcar, lo cual genera empleo de carácter permanente a miles de hombres y mujeres que participan en el cultivo de caña y en la refinación y comercialización del azúcar.

La vieja tetera consume, anualmente, millones de botellas de vidrio, proporcionando trabajo a un gran número de trabajadores de este sector.

La vieja tetera da empleo a un gran número de trabajadores, taquígrafos, redactores, y expertos en publicidad en todo el país. Ha traído fama y fortuna a decenas de artistas que han creado cuadros magníficos que describen el producto.

La vieja tetera ha convertido a una pequeña ciudad sureña en la capital comercial del Sur, de la que actualmente se benefician, directa o indirectamente, todas las empresas y prácticamente todos los residentes de la ciudad.

La influencia de esta idea beneficia ahora a todos los países civilizados del mundo, vertiendo un flujo continuo de oro para todos aquellos que lo toquen.

El oro de la tetera ha construido y mantiene una de las universidades más importantes del Sur, donde miles de jóvenes reciben la formación esencial para el éxito.

La vieja tetera ha hecho otras cosas maravillosas.

Durante la depresión mundial, cuando miles de fábricas, bancos y casas comerciales fracasaron y quebraron, el dueño de esta tetera encantada siguió campante, *dándoles* empleo permanente a un gran número de hombres y mujeres de todo el mundo, y pagándoles porciones adicionales de oro a los que hace mucho tiempo, *tuvieron fe en la idea*.

Si el producto de esa tetera de latón viejo pudiera hablar, narraría cuentos emocionantes en todos los idiomas. Cuentos de amor, de negocios, de hombres y mujeres profesionales que son estimulados diariamente por él.

El autor está seguro de por lo menos un cuento, pues hizo parte de él, y todo empezó no muy lejos del mismo lugar en que el empleado de la farmacia compró la vieja tetera. Fue allí donde el autor conoció a su esposa, y fue ella la primera en hablarle de la tetera encantada. Era el producto de esa tetera que estaban bebiendo cuando él le pidió que lo aceptara "para bien o para mal".

Ahora que usted ya sabe que el contenido de la tetera encantada es una bebida famosa en todo el mundo, es conveniente que el autor confiese que la ciudad natal de la bebida no solo le dio una mujer, sino también que la bebida le brinda *una estimulación del pensamiento sin ninguna intoxicación*, y por lo tanto, sirve para refrescar la mente que un autor debe tener para hacer mejor su trabajo.

Quienquiera que sea, dondequiera que usted viva, sea cual fuere la ocupación que tenga, sólo recuerde en el futuro, cada vez que vea las palabras "Coca-Cola", que su vasto imperio de riqueza y de influencia surgió de una sola idea, y que el misterioso ingrediente que el empleado de la farmacia —Asa Candler— mezcló con la fórmula secreta era... ¡la imaginación!

Deténgase y piense un momento en esto.

Recuerde también que los trece pasos hacia la riqueza que se describen en este libro, fueron los medios de comunicación a través de los cuáles la influencia de Coca-Cola se ha extendido a cada ciudad, pueblo, aldea y cruce de caminos del mundo y que cualquier idea que pueda crear, tan buena y meritoria como la de Coca-Cola, tiene la posibilidad de duplicar el récord estupendo de esta bebida que calma la sed en todo el mundo.

En verdad, los pensamientos son cosas, y su ámbito de operaciones es el mundo en su totalidad.

¿Qué haría yo si tuviera un millón de dólares?
Esta historia demuestra la verdad de ese viejo refrán que dice: "Donde hay una voluntad, hay una manera". Me la contó el amado educador y clérigo Frank W. Gunsaulus, quien comenzó su carrera como predicador en el sector de los mataderos de ganado en el Sur de Chicago.

Cuando el doctor Gunsaulus estaba en la universidad, observó muchos defectos en nuestro sistema educativo, defectos que él creía poder corregir si fuera el rector de una universidad. Su *deseo más profundo* era convertirse en el rector de una institución educativa en la que se les enseñara a hombres y a mujeres jóvenes a "aprender haciendo".

Decidió abrir un nuevo *college* en el que pudiera practicar sus ideas, sin ser obstaculizado por los métodos ortodoxos de la educación.

¡Pero necesitaba un millón de dólares para poner el proyecto en funcionamiento! ¿Dónde iba a encontrar una suma tan grande de dinero? Esa fue la pregunta que absorbió la mayor parte del pensamiento de este predicador joven y ambicioso.

Pero él no parecía hacer ningún progreso.

Cada noche, se llevaba ese pensamiento a la cama con él. Se levantaba con él en la mañana. Lo llevaba con él adondequiera que iba. Le daba vuelta una y otra vez en su mente hasta que se convirtió en una obsesión. Un millón de dólares es mucho dinero. Reconoció esa realidad, pero también reconoció la verdad de que *la única limitación es la que uno le impone a su propia mente.*

El doctor Gunsaulus, que era predicador pero también filósofo, reconoció, como todos los que tienen éxito en la vida, que un propósito definido es el punto de partida desde el cual se debe comenzar. Reconoció también que un propósito definido se llena de animación, vida y poder si está respaldado por un deseo ardiente de traducir ese propósito en su equivalente material.

Él sabía todas estas grandes verdades, pero no sabía dónde ni cómo conseguir un millón de dólares. El procedimiento natural hubiera sido rendirse y claudicar diciendo: "Ah, bueno, mi idea es buena, pero no puedo hacer nada con ella, porque no puedo conseguir el millón de dólares que necesito". Eso es exactamente lo que habrían dicho la mayoría de las personas, pero no lo que dijo el doctor Gunsaulus. Lo que hizo y dijo es tan importante que citaré sus propias palabras:

"Un sábado por la tarde me senté en mi habitación a pensar en diversas maneras de recaudar el dinero para llevar a cabo mis planes. Durante casi dos años, yo había estado pensando, *¡pero no había hecho otra cosa que pensar!*

"¡Había llegado el momento de actuar!

"En ese momento me hice a la idea de que iba a conseguir el millón de dólares en una semana. ¿Cómo? No me preocupé por eso. Lo más importante fue la *decisión* de conseguir el dinero en un plazo determinado, y quiero decirles que en el momento en que llegué a una decisión definitiva para conseguir el dinero en ese plazo, una extraña sensación de seguridad se apoderó de mí, como nunca antes la había experimentado. Algo dentro de mí parecía decir: '¿Por qué no llegaste a esa decisión mucho tiempo atrás? ¡El dinero te ha estado esperando todo el tiempo!'".

"Las cosas comenzaron a suceder con rapidez. Llamé a los periódicos y anuncié que iba a predicar un sermón a la mañana siguiente, llamado *Lo que yo haría si tuviera un millón de dólares*.

"Comencé a trabajar en el sermón de inmediato, pero

debo decirles que, francamente, la tarea no era difícil, porque había estado preparando el sermón durante casi dos años. ¡El espíritu que lo respaldaba era parte de mí.

"Terminé de escribir el sermón mucho antes de la medianoche. Me fui a la cama y me dormí con un sentimiento de confianza, porque *pude verme a mí mismo en posesión del millón de dólares.*

"A la mañana siguiente me levanté temprano, fui al baño, leí el sermón, me arrodillé y pedí que mi sermón llamara la atención de alguien que me diera el dinero necesario.

"Mientras estaba orando, tuve otra vez esa sensación de seguridad de que conseguiría el dinero. En medio de mi excitación, salí sin mi sermón, y sólo reparé en mi olvido cuando estaba en mi púlpito, casi listo para comenzar a leerlo.

"¡Era demasiado tarde para volver por mis notas, y fue una bendición que no pudiera hacerlo! En realidad, mi mente subconsciente me ofreció el material que necesitaba. Cuando me levanté para empezar mi sermón, cerré los ojos y hablé con todo mi corazón y el alma de mis sueños. No sólo hablé con mi público, pero me imagino que también le hablé a Dios. Le dije lo que yo haría con un millón de dólares si recibiera esa cantidad. Describí el plan que tenía en mente para organizar una gran institución educativa, donde los jóvenes aprendieran a hacer cosas prácticas y desarrollar sus mentes al mismo tiempo.

"Cuando terminé y me senté, un hombre se levantó

con lentitud de su asiento, a unas de tres filas de la última, y se dirigió hacia el púlpito. Me pregunté qué iba a hacer. Subió al púlpito, extendió la mano y dijo: "Reverendo, me gustó su sermón. Creo que puede hacer todo lo que dijo que haría si tuviera un millón de dólares. Para demostrarle que creo en usted y en su sermón, lo invito a que vaya mañana a mi oficina. Le daré el millón de dólares. Mi nombre es Phillip D. Armour".

El joven Gunsaulus fue a la oficina del señor Armour, quien le dio el millón de dólares. Con ese dinero, fundó el Armour Institute of Technology.

Eso es más dinero de lo que la mayoría de los predicadores han visto en toda su vida; sin embargo, el impulso del pensamiento que había detrás del dinero apareció en la mente del joven predicador en una fracción de un minuto. El millón de dólares necesario surgió como el resultado de una idea. Detrás de la idea había un DESEO que el joven Gunsaulus había alimentado en su mente durante casi dos años.

Observe este hecho importante... él recibió el dinero treinta y seis horas después de llegar a una decisión definitiva en su propia mente para conseguirlo, ¡y de decidir un plan definido para conseguirlo!

El pensamiento vago y la idea débil del joven Gunsaulus para conseguir el millón de dólares no tenían nada de nuevo ni de único. Muchos otros, antes y después de él, han tenido pensamientos similares. Pero la decisión a la que llegó aquel sábado memorable, cuando puso la vaguedad a un lado, y dijo sin dudar, "¡Conseguiré ese dinero en una semana!". ¡Dios parece acudir al hombre que sabe *exactamente* lo que quiere, *si está decidido* a hacer justamente eso! tenía algo muy singular y diferente.

¡Además, el principio a través del cual el doctor Gunsaulus consiguió el millón de dólares aún está vigente! ¡Está disponible para usted! Esta ley universal es tan viable como lo fue cuando el joven predicador la utilizó con tanto éxito. Este libro describe, paso a paso, los trece elementos de esta gran ley, y sugiere cómo pueden utilizarse.

Observe que Asa Candler y el doctor Frank Gunsaulus tenían una característica en común. Ambos sabían la verdad asombrosa de que las ideas se pueden transmutar en dinero en efectivo a través del poder del propósito y de planes definidos.

Si usted es uno de los que cree que el trabajo duro y la honestidad traerán riquezas por sí solos, ¡Dios nos libre! ¡Eso no es cierto! ¡Las riquezas, cuando llegan en grandes cantidades, no son el resultado de un trabajo duro! Las riquezas vienen, si es que lo hacen, en respuesta a demandas concretas, basadas en la aplicación de principios definidos, y no por suerte o casualidad.

En términos generales, una idea es un impulso de pensamiento que estimula la acción, por medio de un llamamiento a la imaginación. Todos los grandes vendedores saben que las ideas pueden ser vendidas allí donde la mercancía no. Los vendedores normales no saben esto: es por eso que son "normales".

Un editor de libros baratos hizo un descubrimiento muy valioso para los editores en general. Se enteró de que mucha gente compra libros, y no su contenido. Con sólo cambiar el nombre de un libro que no se vendía, las ventas de ese libro superaron el millón de copias. El interior del libro no sufrió ningún cambio. Simplemente arrancó la portada con el título que no se vendía, y le puso una nueva con un título que tenía un valor más "taquillero".

¡Por simple como pueda parecer esto, era una idea! Era la imaginación.

Las ideas no tienen un precio estándar. El creador de las ideas pone su propio precio, y, si es listo, lo recibe.

La industria del cine ha creado toda una multitud de millonarios. La mayoría de ellos eran hombres que no podían crear ideas, pero que tenían la imaginación para reconocerlas ideas cuando las veían.

La historia de prácticamente cada una de las grandes fortunas comienza con el día en que un creador de ideas y un vendedor de ideas se unieron y trabajaron en armonía. Carnegie se rodeó de hombres que podían hacer todo lo que él no podía hacer —hombres que crearon ideas, y hombres que pusieron esas ideas en práctica— y tanto él como otros se hicieron fabulosamente ricos.

Hay millones de personas que van por la vida con la esperanza de tener "golpes de suerte". Tal vez un golpe de suerte pueda ofrecernos una oportunidad, pero el plan más seguro es no depender de la suerte. Un "golpe de suerte" me dio la oportunidad más grande de mi vida, *pero* tuve que dedicar veinticinco años de *esfuerzos dirigidos* a esa oportunidad para que se materializara.

El "golpe de suerte" consistió en mi buena fortuna de conocer y recibir la colaboración de Andrew Carnegie. En aquella ocasión, Carnegie sembró en mi mente la *idea* de organizar los principios del logro en una filosofía del éxito. Miles de personas se han beneficiado de los descubrimientos realizados en los veinticinco años de investigación, y varias fortunas se han acumulado a través de la aplicación de esta filosofía. El principio era simple. Era una idea que podría haber desarrollado cualquiera.

El golpe de suerte me llegó a través de Carnegie, pero ¿qué pasa con la determinación, el propósito definido, el deseo de alcanzar una meta, y el esfuerzo continuo durante veinticinco años? No era un deseo común que haya sobrevivido a la desilusión, el desaliento, la derrota temporal, la crítica y a la "pérdida de tiempo". ¡Era un deseo ardiente! ¡Una obsesión!

Cuando la idea fue sembrada por primera vez en mi mente por el señor Carnegie, fue afirmada, alimentada y estimulada para *permanecer viva*. Poco a poco, la idea se convirtió en un gigante por sus propios medios, y me afirmó, alimentó y estimuló. Así son las ideas. Primero le das vida, acción y orientación a las ideas, y luego ellas adquieren su propio poder y eliminan todos los obstáculos.

Las ideas son fuerzas intangibles, pero tienen más poder que los cerebros físicos que las crean. Tienen el poder para seguir viviendo después de que el cerebro que las crea haya regresado al polvo. Veamos por ejemplo el poder del cristianismo: comenzó con una simple idea, nacida en el cerebro de Cristo. Su principio central era "Compórtate con los demás como te gustaría que se comportaran contigo". Cristo ha regresado a la fuente de donde vino, pero su idea sigue vigente, y algún día podrá crecer aún más, desarrollarse por completo, y cumplir el deseo más profundo de Cristo. Es una idea que sólo se ha estado gestando durante dos mil años. ¡Dale tiempo!

El éxito no necesita explicaciones.

El fracaso no admite justificaciones.

CAPÍTULO 7

PLANEACIÓN ORGANIZADA
LA CRISTALIZACIÓN DEL DESEO
EN ACCIÓN
El sexto paso hacia la riqueza

Usted ha aprendido que todo lo que el hombre crea o adquiere empieza bajo la forma de un deseo, que en la primera etapa de su viaje pasa de lo abstracto a lo concreto en el taller de la imaginación, donde se crean y organizan planes para su transición.

En el capítulo dos, recibió instrucciones para dar seis pasos concretos y prácticos, a medida que traduce el deseo de dinero en su equivalente monetario. Uno de estos pasos es la formación de un plan o planes definidos y prácticos a través de los cuales se puede hacer esta transformación.

Ahora se le indicará cómo hacer planes concretos:

(a) Alíese con tantas personas como necesite para la creación y ejecución de su plan o planes para la acumulación de dinero, haciendo uso del principio del "equipo de trabajo" que se describe en un capítulo posterior. (El cumplimiento de esta instrucción es *absolutamente esencial*. No olvide esto).

(b) Antes de conformar su "equipo de trabajo", determine cuáles ventajas y beneficios les puede ofrecer a los miembros individuales de su grupo a cambio de su cooperación. Nadie trabajará indefinidamente sin alguna forma de compensación. Ninguna persona inteligente solicitaría o esperaría tampoco que otra trabajara sin recibir una compensación adecuada, aunque no siempre sea en forma de dinero.

(c) Prepárese para reunirse con los miembros de su "equipo de trabajo" al menos dos veces por semana, y más a menudo si es posible, hasta que hayan perfeccionado el plan necesario, o planes, para la acumulación de dinero.

(d) Mantenga una armonía perfecta con cada miembro de su "equipo de trabajo". Si no sigue esta instrucción al pie de la letra, es probable que fracase. El principio del "equipo de trabajo" no se puede *lograr* sin una armonía completa.

Tenga en cuenta lo siguiente:

PRIMERO. Está dedicado a una empresa de gran importancia para usted. Para estar seguro del éxito, debe tener unos planes que sean impecables.

SEGUNDO. Debe contar con la ventaja de la experiencia, la educación, la habilidad innata y la imaginación de otras mentes. Esto está en armonía con los métodos seguidos por cada una de las personas que han acumulado una gran fortuna.

Ningún individuo tiene la suficiente experiencia, educación, habilidad innata y el conocimiento para asegurar la acumulación de una gran fortuna sin la cooperación de otras personas. Cada plan que adopte en su esfuerzo para acumular riquezas debe ser su creación y la de todos los miembros de su "equipo de trabajo". Puede hacer sus propios planes, ya sea parcialmente o en su totalidad, pero asegúrese de que sean revisados y aprobados por los miembros de su "equipo de trabajo".

Si el primer plan que adopta no tiene éxito, reemplácelo con otro, y si este nuevo plan no funciona, cámbielo entonces por otro, y así sucesivamente, hasta que encuentre un plan que funcione. Éste es el punto en que la mayoría de los hombres se encuentran con el fracaso, debido a su falta de perseverancia para crear nuevos planes en reemplazo de los que han fracasado.

El hombre más inteligente no puede tener éxito en la acumulación de dinero, ni en ninguna otra empresa, si no tiene planes que sean prácticos y viables. Tenga en cuenta esto, y recuerde que cuando los planes fallan, la derrota temporal no es un fracaso permanente. Significa únicamente que sus planes no han sido lo suficientemente sólidos. Haga otros planes y empiece de nuevo.

Thomas A. Edison "fracasó" diez mil veces antes de perfeccionar la bombilla eléctrica incandescente. Es decir, que sufrió la *derrota temporal* diez mil veces, antes de que sus esfuerzos se vieran coronados por el éxito.

La derrota temporal sólo debe significar una cosa: la certeza de que su plan tiene algún defecto. Millones de personas viven en la miseria y en la pobreza porque carecen de un plan sólido que les permita acumular una fortuna.

Henry Ford acumuló una fortuna, no por su mente superior, sino porque adoptó y siguió un plan que era sólido. Podría citar a mil hombres, cada uno con una educación mejor que la de Ford, y sin embargo, cada uno de ellos vive en la pobreza porque no poseen el plan adecuado para la acumulación de dinero.

Sus logros no pueden ser más sólidos que sus planes. Esta declaración puede parecer innegable, pero es cierta. Samuel Insull perdió su fortuna de más de cien millones de dólares. La fortuna de Insull estaba cimentada en planes que eran sólidos. La depresión económica obligó al señor Insull a cambiar sus planes, y éste cambio le produjo una "derrota temporal", debido a que sus nuevos planes no eran sólidos. El señor Insull es ahora un hombre viejo, y puede entonces aceptar el "fracaso" en lugar de una "derrota temporal," pero si su experiencia resulta ser un fracaso, será por la razón de que carece del fuego de la perseverancia para reconstruir sus planes.

Ningún hombre es derrotado a menos que se rinda *en su propia mente.*

Este hecho se repite muchas veces, porque es muy fácil "sentirse vencido" a la primera señal de derrota.

James J. Hill sufrió la derrota temporal cuando trató de reunir por primera vez el capital necesario para construir un ferrocarril desde el Este hacia el Oeste, pero él también convirtió la derrota en victoria *a través de nuevos planes.*

Henry Ford sufrió la derrota temporal, no sólo al comienzo de su carrera automovilística, sino después de haber alcanzado el éxito. Él creó nuevos planes y avanzó en dirección a la victoria financiera.

Vemos los casos de hombres que han acumulado grandes fortunas, pero muchas veces sólo reconocemos sus triunfos e ignoramos las derrotas temporales que sufrieron antes de "triunfar".

Ningún seguidor de esta filosofía puede esperar, de un modo razonable, acumular una fortuna sin experimentar una "derrota temporal". Si se presenta una derrota, acéptela como una señal de que sus planes no son sólidos, reconstrúyalos y avance de nuevo hacia su meta codiciada. Si se rindes antes de alcanzar su meta, usted es una persona que se rinde con facilidad. Éste tipo de personas nunca gana, y un ganador nunca se rinde. Escriba esta frase en letras grandes, y colócala en un lugar donde la pueda ver todas las noches antes de dormir, y todas las mañanas antes de ir a trabajar.

Cuando empiece a escoger a los miembros de su "equipo de trabajo", trate de seleccionar a aquellos que no se tomen en serio las derrotas.

Algunas personas creen tontamente que el dinero sólo puede producir dinero. ¡Esto no es cierto! El deseo, transmutado en su equivalente monetario, a través de los principios establecidos aquí, es el medio a través del cual se consigue dinero. El dinero, en sí mismo, no es más que materia inerte. No puede moverse, pensar ni hablar, ¡pero puede "escuchar" cuando un hombre que lo desee le dice que acuda a él!

LA PLANIFICACIÓN DE LA VENTA DE SERVICIOS

El resto de este capítulo está dedicado a hacer una descripción de los medios de comercialización de los servicios personales. La información aquí transmitida será de ayuda práctica para cualquier persona que quiera ofrecer cualquier forma de servicios personales, pero será de un beneficio invaluable para aquellos que aspiran al liderazgo en sus profesiones elegidas.

Una planificación inteligente es esencial para el éxito en cualquier empresa diseñada para acumular riquezas. Aquellos que deseen comenzar a acumular riquezas luego de ofrecer sus servicios personales, encontrarán aquí instrucciones detalladas para hacerlo.

Debe ser alentador saber que prácticamente todas las grandes fortunas comenzaron en la forma de compensación por servicios personales o por la venta de las ideas. ¿Qué otra cosa, a excepción de las ideas y de los servicios personales, puede ofrecer alguien que no tenga propiedades a cambio de riquezas?

En términos generales, hay dos clases de personas en el mundo. La primera son los líderes y la segunda son los seguidores. Decida desde el principio si tiene la intención de convertirse en un líder en su ocupación elegida, o seguir siendo un seguidor. La diferencia en la compensación es enorme. El seguidor no puede esperar de un modo razonable la compensación a la que tiene derecho un líder, aunque muchos seguidores cometan el error de esperar un pago semejante.

No es ninguna desgracia ser un seguidor. Por otro lado, tampoco sirve de mucho permanecer como tal. La mayoría de los grandes líderes comenzaron como seguidores. Se convirtieron en grandes líderes porque eran seguidores inteligentes. Con pocas excepciones, el hombre que no puede seguir a un líder de un modo inteligente, tampoco podrá convertirse en un líder eficaz. El hombre que puede seguir con mayor eficacia a un líder, suele ser el hombre que llega al liderazgo con mayor rapidez. Un seguidor inteligente tiene muchas ventajas, entre ellas la oportunidad de adquirir conocimientos de su líder.

LAS PRINCIPALES CUALIDADES DEL LIDERAZGO:

Los siguientes son factores importantes del liderazgo:

1. El valor inquebrantable basado en el conocimiento de sí mismo y de su ocupación. Ningún seguidor quiere ser dominado por un líder que carezca de auto-confianza y de valor. Ningún seguidor inteligente será dominado durante mucho tiempo por un líder como ese.

2. El autocontrol. El hombre que no puede controlarse a sí mismo no podrá controlar a los demás. El autocontrol es ejemplo para los seguidores, pues los más inteligentes lo emularán.

3. Un gran sentido de la justicia. Sin un sentido de la equidad y de la justicia, ningún líder podrá comandar y mantener el respeto de sus seguidores.

4. Precisión en las decisiones. El hombre que vacila en sus decisiones demuestra que no es seguro de sí mismo, y no podrá guiar a otros exitosamente.

5. Precisión en los planes. El líder exitoso debe planear su trabajo, y *trabajar en su plan*. Un líder que actúe basado en suposiciones y

sin planes definitivos prácticos es comparable a un barco sin timón: tarde o temprano encallará.

6. El hábito de hacer más de lo que le corresponde. Uno de los sacrificios del liderazgo es tener la voluntad, por parte del líder, para hacer más de lo que requiere de sus seguidores.

7. Una personalidad agradable. Ninguna persona desordenada y descuidada puede ser un líder exitoso. El liderazgo exige respeto. Los seguidores no respetarán a un líder que no tenga un alto grado de todos los factores propios de una personalidad agradable.

8. Simpatía y comprensión. El líder exitoso debe ser compasivo con sus seguidores. Adicionalmente, debe entenderlos a ellos y a sus problemas.

9. El dominio de los detalles. El liderazgo exitoso exige el dominio de los detalles propios de la posición del líder.

10. Disposición para asumir toda la responsabilidad. El líder exitoso debe estar dispuesto a asumir la responsabilidad por los errores y las deficiencias de sus seguidores. Si trata de desviar esta responsabilidad, dejará de ser un líder. Si uno de sus seguidores comete un

error y se muestra incompetente, el líder deberá asumir que es él quien ha fallado.

11. Cooperación. El líder exitoso debe entender
    y *aplicar* el principio del esfuerzo coopera-
    tivo, y ser capaz de inducir a sus seguidores a
    hacer lo mismo. El liderazgo exige poder, y el
    poder exige cooperación.

Hay dos formas de Liderazgo. La primera, y con mucho la más eficaz, es el liderazgo con el consentimiento
y el apoyo de los seguidores. La segunda es el liderazgo
por la fuerza, sin el consentimiento y el apoyo de los
seguidores.

La historia está llena de evidencias de que el liderazgo
por la fuerza no puede perdurar. La caída y desaparición
de muchos "dictadores" y reyes es significativa en este
sentido. Significa que las personas no están dispuestas a
aceptar de manera indefinida el liderazgo por la fuerza.

El mundo ha entrado en una nueva era de relaciones
entre líderes y seguidores, que aboga claramente por nuevos líderes y por un nuevo tipo de liderazgo en los negocios y en la industria. Los que pertenecen a la vieja escuela
del liderazgo por la fuerza deben entender el nuevo tipo
de liderazgo (cooperación), o serán relegados a las filas de
los seguidores. No hay otra salida para ellos.

La futura relación entre empleador y empleado, o
entre líder y seguidor, será de cooperación mutua, basada

en una división equitativa de los beneficios del negocio. En el futuro, la relación entre empleador y empleado se parecerá más a una sociedad de lo que ha sido en el pasado.

Napoleón, el Káiser Guillermo de Alemania, el zar de Rusia, y el Rey de España fueron ejemplos de liderazgo por la fuerza. Su liderazgo término. Sin mucha dificultad, uno podría señalar a los prototipos de estos ex-cabecillas entre los líderes americanos en los negocios, las finanzas, y el trabajo en los Estados Unidos que han sido destronados o forzados a abandonar sus cargos. ¡El liderazgo por el consentimiento de los seguidores es el único que puede perdurar!

Es probable que los hombres sigan temporalmente el liderazgo por la fuerza, pero no lo harán de buena gana.

El nuevo estilo de liderazgo abarcará los once factores de liderazgo que se describen en este capítulo, así como otros. El hombre que hace de ellos las bases de su liderazgo, encontrará abundantes oportunidades para triunfar en cualquier campo. La depresión económica fue prolongada, en gran parte, porque el mundo carecía del nuevo tipo de liderazgo. Al final de la depresión, la demanda de líderes que fueran competentes para aplicar los nuevos métodos de liderazgo excedió ampliamente la oferta. Algunos de los antiguos tipos de líderes cambiarán y se adaptarán al nuevo tipo de liderazgo, pero en términos generales, el mundo tendrá que buscar nueva madera para su liderazgo.

¡Esta necesidad puede ser su oportunidad!

LAS 10 CAUSAS PRINCIPALES DEL FRACASO EN EL LIDERAZGO

Llegamos ahora a las principales fallas de los líderes que fracasan, ya que es tan importante saber qué no hacer como saber qué hacer.

1. Incapacidad para organizar detalles. El liderazgo eficiente requiere de la capacidad para organizar y controlar los detalles principales. Ningún líder genuino está "demasiado ocupado" como para no hacer cualquier cosa que pueda ser requerida de él en su calidad de líder. Cuando un hombre, independientemente de que sea un líder o un seguidor, admite que está "demasiado ocupado" como para cambiar sus planes o para encargarse de cualquier emergencia, estará admitiendo su ineficiencia. El líder exitoso debe ser el dueño y artífice de todos los detalles relacionados con su posición. Esto significa, por supuesto, que debe adquirir el hábito de delegar detalles a subalternos capaces.

2. Falta de voluntad para prestar un servicio humilde. Los líderes verdaderamente grandes están dispuestos, cuando la ocasión lo requiera, para realizar cualquier tipo de trabajo que se le pida a otra persona. "El más grande

entre vosotros será el sirviente de todos" es
una verdad que observan y respetan todos los
líderes capaces.

3. La expectativa de una retribución por lo que
"saben", en lugar de lo que *hacen* con lo que
saben. El mundo no les paga a los hombres
por lo que "saben", sino por lo que HACEN,
o inducen a hacer a otros.

4. El miedo a la competencia de los seguidores.
El líder que teme que uno de sus seguidores
pueda tomar su posición, seguramente verá
que tarde o temprano su temor será una realidad. El líder capaz entrena a suplentes a
quienes podrá delegar, a voluntad, cualquiera
de los detalles de su posición. Sólo de esta
manera podrá multiplicarse y prepararse un
líder para estar en muchos lugares y prestar
atención a muchas cosas al mismo tiempo. Es
una verdad eterna que los hombres reciben
más paga por su habilidad para hacer que los
demás trabajen de lo que podría ganar por sus
propios esfuerzos. Un líder eficiente puede, a
través de su conocimiento de su trabajo y del
magnetismo de su personalidad, aumentar en
gran medida la eficiencia de los demás, e in-
ducirlos a prestar un mejor servicio de lo que
podrían hacerlo sin su ayuda.

5. La falta de imaginación. Sin imaginación, el

líder es incapaz de superar las emergencias y de crear planes para guiar a sus seguidores de manera eficiente.

6. El egoísmo. El líder que reclama todo el crédito por el trabajo de sus seguidores seguramente se enfrentará al resentimiento. El verdadero líder no reclama ninguno de los honores. Él está contento de que cuando haya honores, estos vayan a sus seguidores, porque él sabe que la mayoría de los hombres trabajan más para recibir elogios y reconocimientos, que por el simple dinero.

7. La falta de moderación. Los seguidores no respetan a un líder que no sea moderado. Por otra parte, la falta de moderación, en cualquiera de sus formas, destruye la resistencia y la vitalidad de todos los que sucumben a ella.

8. La deslealtad. Esta debería ser quizá la primera causa de la lista. El líder que no es fiel con su empresa, con sus asociados, con quienes están arriba y abajo de él, no podrá mantener su liderazgo por mucho tiempo. La deslealtad señala que somos menos que el polvo de la tierra, y hace caer sobre nuestra propia cabeza el desprecio que merecemos. La falta de lealtad es una de las principales causas de fracaso en todos los ámbitos de la vida.

9. El énfasis en la "autoridad" del liderazgo. El líder eficiente guía alentando y no tratando de infundir miedo en los corazones de sus seguidores. El líder que trata de impresionar a sus seguidores con su "autoridad", pertenece a la categoría del liderazgo por la fuerza. Si alguien es un verdadero líder, no tendrá necesidad de anunciar ese hecho excepto por su buena conducta, su simpatía, comprensión, equidad, y demostrando que conoce su trabajo.

10. El énfasis en el título. El líder competente no requiere de ningún "título" para tener el respeto de sus seguidores. El hombre que alardea de su título, generalmente tiene poco en qué enfatizar. Las puertas de la oficina de un verdadero líder están abiertas a todos los que deseen entrar, y su lugar de trabajo está libre de formalidad o de ostentación.

Estas son algunas de las causas más comunes del fracaso en el liderazgo. Cualquiera de ellas es suficiente para provocar el fracaso. Estudie la lista cuidadosamente si aspira al liderazgo y asegúrese de estar libre de estos defectos.

ALGUNOS CAMPOS FÉRTILES
EN LOS QUE SE REQUIERE UN
"NUEVO LIDERAZGO"

Antes de abandonar este capítulo, debe prestarle atención a algunos de los campos fértiles en los que ha habido una disminución del liderazgo, y en el que el nuevo tipo de líder puede encontrar una gran variedad de oportunidades.

PRIMERO. En el campo de la política hay una demanda considerable de nuevos líderes, una demanda que indica nada menos que una emergencia. Aparentemente, la mayoría de los políticos se han convertido en estafadores legalizados. Han aumentado los impuestos y corrompido la maquinaria de la industria y de los negocios hasta un punto en que las personas ya no pueden soportar esta carga.

SEGUNDO. El sector bancario está pasando por una reforma. Los líderes de este sector han perdido casi por completo la confianza del público. Los banqueros ya han sentido la necesidad de esta reforma y han comenzado a hacerla.

TERCERO. La industria exige nuevos líderes. ¡El viejo tipo de líderes pensaba y actuaba en términos de dividendos en lugar de pensar y actuar en términos de ecuaciones humanas! Si quiere perdurar, el futuro líder industrial debe considerarse a sí mismo como un oficial cuasi-público, cuyo deber es manejar su empresa de tal manera que no atente contra los intereses de ningún individuo o grupo de individuos. La explotación de los trabajadores es cosa del pasado. Esperamos que el hombre que aspira al liderazgo en el campo de los negocios, la industria y el trabajo recuerde esto.

CUARTO. El líder religioso del futuro se verá obligado a prestar más atención a las necesidades temporales de sus seguidores, a la solución de sus problemas económicos y personales del presente, y menos atención al pasado muerto y al futuro que no ha nacido aún.

QUINTO. En las profesiones del derecho, la medicina y la educación, será necesario un nuevo tipo de liderazgo y hasta cierto punto, nuevos líderes. Esto es especialmente cierto en el campo de la educación. El líder en ese campo deberá encontrar las maneras y los medios para enseñar a la gente cómo aplicar los conocimientos que reciben en la escuela. Deberá enfatizar más en la práctica y menos en la teoría.

SEXTO. Se necesitarán nuevos líderes en el campo del periodismo. Para ser exitosos, los periódicos del futuro deberán alejarse de los "privilegios especiales" y de la subvención de la publicidad.

Tendrán que dejar de ser órganos de propaganda en favor de los intereses que patrocinan sus columnas de publicidad. El tipo de periódico que publica escándalos y fotos indecorosas, finalmente seguirá el camino de todas las fuerzas que corrompen la mente humana.

Estos son sólo algunos de los campos en los que ya están disponibles oportunidades para nuevos líderes y para un nuevo tipo de liderazgo. El mundo está experimentando un cambio rápido. Esto significa que los medios de comunicación mediante los cuales se promueven los cambios en los hábitos humanos deberán adaptarse a los cambios. Los medios de comunicación descritos aquí, son los que, más que ningún otro, determinarán las tendencias de la civilización.

¿CUÁNDO Y CÓMO SOLICITAR UNA POSICIÓN?

La información que se describe aquí es el resultado neto de muchos años de experiencia, durante los cuales miles de personas recibieron ayuda para comercializar sus servicios de manera eficaz, y puede considerarse por lo tanto como sólida y práctica.

MEDIOS POR LOS CUALES SE PUEDEN COMERCIALIZARSE LOS SERVICIOS

La experiencia ha demostrado que los siguientes medios ofrecen los métodos más directos y eficaces para acercar al comprador y al vendedor de servicios personales.

1. Agencias de empleo. Se debe tener cuidado de seleccionar sólo las agencias de renombre, que puedan mostrar registros certificando el logro de resultados satisfactorios. Hay relativamente pocas agencias de este tipo.

2. Publicidad en periódicos, revistas y emisoras radiales. Los anuncios clasificados pueden utilizarse generalmente para producir resultados satisfactorios en el caso de las personas que soliciten puestos asalariados de oficina o no especializados. La publicidad gráfica es más deseable en el caso de aquellos que buscan conexiones ejecutivas; debería aparecer en la sección del periódico con mayores probabilidades de llamar la atención del tipo de empleador que se busca. El anuncio debe ser preparado por un experto que entienda cómo incluir suficientes cualidades que sean vendibles como para producir respuestas.

3. Cartas personales de solicitud, dirigidas a de-

terminadas empresas o individuos que tengan una mayor necesidad de los servicios que se están ofreciendo. Las cartas deben estar bien redactadas y firmadas a mano. Se debe adjuntar a la carta un informe completo que describa las calificaciones del solicitante. Tanto la carta de solicitud como el informe deberán ser preparados por un experto. (Lee las instrucciones sobre la información a suministrar).

4. Solicitud a través de relaciones personales. Cuando sea posible, el solicitante debe esforzarse por acercarse a los posibles empleadores a través de algún amigo común. Este método de acercamiento es particularmente ventajoso en el caso de aquellos que buscan conexiones ejecutivas y no desean dar la impresión de estar "vendiéndose" a sí mismos.

5. Solicitud en persona. En algunos casos, puede ser más eficaz si el solicitante ofrece personalmente sus servicios a posibles empleadores, en cuyo caso, debería presentar una declaración completa por escrito de sus calificaciones para el cargo, por la sencilla razón de que los posibles empleadores muchas veces quieren discutir las hojas de vida con sus asociados.

INFORMACIÓN A PRESENTAR EN UN INFORME ESCRITO

Este informe debe ser preparado con tanto cuidado como un abogado prepararía el resumen de un caso llevado ante los tribunales. A menos que el solicitante tenga experiencia en la preparación de estos informes, deberá contratar los servicios de un experto. Los comerciantes exitosos emplean a hombres y mujeres que entienden el arte y la psicología de la publicidad para ofrecer sus mejores cualidades. Una persona que ofrezca servicios personales debería hacer lo mismo. La siguiente información debe aparecer en la hoja de vida:

1. *Educación*. Explique brevemente, pero con precisión, la formación escolar que ha tenido y en qué materias se especializó en la escuela, explicando los motivos de dicha especialización.

2. *Experiencia*. Si ha tenido experiencia en relación con posiciones similares a la que busca, descríbala en su totalidad; incluya los nombres y las direcciones de antiguos empleadores. Asegúrese de explicar claramente cualquier experiencia especial que haya tenido y que lo capacite para ocupar el puesto que busca.

3. *Referencias*. Prácticamente cada firma de ne-

gocios desea tener una información completa acerca de registros anteriores, antecedentes, etc., de las personas que están aplicando para puestos de responsabilidad. Adjunte fotocopias de cartas de:

a. Empleadores anteriores

b. Profesores que hayas tenido

c. Personas prominentes cuyo criterio pueda ser mencionado

4. *Una fotografía personal.* Adjunte una fotografía reciente.

5. *Aplicar para un puesto específico.* Evite aplicar para una posición si no especifica el cargo que busca. No aplique nunca "para cualquier posición". Eso indica que carece de calificaciones especializadas.

6. *Exprese sus calificaciones* para el puesto que estás solicitando. Ofrezca todos los detalles en cuanto a la razón por la que cree estar calificado para el puesto que busca. Este es el detalle más importante de su aplicación. Esto determinará, más que cualquier otra cosa, la consideración que reciba.

7. *Ofrézcase para trabajar durante un período de prueba.* En la mayoría de los casos, si está decidido a obtener el cargo para el cual aplica, será mejor si se ofrece para trabajar por una semana o un mes, o durante un período de

tiempo suficiente para permitir que su empleador analice sus capacidades antes de pagarle. Esto puede parecer una sugerencia radical, pero la experiencia ha demostrado que rara vez deja de asegurarse al menos una oportunidad. Si está seguro de sus calificaciones, lo único que necesita es un período de prueba. Dicho sea de paso, este tipo de oferta indica que tiene confianza en sus capacidades para ocupar el puesto que busca. Es una estrategia muy convincente. Si su oferta es aceptada, y le va bien, lo más probable es que le paguen por su período "de prueba". Deje bien en claro el hecho de que su oferta se basa en:

a. Su confianza en sus capacidades para ocupar el puesto

b. Su confianza en la decisión de su posible empleador para contratarlo después del período de prueba

c. Su determinación para obtener la posición que busca

8. *Conocimiento del negocio de su posible empleador.* Antes de aplicar para una posición, investigue lo suficiente en relación con el negocio para que se familiarice bien con él, e incluya en su informe los conocimientos que ha adquirido en este campo. Esto causará una buena impresión, pues indicará que tiene imaginación,

y un verdadero interés en la posición a la que aspira.

Recuerde que quien gana no es el abogado que más sabe de leyes, sino el que mejor prepara su caso. Si su "caso" está bien preparado y presentado, habrá logrado más de la mitad del triunfo desde el comienzo.

No se asuste si su informe es muy largo. Los empleadores están tan interesados en adquirir los servicios de solicitantes bien calificados, como lo está usted en conseguir un empleo. De hecho, el éxito de los empresarios más exitosos se debe, en gran parte, a su capacidad de seleccionar a empleados bien calificados. Ellos quieren toda la información disponible.

Recuerde otra cosa: la pulcritud en la preparación de su informe indicará que usted es una persona meticulosa. He ayudado a preparar informes tan impactantes y fuera de lo común, que los solicitantes fueron contratados sin necesidad de una entrevista personal.

Cuando haya terminado su informe, hágalo encuadernar y encabécelo siguiendo estas pautas:

Informe de las calificaciones de
Juan Pérez,
QUIEN PRESENTA SU CANDIDATURA PARA EL CARGO DE
{ Secretario Privado
del Presidente de la
COMPAÑÍA . . . , INC. }

Cambie los nombres en cada uno de los informes que envíe.

Este toque personal seguramente llamará la atención. Haga que su informe esté bien redactado y que tenga el nombre correcto de la empresa. Su fotografía debe ser pegada en una de las páginas del informe. Siga estas instrucciones al pie de la letra, y mejóralas allí donde su imaginación se lo sugiera.

Los vendedores exitosos cuidan mucho de su imagen. Ellos entienden que las primeras impresiones son duraderas. Su hoja de vida es su vendedor. Déle un buen "empaque", para que se destaque de cualquier otro que haya visto su futuro empleador. Si la posición a la que aspira vale la pena, entonces también vale la pena solicitarla con cuidado. Adicionalmente, si le ofrece sus servicios a un empleador de tal manera que lo impresione por su individualidad, probablemente recibirá más dinero por sus servicios desde el primer momento que si hubiera buscado empleo en la forma convencional y acostumbrada.

Si busca empleo a través de una agencia de publicidad o de una agencia de empleo, haga que el agente utilice copias de su informe para ofrecer sus servicios. Esto le ayudará a gozar de la preferencia, tanto del agente como de los posibles empleadores.

CÓMO OBTENER LA POSICIÓN
EXACTA QUE DESEA

Todo el mundo disfruta haciendo el tipo de trabajo que mejor sabe hacer. A un artista le encanta trabajar con pinturas, a un artesano con las manos, a un escritor le gusta escribir. Aquellos con talentos menos definidos prefieren ciertos campos en los negocios y en la industria. Si Estados Unidos tiene algo bueno, es que ofrece una amplia gama de ocupaciones: labrar la tierra, manufacturar, comercializar, y muchas otras profesiones.

PRIMERO. Decida exactamente qué clase de trabajo desea. Si ese trabajo no existe, tal vez pueda crearlo.

SEGUNDO. Elija la empresa o individuo para el cual desea trabajar.

TERCERO. Estudie las políticas, el personal, y las oportunidades de ascenso de su posible empleador.

CUARTO. Mediante el análisis de usted mismo, de sus talentos y capacidades, descubra lo que puede ofrecer, y planifique la forma y los medios de ofrecer servicios, progresos e ideas que *crea* poder ofrecer con éxito.

QUINTO. Olvídese de "un trabajo". Olvídese de si existe o no una vacante. Olvídese de la rutina habitual de "¿tiene un trabajo para mí?". Concéntrese en lo que puede dar.

SEXTO. Cuando tenga el plan en su mente, hable con un escritor experimentado para ponerlo en papel de forma ordenada y con todo detalle.

SÉPTIMO. Entrégueselo a la *persona adecuada y con autoridad,* y esta hará el resto. Todas las compañías buscan personas que puedan dar algo de valor, ya sea ideas, servicios o "conexiones". Cada compañía tiene espacio para una persona que tenga un plan definido de acción que sea benéfico para esa empresa.

Este tipo de procedimiento puede tomar algunos días o semanas de tiempo adicional, pero la diferencia en ingresos, en el progreso y en la obtención de reconocimiento le ahorrará años de duro trabajo con un salario reducido. Este procedimiento tiene muchas ventajas, siendo la principal que a menudo le ahorrará de uno a cinco años de tiempo para alcanzar una meta elegida.

Cada persona que comienza o "entra" a mitad de camino de la escalera, lo hace por medio de una planificación deliberada y cuidadosa (excepto, por supuesto, el hijo del jefe).

LA NUEVA FORMA DE
OFRECER SERVICIOS

LOS "EMPLEOS" AHORA SON "ASOCIACIONES".

Las personas que comercialicen sus servicios de la mejor manera en el futuro, deberán reconocer el cambio formidable que ha ocurrido en la relación entre el empleador y el empleado.

En el futuro, la "Regla de Oro", será el factor dominante en la comercialización de la mercancía, así como de los servicios personales. La futura relación entre los empleadores y sus empleados será más e un tipo de asociación que consiste en:

a. El empleador
b. El empleado
c. El público al que sirven

Esta nueva forma de comercializar los servicios personales es nueva por muchas razones: en primer lugar, tanto el empleador como el empleado del futuro serán considerados como compañeros, cuya tarea será la de servir al público de manera eficiente. En tiempos pasados, los empleadores y los empleados han tenido disputas entre sí, tratando de llevarse la mejor parte y sin tener en cuenta que en última instancia, en realidad estaban negociando entre sí a expensas de la tercera parte, el público al que debían servir.

La depresión sirvió como una fuerte protesta por parte de un público herido, cuyos derechos habían sido pisoteados en todos los sentidos por aquellos que clamaban por las ventajas y los beneficios individuales. Cuando las secuelas de la depresión se hayan disipado y los negocios se hayan equilibrado de nuevo, tanto los empleadores como los empleados reconocerán que ya no tendrán el privilegio de regatear a expensas de aquellos a quienes sirven. El verdadero empleador del futuro será el público. Esto debe ser tenido muy en cuenta por todos aquellos que deseen comercializar sus servicios personales de una manera efectiva.

Casi todos los ferrocarriles en los Estados Unidos se encuentran en dificultades financieras. ¿Quién no recuerda el día en que, si un ciudadano preguntaba en la taquilla la hora de salida de un tren, era enviado con rudeza al tablón de anuncios en lugar de recibir una información amable?

Los banqueros han aprendido un par de cosas durante este cambio tan rápido que ha ocurrido durante los últimos años. La descortesía por parte de un funcionario o empleado del banco es tan rara hoy en día como era visible hace una docena de años. El año pasado, algunos banqueros (no todos, por supuesto) implementaron unas políticas de austeridad que les dieron escalofríos a todos los prestatarios posibles cuando pensaban siquiera en acercarse a su banquero para pedirle un préstamo.

Los miles de quiebras bancarias durante la depresión

tuvieron el efecto de eliminar las puertas de caoba detrás de las cuales se atrincheraban anteriormente los banqueros. Ahora se sientan en escritorios al aire libre, donde pueden ser vistos y abordados por cualquier cliente o por cualquier persona que desee verlos, y toda la atmósfera del banco es de cortesía y comprensión.

Era habitual que los clientes tuvieran que estar de pie y esperar en la tienda de la esquina hasta que los empleados conversaran con sus amigos y algún propietario hubiera terminado de hacer su depósito bancario antes de ser atendidos. Las tiendas de cadena, administradas por hombres amables y serviciales, han dejado a un lado a los comerciantes de antaño. ¡El tiempo pasa!

La "cortesía" y el "servicio" son los lemas de la comercialización actual y se aplican a la persona que comercializa servicios personales de una manera incluso más directa que el empleador a quien sirve, porque, en última instancia, tanto el empleador como su empleado tienen trabajo gracias al público al que sirven. Si no prestan un buen servicio, pagarán con la pérdida de su privilegio de servir.

Todos podemos recordar el tiempo en que el empleado que leía el contador del gas golpeaba la puerta con tanta fuerza que por poco rompía los paneles. Cuando la puerta se abría, entraba sin ser invitado, con el ceño fruncido en su rostro que decía claramente: "¿Por qué demonios me has hecho esperar?". Todo eso ha cambiado. Este empleado se comporta ahora como un caballero que está "encantado–de–estar–a–sus–órdenes–señor". Antes de que las compañías de gas se enteraran de que sus empleados malhumorados estaban acumulando deudas que nunca podrían saldar, aparecieron amables vendedores de quemadores de petróleo y se quedaron con el negocio.

Durante la depresión, pasé varios meses en la región del carbón de antracita de Pensilvania, estudiando las condiciones que estuvieron a un paso de acabar con la industria del carbón. Uno de varios descubrimientos muy significativos que hice fue el hecho de que la codicia por parte de los operadores y sus empleados era la principal causa de pérdida de negocios para los operadores, y la pérdida de puestos de trabajo para los mineros.

A través de la presión de un grupo de dirigentes sindicales comprometidos que representaban a los empleados, y de la codicia por ganancias por parte de los operadores, el negocio de la antracita disminuyó de un momento a otro. Los operadores de carbón y sus empleados hicieron negocios provechosos para ambos, sumándole el costo de la "negociación" al precio del carbón, hasta que, finalmente, descubrieron que habían organizado un negocio maravilloso para los fabricantes de equipos quemadores de petróleo y para los productores de crudo.

"¡La paga del pecado es la muerte!". Muchos han leído esto en la Biblia, pero pocos han descubierto su significado. Ahora, y durante varios años, el mundo entero ha estado escuchando por la fuerza un sermón que bien podría llamarse "Todo lo que un hombre siembra, eso también cosechará".

Nada tan generalizado y contundente como la depresión podría ser posiblemente "sólo una coincidencia". Detrás de la depresión había una causa. Nada sucede sin una causa. En general, la causa de la depresión se puede atribuir directamente al hábito mundial de tratar de cosechar sin sembrar.

Esto no debe confundirse en el sentido de que la depresión representa una cosecha que el mundo está obligado a cosechar sin haberla sembrado. El problema es que el mundo *sembró el tipo equivocado de semillas.* Cualquier agricultor sabe que no puede sembrar semillas de cardos, y cosechar trigo. A comienzos de la guerra mundial, los pueblos del mundo empezaron a sembrar la semilla de un servicio inadecuado, tanto en calidad como en cantidad. Casi todo el mundo estaba ocupado en el pasatiempo de tratar de obtener sin dar.

Estos ejemplos son traídos a la atención de aquellos que tienen servicios para ofrecer, con el fin de demostrar que estamos donde estamos, y que somos lo que somos, ¡debido a *nuestra propia conducta*! Si hay un principio de causa y efecto que controla los negocios, las finanzas y el transporte, este mismo principio controla a los individuos y determina su estatus económico.

¿CUÁL ES SU CIFRA DE "CCE"?

Las causas del éxito en los servicios comercializados de manera eficaz y permanente han sido claramente descritas. A menos que esas causas sean estudiadas, analizadas, comprendidas y aplicadas, ningún hombre podrá comercializar sus servicios de manera eficaz y permanente. Cada persona debe ser su propio vendedor de servicios personales. La calidad y la cantidad del servicio prestado, y el espíritu con el que se ofrece, determinan en gran medida el precio y la duración del empleo. Para comercializar servicios personales de una manera eficaz (lo que significa un mercado permanente, a un precio satisfactorio, y bajo condiciones placenteras), uno debe adoptar y seguir la fórmula "CCE", que significa que la calidad, más la cantidad y el espíritu adecuado de cooperación, es igual a un servicio perfecto de ventas. Recuerde la fórmula "CCE", pero aún más, ¡aplíquela como un hábito!

Analicemos la fórmula para asegurarnos de que entendemos exactamente lo que significa.

1. La *calidad* del servicio se interpretará en el sentido del comportamiento de todos los detalles, en relación con su posición, de la manera más eficiente posible, con el objeto de una mayor eficiencia siempre en mente.

2. La *cantidad* del servicio se entiende como el hábito de prestar todos los servicios que pue-

das, en todo momento, con el propósito de aumentar la cantidad del servicio prestado, ya que desarrollamos una mayor habilidad a través de la práctica y la experiencia. El énfasis se coloca de nuevo en la palabra "hábito".

3. El *espíritu de servicio* se interpretará en el sentido del hábito de una conducta agradable y armoniosa que induzca a la cooperación de los socios y compañeros de trabajo.

Adecuar la calidad y la cantidad del servicio no basta para tener un mercado permanente para sus servicios. La conducta o el espíritu en el que ofreces un servicio, es un factor muy determinante en relación tanto con el precio que recibe como con la duración del empleo.

Andrew Carnegie enfatizó en este punto más que en otros, en relación con su descripción de los factores que conducen al éxito en la comercialización de los servicios personales. Él recalcó, una y otra vez, en la necesidad de una conducta armoniosa. Hizo hincapié en el hecho de que no conservaría a ningún empleado, sin importar la cantidad, la eficiencia o la calidad de su trabajo, a menos que lo hiciera en un espíritu de armonía. El señor Carnegie insistía en que las personas deben ser agradables. Para demostrar que él le daba un gran valor a esta cualidad, permitió que muchos hombres *que se ajustaban a sus normas* consiguieran mucho dinero. Los que no se ajustaban tuvieron que abrirles espacio a otros.

La importancia de una personalidad agradable se ha destacado por ser un factor que le permite a uno prestar servicios con el espíritu apropiado. Si uno tiene una personalidad que agrada y presta servicio en un espíritu de armonía, estas cualidades compensan a menudo las deficiencias en la calidad y en la cantidad del servicio prestado. Nada, sin embargo, puede ser sustituido con éxito por una conducta agradable.

EL VALOR CAPITAL DE SUS SERVICIOS

La persona cuyos ingresos se derivan completamente de la venta de servicios personales no es menos comerciante que el hombre que vende productos básicos, y bien podría añadirse que esa persona está sujeta a exactamente a las mismas reglas de conducta que el comerciante que vende mercancías.

Esto se ha subrayado porque la mayoría de las personas que viven de la venta de servicios personales cometen el error de considerarse libres de las reglas de conducta y de las responsabilidades asignadas a aquellos que se dedican a la comercialización de productos básicos.

La nueva forma de comercializar servicios ha obligado prácticamente al empleador y al empleado a establecer alianzas de colaboración, por medio de las cuales ambos tienen en cuenta los derechos de la tercera parte, es decir, del público al que sirven.

El día del que "sale para conseguir" ya ha pasado; ha

sido suplantado por el que "sale para dar". La gran presión ejercida por ciertos métodos de negocio finalmente "voló la tapa". Ya no habrá necesidad de poner la tapa de nuevo, porque, en el futuro, los negocios se realizarán con métodos que no requieren presión.

El verdadero valor capital de su cerebro se puede determinar por la cantidad de ingresos que pueda producir (mediante la comercialización de sus servicios). Se puede hacer una estimación razonable del valor capital de sus servicios multiplicando su ingreso anual por dieciséis y dos tercios, ya que es razonable estimar que su ingreso anual representa el 6 por ciento del valor de su capital. El dinero rinde el 6 por ciento anual. El dinero no vale más que el cerebro. Con frecuencia, vale mucho menos.

Cuando un cerebro "competente" es comercializado con eficacia, representa una forma mucho más deseable de capital que el que se requiere para negociar con productos básicos, debido a que el "cerebro" es una forma de capital que no puede se puede depreciar de manera permanente debido a las depresiones, ni tampoco puede ser robado o gastado. Por otra parte, el dinero, que es esencial para la realización de negocios, es tan inútil como una duna de arena hasta que se mezcle con un "cerebro" eficiente.

LAS TREINTA CAUSAS
PRINCIPALES DEL FRACASO

¿CUÁNTAS DE ELLAS LO ESTÁN DETENIENDO?

¡La mayor tragedia de la vida es ver a hombres y mujeres que lo intentan seriamente y fallan! La tragedia radica en la mayoría abrumadora de personas que fracasan, en comparación con los pocos que tienen éxito.

He tenido el privilegio de analizar a miles de hombres y mujeres, el 98 por ciento de los cuales fueron clasificados como "fracasos". Hay algo radicalmente equivocado en la civilización y en el sistema educativo, que permiten que el 98 por ciento de las personas fracasen en la vida. Pero yo no escribí este libro con el propósito de moralizar sobre los aciertos y los errores del mundo, lo cual requeriría un libro cien veces más grande que éste.

Mi análisis comprobó que hay treinta razones principales para el fracaso, y trece principios importantes a través de los cuales las personas amasan fortunas. En este capítulo, encontrará una descripción de las treinta causas principales del fracaso. A medida que lea la lista, examínese en ella punto por punto, con el propósito de descubrir cuántas de estas causas se interponen entre el éxito y usted.

1. Antecedentes hereditarios desfavorables. Es poco o nada lo que se puede con las personas que nacen con una deficiencia en el poder de su cerebro. Mi enfoque ofrece un método

para remediar esta debilidad mediante la ayuda del "equipo de trabajo". Observe, sin embargo, que esta es la única de las treinta causas del fracaso que ninguna persona puede corregir *fácilmente*.

2. La falta de un propósito bien definido en la vida. No hay ninguna esperanza de éxito para la persona que no tiene un propósito central o una meta definida que quiera alcanzar. Noventa y ocho de cada cien personas a quienes he analizado no tenía este propósito. Esa fue quizá la causa principal de su fracaso.

3. La falta de ambición para estar por encima de la mediocridad. No ofrecemos ninguna esperanza para la persona que es tan indiferente que no quiere salir adelante en la vida, y que no está dispuesta a pagar el precio.

4. Educación insuficiente. Esta es una desventaja que se puede superar con relativa facilidad. La experiencia ha demostrado que las personas mejor educadas son a menudo aquellas que se hicieron a pulso o son autodidactas. Se necesita algo más que un título universitario para que una persona sea educada. Cualquier persona educada es aquella que ha aprendido a conseguir lo que quiere en la vida sin violar los derechos de los demás. La educación no consiste tanto en los conocimientos, sino en

los conocimientos aplicados de manera efectiva y persistente. Las personas reciben un pago no sólo por lo que saben, sino sobre todo por lo que hacen con lo que saben.

5. La falta de autodisciplina. La disciplina se obtiene a través del auto-control. Esto significa que uno debe controlar todas las cualidades negativas. Antes de poder controlar las condiciones, primero debe controlarse a usted mismo. El auto-dominio es la labor más difícil que tendrá que enfrentar. Si no se conquista a usted mismo, será conquistado por su propio yo. Puede ver al mismo tiempo a su mejor amigo y a su mayor enemigo con solo mirarse al espejo.

6. Mala salud. Ninguna persona puede disfrutar de un éxito excepcional sin una buena salud. Muchas de las causas de la mala salud están relacionadas con el dominio y el control. Básicamente, son las siguientes:

    a. Comer en exceso alimentos no convenientes para la salud.

    b. Malos hábitos de pensamiento, dando expresión a los negativos.

    c. Mal uso y excesos en el sexo.

    d. Falta de ejercicio físico adecuado.

    e. Suministro insuficiente de aire fresco, debido a la respiración inadecuada.

7. Influencias ambientales desfavorables durante la niñez. "Si la rama está doblada, así mismo crecerá el árbol". La mayoría de las personas que tienen tendencias criminales las adquieren como resultado de un entorno negativo y de asociaciones inapropiadas durante la infancia.

8. La dilación. Esta es una de las causas más comunes del fracaso. Está a la sombra de cada ser humano, esperando su oportunidad de echar a perder las propias posibilidades de éxito. La mayoría de nosotros fracasamos en la vida porque estamos esperando que llegue el "momento adecuado" para empezar a hacer algo que valga la pena. No espere. El tiempo nunca será "adecuado". Comience donde esté y trabaje con las herramientas que tenga a su alcance; a medida que avance, encontrará mejores herramientas.

9. Falta de perseverancia. La mayoría de nosotros somos buenos para empezar, pero no servimos para terminar aquello que comenzamos. Por otra parte, las personas son propensas a renunciar tras las primeras señales de derrota. No hay ningún sustituto para la perseverancia. La persona que hace de la perseverancia su lema principal, descubre que el fracaso se cansa de perseguirlo y finalmente se va. El fracaso no resiste la perseverancia.

10. Personalidad negativa. No hay ninguna esperanza de éxito para la persona que repele a los demás a través de una personalidad negativa. El éxito se alcanza por medio de la aplicación del poder y el poder se obtiene a través de los esfuerzos de cooperación con otras personas. Una personalidad negativa no induce a la cooperación.

11. La falta de control del deseo sexual. La energía sexual es el más poderoso de todos los estímulos que mueven a las personas. Debido a que es la más poderosa de las emociones, debe ser controlada a través de la transmutación y canalizada por otras vías.

12. El deseo incontrolable de "algo por nada". El instinto del juego arrastra a millones de personas al fracaso. Una prueba de ello se puede encontrar en un estudio del desplome de Wall Street en 1929, durante el cual millones de personas intentaron hacer dinero apostando en la bolsa.

13. La falta de un poder de decisión bien definido. Los hombres que tienen éxito toman decisiones rápidamente, y si las cambian, lo hacen muy lentamente. Los hombres que fracasan toman decisiones con mucha lentitud y las cambian con rapidez. La indecisión y la dilación son hermanas gemelas. Donde está la

una, por lo general también se encuentra la otra. Elimínelas antes de que lo conduzcan al fracaso.

14. Uno o más de los seis temores básicos. En un capítulo posterior encontrará un análisis de estos temores, los cuales deberá dominar para poder comercializar sus servicios de manera eficaz.

15. Selección errónea de una pareja en el matrimonio. Esta es la causa más común de un fracaso. La relación del matrimonio crea un contacto íntimo entre dos personas. A menos que esta relación sea armoniosa, es muy probable que se produzca un fracaso. Por otra parte, será un tipo de fracaso marcado por la miseria y la infelicidad, destruyendo así todo rastro de ambición.

16 El exceso de precaución. La persona que no toma riesgos tiene que conformarse por lo general con lo que dejan los demás después de haber hecho sus elecciones. El exceso de precaución es tan perjudicial como la falta de precaución. Ambos son extremos que deben evitarse. La vida está llena de riesgos.

17. Selección errónea de asociados en los negocios. Esta es una de las causas más comunes de fracaso en los negocios. En la comercialización de servicios personales, se debe tener

gran cuidado en elegir un empleador que sea una inspiración y que también sea inteligente y exitoso. Emulamos a aquellos con quienes nos asociamos de un modo más cercano. Elija un empleador que valga la pena imitar.

18. La superstición y los prejuicios. La superstición es una forma de miedo. También es una señal de ignorancia. Los hombres que son exitosos tienen una mente abierta y no le temen a los nada.

19. Selección errónea de una vocación. Ningún hombre puede tener éxito en un trabajo que no le guste. El paso más importante en la comercialización de los servicios personales es escoger una profesión a la que pueda entregarse de todo corazón.

20. La falta de concentración en el esfuerzo. Los "toderos" rara vez son buenos en algo. Concentre todos sus esfuerzos en un objetivo principal definido.

21. El hábito del gasto indiscriminado. Los derrochadores no pueden tener éxito, especialmente porque siempre le tienen miedo a la pobreza. Adquiera el hábito de ahorrar sistemáticamente, guardando un porcentaje determinado de sus ingresos. Tener dinero en el banco le dará un gran valor para negociar la venta de servicios personales. Si no tiene di-

nero, tendrá que aceptar lo que le ofrezcan y conformarse con eso.

22. La falta de entusiasmo. Sin entusiasmo no se puede ser convincente. Por otra parte, el entusiasmo es contagioso y la persona que lo tiene bajo control, es generalmente bienvenida en cualquier grupo de personas.

23. Intolerancia. La persona con una mente "cerrada" en cualquier tema casi nunca progresa. La intolerancia significa que uno ha dejado de adquirir conocimientos. La modalidad más nociva de la intolerancia es la relacionada con las diferencias religiosas, raciales, políticas y de opinión.

24. La falta de moderación. La modalidad más nociva de la falta de moderación está relacionada con la comida, las bebidas alcohólicas y las actividades sexuales. El exceso en cualquiera de ellas es fatal para el éxito.

25. Incapacidad para cooperar con los demás. Más personas pierden sus posiciones y oportunidades en la vida a causa de esta falla que por todas las demás razones combinadas. Es una falla que ningún hombre de negocios o líder bien informado puede tolerar.

26. Tener un poder que no se ha adquirido mediante el propio esfuerzo. (Hijos e hijas de hombres ricos, y otros que heredan dinero que

no ganaron). El poder en las manos de alguien que no lo adquirió con su propio esfuerzo suele ser fatal para el éxito. El enriquecimiento rápido es más peligroso que la pobreza.

27. Deshonestidad intencional. No existe ningún sustituto para la honestidad. Uno puede ser temporalmente deshonesto debido a circunstancias sobre las que uno no tiene control, sin causar un daño permanente. Pero, no hay esperanza para la persona que es deshonesta por decisión. Tarde o temprano, sus actos lo delatarán, y sufrirá la pérdida de su reputación y tal vez de su libertad.

28. El egoísmo y la vanidad. Estas cualidades son una luz roja que les advierte a los demás que se alejen. Son fatales para el éxito.

29. Adivinar en vez de pensar. La mayoría de las personas son demasiado indiferentes o perezosas como para adquirir información con el fin de pensar bien. Prefieren actuar basados en "opiniones" creadas por suposiciones o por juicios apresurados.

30. La falta de capital. Esta es una causa común del fracaso entre aquellos que comienzan un negocio por primera vez, sin una reserva suficiente de capital para absorber el impacto de sus errores y para mantenerlo a flote hasta que hayan establecido una buena reputación.

31. Anote aquí cualquier causa particular de fracaso que haya tenido y que no se haya incluido en esta lista.

En estas treinta causas principales del fracaso se encuentra una descripción de la tragedia que vive prácticamente cada persona que lo ha intentado y fracasado. Será de gran ayuda si puede invitar a alguien que conozca bien a repasar esta lista con usted y lo ayude a analizar las treinta causas del fracaso. También puede ser provechoso si hace esto sin ayuda de nadie. La mayoría de las personas no pueden verse como las ven los demás. Usted puede ser una de ellas.

La más antigua de las advertencias es "¡Conócete a ti mismo!". Para vender un artículo con éxito, usted debe conocer ese artículo. Lo mismo se aplica a la comercialización de los servicios personales. Debe conocer todas sus debilidades para poder superarlas o eliminarlas por completo. Debe conocer sus fortalezas con el fin de recurrir a ellas a la hora de vender sus servicios. Sólo podrá conocerse a sí mismo a través de un análisis *preciso*.

El desafío de la ignorancia en relación con el autoconocimiento fue demostrado por un joven que habló con el gerente de una empresa bien conocida para solicitar un cargo. Le causó muy buena impresión hasta que el gerente le preguntó qué salario esperaba. Él respondió que no tenía ninguna suma fija en mente (falta de un objetivo definido). Entonces, el gerente le dijo:

—Te pagaremos lo que valgan tus servicios después de un período de prueba de una semana.

—No lo aceptaré —respondió el joven—, porque gano más que eso en mi empleo actual.

Antes de comenzar siquiera a negociar un reajuste de su salario actual, o de buscar empleo en otro lugar, asegúrese de que vale más de lo que gana actualmente.

Una cosa es querer dinero —todo el mundo quiere más dinero— ¡pero otra cosa distinta es valer más! Muchas personas confunden sus deseos con aquello que merecen. Sus necesidades o deseos financieros no tienen nada que ver con su valor. Este depende completamente de su capacidad para prestar un servicio útil o de su capacidad para inducir a otros a prestar este servicio.

HAGA UN INVENTARIO
DE USTED MISMO

VEINTIOCHO PREGUNTAS QUE DEBERÍA RESPONDER

Hacer un autoanálisis anual es tan grande en la comercialización eficaz de los servicios personales, como lo es hacer un inventario anual de mercancías. Además, el análisis anual debería revelar una disminución en las fallas y un aumento en las virtudes. En la vida, seguimos adelante, nos detenemos, o retrocedemos. Obviamente, se trata de seguir adelante. El autoanálisis anual nos revelará si hemos progresado, y si es así, en qué medida. También nos mostrará cualquier retroceso que podamos haber hecho. La comercialización eficaz de los servicios personales requiere que sigamos adelante aunque el progreso sea lento.

Su autoanálisis anual debe hacerse al final de cada año, para que pueda incluir en sus resoluciones para el Año Nuevo cualquier mejora que el análisis indique que deba hacerse. Haga este inventario haciéndose las siguientes preguntas y marcando las respuestas con la ayuda de alguien que no le permita engañarse a sí mismo en cuanto a la exactitud.

Cuestionario de autoanálisis para el inventario personal

1. ¿He alcanzado la meta que establecí como mi objetivo para este año? (Debe trabajar en un objetivo anual definido que debe lograr como parte de su objetivo principal en la vida).

2. ¿He prestado servicios de la mejor calidad posible de la que fui capaz, o podría haber mejorado cualquier parte de este servicio?

3. ¿He prestado servicios en la mayor cantidad posible de la que era capaz?

4. ¿El espíritu de mi conducta ha sido armonioso y cooperativo en todo momento?

5. ¿He permitido que el hábito de la dilación disminuya mi eficiencia? Y si es así, ¿en qué medida?

6. ¿He mejorado mi personalidad, y en caso afirmativo, de qué manera?

7. ¿He sido constante en seguir mis planes hasta el final?

8. ¿He tomado siempre decisiones con rapidez y sin dudar?

9. ¿He permitido que uno o más de los seis miedos básicos disminuya mi eficiencia?

10. ¿He sido "demasiado cauteloso", o "poco cauteloso"?

11. ¿Mi relación con mis compañeros de trabajo ha sido agradable o desagradable? Si ha sido desagradable, ¿la culpa ha sido parcial o totalmente mía?

12. ¿He disipado mi energía por la falta de concentración de esfuerzo?

13. ¿He tenido una mentalidad abierta y tolerante en relación con todos los temas?

14. ¿De qué manera he mejorado mi capacidad para prestar un servicio?

15. ¿No he tenido moderación en alguno de mis hábitos?

16. ¿He manifestado, abierta o secretamente, cualquier forma de egoísmo?

17. ¿Mi conducta hacia mis compañeros los ha inducido a respetarme?

18. ¿Mis opiniones y decisiones se han basado

en conjeturas, o en análisis y pensamientos precisos?

19. ¿He seguido el hábito de administrar mi tiempo, mis gastos y mis ingresos, y he sido conservador en estos presupuestos?

20. ¿Cuánto tiempo he dedicado a esfuerzos inútiles que podría haber utilizado de mejor manera?

21. ¿Cómo puedo volver a administrar mi tiempo y cambiar mis hábitos para ser más eficiente el año que viene?

22. ¿He sido culpable de cualquier conducta que no fuera aprobada por mi conciencia?

23. ¿De qué manera he prestado más y mejores servicios de lo que me pagaron?

24. ¿He sido injusto con alguien, y si es así, en qué sentido?

25. Si yo hubiera sido el comprador de mis propios servicios durante todo el año, ¿me sentiría satisfecho con mi compra?

26. ¿Mi vocación es la adecuada? De no ser así, ¿por qué no?

27. ¿El comprador de mis servicios está satisfecho con el servicio que he prestado? En caso contrario, ¿por qué no?

28. ¿Cuál es mi calificación actual en los principios fundamentales del éxito? (Califíquese

con sinceridad y con imparcialidad, y haga
que la revise alguien que tenga el valor para
hacerlo con objetividad).

Después de haber leído y asimilado la información
transmitida en este capítulo, ahora está listo para crear
un plan práctico con el fin de comercializar sus servicios
personales. En este capítulo podrá encontrar una descripción detallada de todos los principios esenciales en la planificación de la venta de servicios personales, incluyendo
los principales atributos del liderazgo y las causas más comunes del fracaso en este; una descripción de los campos
de oportunidad para el liderazgo, las principales causas del
fracaso en todos los ámbitos de la vida, y las preguntas
importantes que debería hacerse en su autoanálisis.

Esta información amplia y detallada se ha incluido
porque es necesaria para todas las personas que deben comenzar a acumular de riquezas mediante la comercialización de sus servicios personales. Aquellos que han perdido
sus fortunas, y los que apenas están empezando a ganar
dinero, solo pueden ofrecer sus servicios personales a
cambio de riquezas; por lo tanto, es esencial que tengan la
información práctica necesaria para comercializar sus servicios obteniendo el mayor beneficio posible.

La información contenida en este capítulo será de
gran valor para todos los que aspiran a alcanzar el liderazgo en cualquier profesión. Será especialmente útil para

aquellos que desean comercializar sus servicios como ejecutivos industriales o de negocios.

La completa asimilación y comprensión de la información aquí transmitida será de ayuda en la comercialización de sus servicios y también lo ayudará a ser más analítico y capaz de juzgar a los demás. Esta información será invaluable para directores de personal, gerentes de empleo y otros ejecutivos encargados de la selección de empleados, así como para el mantenimiento de organizaciones eficientes. Si usted duda de esta afirmación, pruebe su solidez respondiendo por escrito las veintiocho preguntas del autoanálisis.

DÓNDE Y CÓMO SE PUEDEN ENCONTRAR OPORTUNIDADES PARA ACUMULAR RIQUEZAS

Ahora que hemos analizado los principios por los cuales se pueden acumular riquezas, es natural preguntarse: "¿Dónde puede uno encontrar oportunidades favorables para aplicar estos principios?". Muy bien, hagamos un inventario y veamos lo que los Estados Unidos de América les ofrece a las personas que buscan riquezas, sean grandes o pequeñas.

Para empezar, recordemos que *todos nosotros* vivimos en un país donde *todo ciudadano respetuoso de la ley goza de la libertad de pensamiento y de acción como en ninguna otra parte del mundo.* La mayoría de nosotros nunca hemos hecho un inventario de las ventajas que tiene esta libertad. Nunca hemos comparado nuestra libertad ilimitada con la libertad restringida en otros países.

Aquí, tenemos libertad de pensamiento, libertad en la elección y disfrute de la educación, libertad de cultos religiosos, libertad en la política, libertad en la elección de un negocio, profesión u ocupación, libertad de acumular y poseer sin ser molestados *todos los bienes que podamos acumular*, libertad de elegir nuestro lugar de residencia, libertad en el matrimonio, libertad a través de la igualdad de oportunidades para todas las razas, libertad de viajar de un estado a otro, libertad en la elección de alimentos, y libertad de *aspirar a cualquier posición en la vida para la que nos hayamos preparado*, incluyendo la presidencia de los Estados Unidos.

Tenemos otras formas de libertad, pero esta lista ofrece una visión general de las más importantes, que constituyen oportunidades del orden más elevado. Esta ventaja de la libertad es más notable porque los Estados Unidos es el único país que garantiza a todos los ciudadanos, ya sean nativos o naturalizados, una lista de libertades tan amplia y variada.

A continuación, relataremos algunas de las bendiciones que hemos recibido gracias a nuestra libertad generalizada. Tomemos por ejemplo a una familia estadounidense promedio (es decir, una familia con ingresos medios), y resumamos los beneficios disponibles para cada miembro de esta familia, en esta tierra de oportunidades y de abundancia.

a. Alimentos. Además de la libertad de pensamiento y actos, están los alimentos, la ropa y la vivienda, las tres necesidades básicas de la vida.

Debido a nuestra libertad universal, la familia estadounidense promedio tiene a su disposición, en su misma puerta, la más exquisita selección de alimentos que pueda encontrarse en cualquier parte del mundo, y a precios dentro de su rango financiero.

Una pareja, que vive en el corazón de Times Square, en la ciudad de Nueva York, muy lejos de la fuente de producción de alimentos, hizo un inventario cuidadoso de los costos de un desayuno sencillo, con este resultado sorprendente:

ALIMENTOS	COSTO EN LA MESA DE DESAYUNO:
Jugo de uva (de la Florida)	02
Cereal de trigo para el desayuno (granja de Kansas)	02
Té (de China)	02
Bananas (de Suramérica)	02½
Pan tostado (granja de Kansas)	01
Huevos frescos (de Utah)	07
Azúcar (de Cuba o de Utah)	00½
Mantequilla y crema (de Nueva Inglaterra)	03
TOTAL	20

¡No es muy difícil conseguir alimentos en un país donde dos personas pueden desayunar todo aquello que quieran o necesiten por diez centavos cada uno! Observe que este desayuno sencillo proviene, por alguna extraña forma de magia (?) de China, Suramérica, y los estados de Utah, Kansas y Nueva Inglaterra, y que fue llevado a la mesa, listo para el consumo, en el corazón de la ciudad más poblada de los Estados Unidos, a un costo muy al alcance del trabajador más humilde.

¡El costo incluye todos los impuestos federales, estatales, y municipales! (Éste es un hecho que los políticos no mencionaron cuando instaron a los electores a sacar a sus oponentes de sus cargos porque los impuestos eran muy altos).

b. Vivienda. Esta familia vive en un apartamento confortable, calentado con vapor, iluminado con electricidad, con gas para cocinar, todo por $65 dólares al mes. En una ciudad pequeña, o en un sector menos poblado de la ciudad de Nueva York, el mismo apartamento puede valer apenas $20 dólares al mes.

La tostada que comieron en el desayuno fue calentada en una tostadora eléctrica, que cuesta unos pocos dólares; el apartamento se limpia con una aspiradora que funciona con electricidad. En todo momento hay agua —fría y caliente— en la cocina y en el baño. Los alimentos se mantienen frescos en un refrigerador que funciona con electricidad. La mujer se arregla el cabello, lava y plancha la ropa con electrodomésticos de fácil manejo, luego de conectar un enchufe en la pared. El esposo se rasura con una rasuradora eléctrica y reciben diversos tipos de información proveniente de todo el mundo, veinticuatro horas al día, si así lo desean y sin costo alguno, simplemente girando el dial de su radio.

Este apartamento tiene otras comodidades, pero la siguiente lista le dará una idea clara de algunas de las evidencias concretas de la libertad que disfrutamos en nuestro país. (Y esto no es propaganda política ni económica).

    c. Ropa. En cualquier parte de los Estados Unidos, una mujer con necesidades promedio de ropa puede vestirse muy bien por menos de $200 dólares al año, y el hombre promedio puede vestirse con esta misma suma, o menos.

Sólo se han mencionado las tres necesidades básicas: alimentación, ropa y vivienda. El ciudadano promedio tiene otros privilegios y ventajas disponibles a cambio de poco esfuerzo, que no excede las ocho horas trabajo al día. Entre ellos se encuentra el privilegio del transporte en automóvil, con el que uno puede ir y venir a voluntad, a un costo muy pequeño.

El estadounidense promedio tiene la seguridad de unos derechos de propiedad que no existen en ningún otro país del mundo. Puede depositar su excedente de dinero en un banco con la garantía de que su gobierno lo protegerá y lo compensará si el banco quiebra. Si un ciudadano estadounidense quiere viajar de un estado a otro, no necesita pasaporte ni permiso de nadie. Puede ir cuando le plazca y regresar cuando quiera. Además, puede viajar en tren, automóvil privado, autobús, avión o barco, según sus posibilidades económicas. En Alemania, Rusia, Italia, y la mayoría de los países europeos y orientales, las personas no pueden viajar con tanta libertad, ni a un costo tan bajo.

EL "MILAGRO" QUE HA PROPORCIONADO ESTAS BENDICIONES

A menudo escuchamos a políticos que proclaman la libertad de América cuando solicitan votos, pero rara vez se toman el tiempo o se esfuerzan lo suficiente como para analizar la procedencia o la naturaleza de esta "libertad". Al no tener intereses personales, no guardar rencores, ni tener segundas intenciones, tengo el privilegio de emprender un análisis sincero de ese "algo" misterioso, abstracto, y malentendido casi siempre, que le da a cada ciudadano de los Estados Unidos más bendiciones, más oportunidades para acumular riquezas, y más libertades de todo tipo, de las que pueden encontrarse en cualquier otro país.

Tengo derecho a analizar el origen y la naturaleza de este poder invisible porque conozco y he conocido desde hace más de un cuarto de siglo, a muchos de los hombres que instituyeron ese poder y a muchos de los responsables de su mantenimiento.

¡El nombre de este misterioso benefactor de la humanidad es el capital!

El capital no consiste solo en dinero, sino ante todo en grupos de hombres muy organizados e inteligentes que planean cómo utilizar el dinero de un modo más eficiente para el bien del público, y para que sea rentable para ellos.

Estos grupos están integrados por científicos, educadores, químicos, inventores, analistas de negocios, publicistas, expertos en transporte, contadores, abogados, médicos, y hombres y mujeres que tienen un conocimiento altamente especializado en todos los ámbitos de la industria y el comercio. Ellos hacen experimentos novedosos y abren caminos en nuevos campos de trabajo. Sostienen universidades, hospitales, escuelas públicas, construyen carreteras útiles, publican periódicos, pagan la mayor parte de los costos del gobierno, y se encargan de todos los detalles esenciales para el progreso humano. En pocas palabras, los capitalistas son el cerebro de la civilización, porque abastecen a toda la estructura en la cual se basa toda la educación, la ilustración y el progreso humano.

El dinero, sin cerebro, siempre es peligroso. Si se utiliza adecuadamente, es el aspecto esencial más importante de la civilización. El sencillo desayuno descrito atrás no podría haber sido entregado a la pareja de Nueva York a cambio de una moneda de diez centavos cada uno, o a ningún otro precio, si el capital organizado no hubiera proporcionado la maquinaria, los barcos, los ferrocarriles y los grandes ejércitos de hombres entrenados para operarlos.

Puede tener una pequeña idea de la importancia del capital organizado si trata de imaginar que tiene la gran responsabilidad de conseguir el sencillo desayuno descrito sin la ayuda de capital, y entregárselo a la pareja en la ciudad de Nueva York.

Para conseguir el té, tendría que viajar a China o la India, países muy distantes de Estados Unidos. A menos que sea un excelente nadador, se sentiría completamente extenuado antes de hacer el viaje de ida y vuelta. También se enfrentaría a otro problema: ¿En qué utilizaría el dinero, aunque tuviera la resistencia física para atravesar a nado el océano?

Para conseguir el azúcar, tendría que ir nadando a Cuba, o hacer una larga caminata hasta encontrar el sector de la remolacha azucarera en Utah. Pero incluso así, es posible que regresara sin el azúcar, porque el esfuerzo organizado y el dinero son necesarios para producir azúcar, por no hablar de lo que se requiere para refinarla, transportarla y llevarla a la mesa de un hogar en cualquier lugar de los Estados Unidos.

Podría conseguir los huevos con mucha facilidad en algún gallinero cerca de Nueva York, pero tendría que caminar mucho para ir a la Florida y volver, antes de poder servir los dos vasos de jugo de toronja.

Tendría que hacer otra larga caminata a Kansas o a

otro de los estados productores de trigo, para conseguir las cuatro rebanadas de pan.

El cereal de trigo tendría que eliminarse del menú, pues no estaría disponibles excepto a través de la mano de obra de un grupo de hombres entrenados y de la maquinaria adecuada, todo lo cual requiere de capital.

Mientras descansa, podría nadar un poco más lejos, hasta Suramérica, donde recogería un par de bananos y a su regreso, podría ir a una granja lechera y conseguir un poco de mantequilla y crema. Entonces, la pareja de Nueva York estaría dispuesta a sentarse y disfrutar del desayuno, ¡y podría recoger sus dos monedas de diez centavos por su trabajo!

Parece absurdo, ¿no? Pues bien, el procedimiento descrito sería la única manera posible en que estos alimentos simples podrían ser llevados al corazón de la ciudad de Nueva York si no tuviéramos un sistema capitalista.

La suma de dinero necesaria para la construcción y el mantenimiento de los ferrocarriles y barcos de vapor utilizados en la entrega de ese desayuno sencillo es tan grande que asombra a la imaginación. Equivale a cientos de millones de dólares, por no hablar de los ejércitos de empleados capacitados que se necesitan para tripular los barcos y los trenes. Pero, el transporte es sólo una parte de los requisitos de la civilización moderna en la América capitalista. Para transportar algo, primero debe cultivarse, fabricarse y prepararse para el mercado. Esto exige más millones de dólares en equipos, maquinarias, empaques, comercialización y en salarios para millones de hombres y mujeres.

Los barcos de vapor y los ferrocarriles no brotan de la tierra y funcionan de manera automática. ¡Son la respuesta al llamado de la civilización, gracias a la mano de obra, el ingenio y a la capacidad de organización de los hombres que tienen imaginación, fe, entusiasmo, decisión, y perseverancia! Estos hombres son conocidos como capitalistas. Ellos están motivados por el deseo de construir, y edificar, alcanzar logros, prestar servicios útiles, obtener beneficios y acumular riquezas. Y, debido a que prestan servicios sin los cuales la civilización no existiría, acumulan grandes riquezas en este proceso.

Sólo para hacer que esto sea simple y comprensible, añadiré que estos capitalistas son los mismísimos hombres de quienes la mayoría de nosotros hemos oído hablar a los oradores callejeros. Son los mismos hombres a quienes los radicales, los chantajistas, los políticos deshonestos y dirigentes sindicales corruptos se refieren como "intereses depredadores", o "Wall Street".

No estoy intentando presentar un escrito a favor o en contra de ningún grupo de hombres o de ningún sistema económico. No estoy intentando condenar la negociación colectiva cuando me refiero a "los dirigentes sindicales corruptos", ni tampoco me propongo darles un certificado de buena conducta a todos los individuos conocidos como capitalistas.

El propósito de este libro —*un propósito al que me he*

dedicado fielmente por más de un cuarto de siglo— es exponerles a todos los que quieran obtener conocimientos, los principios más fiables a través de los cuales las personas puedan acumular riquezas en las cantidades que deseen.

He analizado aquí las ventajas económicas del sistema capitalista para el doble propósito de demostrar:

1. Que todos los que buscan riquezas deben reconocer y adaptarse al sistema que controla cualquier posibilidad de conseguir una fortuna, sea grande o pequeña, y

2. El lado opuesto de la imagen mostrada por los políticos y demagogos que oscurecen deliberadamente los problemas que plantean, al referirse al capital organizado como si fuera algo venenoso.

Este es un país capitalista que alcanzó su desarrollo gracias al uso del capital, y somos nosotros quienes reclamamos el derecho a participar de las bendiciones de la libertad y las oportunidades, que tratamos de acumular riquezas. Tal vez sepamos también que ni las riquezas ni las oportunidades estarían a nuestra disposición si el capital organizado no nos hubiera proporcionado estos beneficios.

Durante más de veinte años, ha sido un pasatiempo popular y creciente para los radicales, los políticos egoístas, los estafadores, los dirigentes sindicales y en ocasiones para los líderes religiosos, acusar a "Wall Street, a los cambistas, y a los grandes negocios".

Esta práctica se hizo tan generalizada que fuimos testigos durante la depresión económica del espectáculo increíble de altos funcionarios del gobierno que se alinearon con políticos baratos y dirigentes sindicales con el objetivo abiertamente declarado de estrangular al sistema que ha hecho de la América Industrial el país más rico de la tierra. Esta tendencia era tan generalizada y tan bien organizada que prolongó la peor depresión que América haya conocido nunca. Le costó a millones de hombres sus puestos de trabajo, porque esos trabajos eran una parte inseparable del sistema industrial y capitalista que forman la columna vertebral de la nación.

Durante esta alianza inusual de los funcionarios del gobierno y de individuos egoístas que trataban de beneficiarse al declarar la "temporada abierta" del sistema industrial estadounidense, un cierto tipo de dirigente sindical unió sus fuerzas con políticos y se ofreció a proporcionar votantes a cambio de una legislación diseñada para permitir que los hombres le arrebataran riquezas a la industria por la fuerza organizada de los números, en lugar de un método más apropiado de hacer un buen trabajo a cambio de un salario justo.

Millones de hombres y mujeres a lo largo de la nación aún están comprometidos en este pasatiempo popular de tratar de recibir sin dar. Algunos están alineados con los sindicatos, ¡que exigen menos horas de trabajo y mayores salarios! Otros no se toman la molestia de trabajar en absoluto. Exigen la ayuda del gobierno y la están recibiendo. Su idea de sus derechos de libertad fue demostrada en Nueva York, donde un grupo de "beneficiarios de ayuda" hizo una denuncia violenta ante el administrador de correos, porque los carteros los despertaban a las 7:30 a.m. para entregarles los cheques de ayuda del gobierno. Exigieron que les entregaran los cheques a las diez de la mañana.

Si usted es uno de los que cree que las riquezas se pueden acumular por el mero hecho de que las personas se organizan en grupos y piden un aumento de sueldo por prestar un menor servicio, si usted es uno de los que pide ayuda del gobierno sin sufrir molestias cuando le entregan el dinero a primera hora de la mañana, si usted es uno de los que cree en darle su voto a los políticos a cambio de la aprobación de leyes que permiten el saqueo de la hacienda pública, puede descansar seguro en su creencia, con la certeza de que nadie lo molestará, porque este es un país libre donde cada persona puede pensar lo que quiera, donde casi todo el mundo puede vivir con sólo un poco de esfuerzo, donde muchos pueden vivir bien sin hacer ningún trabajo en absoluto.

Sin embargo, debería saber toda la verdad acerca de esta libertad de la que tantas personas se jactan, pero que muy pocos entienden. Tan grande como es, a todos los rincones adonde llega, con todos los privilegios que brinda, no trae ni puede traer riquezas sin esfuerzo.

Sólo existe un método confiable de acumular y de

poseer legalmente riquezas y es mediante la prestación de un servicio útil. No existe ningún sistema donde las personas puedan adquirir legalmente riquezas a través de la simple fuerza de los números, o sin dar a cambio un valor equivalente de una forma u otra.

¡Existe un principio conocido como la ley de la economía! Es más que una teoría. Es una ley que ningún hombre puede invalidar.

Observe bien el nombre del principio y recuérdelo, ya que es mucho más poderoso que todos los políticos y maquinarias políticas. Está por encima y más allá del control de todos los sindicatos. No puede ser alterado, ni influenciado, ni sobornado por estafadores o líderes autoproclamados de ninguna profesión. Por otra parte, tiene un ojo que todo lo ve, y un perfecto sistema de contabilidad, en el que lleva la cuenta exacta de las transacciones de cada ser humano involucrado en el negocio de tratar de obtener sin dar. Tarde o temprano sus auditores vendrán, mirarán los registros de individuos importantes y corrientes, y exigirán una rendición de cuentas.

"Wall Street, las grandes empresas, los intereses rapaces del capital", o cualquier nombre que quiera darle al sistema que nos ha dado la libertad americana, representa un grupo de hombres que entienden, respetan, y se adaptan a esta poderosa ley de la economía! Su continuidad financiera depende de su respeto a la ley.

A la mayoría de las personas que viven en Estados Unidos les gusta este país, incluyendo su sistema capitalista. Debo confesar que no conozco ningún país mejor, donde se puedan encontrar mayores oportunidades para acumular riquezas. A juzgar por sus actos y hechos, en este país hay personas a quienes no les gusta esto. Obviamente, es su opinión, y si no les gusta este país, su sistema capitalista, ni sus oportunidades ilimitadas, *¡también tienen el privilegio de irse de aquí!* Hay otros países, como Alemania, Rusia e Italia, donde se puede disfrutar de la libertad, y de acumular de riquezas, siempre y cuando uno no sea un ciudadano del común.

Estados Unidos ofrece todas las libertades y todas las oportunidades de acumular riquezas que cualquier persona honesta pueda requerir. Cuando uno sale de cacería, selecciona un coto donde la caza sea abundante. Cuando uno busca riquezas, la misma regla se aplica de forma natural.

Si está buscando riquezas, no pase por alto las posibilidades de un país cuyos ciudadanos son tan ricos, que sólo las mujeres gastan más de $200 millones de dólares anuales en labiales, colorete y cosméticos. Piénselo dos veces, usted que está buscando riquezas, antes de tratar de destruir el sistema capitalista de un país cuyos ciudadanos gastan más de cincuenta millones de dólares al año en tarjetas de felicitación, ¡para expresar su agradecimiento por su libertad!

Si lo que está buscando es dinero, piense con cuidado en un país que gasta cientos de millones de dólares anuales en cigarrillos, la mayor parte de los cuales van sólo a cuatro grandes empresas que participan en el suministro de este constructor nacional de "despreocupación" y de "nervios tranquilos".

Preste especial consideración a un país cuyas personas gastan anualmente más de quince millones de dólares por el privilegio de ver películas, y que gastan unos cuantos millones adicionales en licores, narcóticos y otras bebidas no alcohólicas menos potentes.

No tenga demasiada prisa para huir de un país cuyo pueblo voluntariamente, e incluso con entusiasmo, entrega millones de dólares al año en premios para el fútbol, béisbol y el boxeo.

Y, ante todo, apoye a un país cuyos habitantes gastan más de un millón de dólares al año en chicles y otro millón en hojas de rasurar.

Recuerde también que esto solo el comienzo de las fuentes disponibles para la acumulación de riquezas. Sólo se han mencionado unos pocos lujos y artículos no esenciales. Pero, recuerde que el negocio de producir, transportar y comercializar estos pocos artículos les da empleo fijo a muchos millones de hombres y mujeres, que reciben por sus servicios muchos millones de dólares mensuales, y los gastan libremente, tanto en lujos como en necesidades.

Sobre todo recuerde que detrás de todo este intercambio de mercancías y de servicios personales se pueden encontrar una gran cantidad de oportunidades para acumular riquezas. Es aquí donde nuestra libertad americana viene en nuestra ayuda. No hay nada que detenga a ninguna persona de participar en cualquier parte del esfuerzo necesario para llevar a cabo este tipo de empresas. Si tiene un talento superior, la formación y la experiencia, puede acumular riquezas en grandes cantidades. Los no tan afortunados pueden acumular cantidades más pequeñas. Cualquier persona puede ganarse la vida a cambio de una cantidad nominal de mano de obra.

¡Por lo tanto, ahí lo tiene!

Las oportunidades le ofrecen todas sus posibilidades. Dé un paso al frente, escoja lo que desea, cree su plan, póngalo en acción, y siga adelante con perseverancia. Los Estados Unidos "capitalistas" se encargarán del resto. Puede confiar en esto: la América capitalista les asegura a todas las personas la oportunidad de prestar servicios útiles, y de recoger las riquezas en proporción al valor del servicio prestado.

El "sistema" no le niega este derecho a nadie, pero no promete nada —y no puede hacerlo— porque el sistema en sí está irrevocablemente controlado por la ley de la economía, que no reconoce ni tolera por mucho tiempo el hecho de recibir sin dar.

¡La ley de la economía fue aprobada por la naturaleza! No hay Corte Suprema de Justicia a la que puedan apelar quienes violan esta ley. La ley establece sanciones por la violación, y recompensas apropiadas por su cumplimiento, sin la interferencia o la posibilidad de injerencia de cualquier ser humano. La ley no puede ser derogada. Es tan inalterable como las estrellas en los cielos, y está sujeta y hace parte del mismo sistema que controla las estrellas.

¿Podemos negarnos a adaptarnos a la ley de la economía?

¡Por supuesto! Este es un país libre, donde todos los hombres nacen con igualdad de derechos, incluyendo el privilegio de ignorar la ley de la economía.

¿Qué pasaría entonces?

Bueno, no pasaría nada, hasta que un gran número de hombres unieran sus fuerzas con el propósito declarado de hacer caso omiso de la ley, y tomaran lo que quisieran por la fuerza. *¡Luego vendría el dictador, con las ametralladoras y los pelotones de fusilamiento bien organizados!*

¡Todavía no hemos llegado a esa etapa en los Estados Unidos! Pero hemos escuchado todo lo que queremos saber acerca de cómo funciona el sistema. Tal vez seamos afortunados en no querer conocer una realidad tan macabra. Sin duda, preferimos continuar con nuestra libertad de expresión, nuestra libertad de acción y nuestra libertad de prestar servicios útiles a cambio de riquezas.

La práctica, por parte de funcionarios del gobierno, de extender a hombres y mujeres el privilegio de saquear el erario público a cambio de votos, a veces resulta en alguien elegido para un cargo público, pero así como la noche sigue al día, así mismo llega el día de la recompra final, cuando cada centavo mal utilizado debe ser pagado con un interés compuesto sobre el interés compuesto. Si los que intentan sacar provecho no son obligados a pagar, la carga recaerá en sus hijos, y los hijos de sus hijos, "hasta la tercera y cuarta generación". No hay manera de evitar la deuda.

Los hombres pueden, y a veces no, organizarse en grupos con el fin de buscar un aumento en los salarios y trabajar menos horas. Hay un punto más allá del cual no pueden ir. Es el punto en que la ley de la economía entra en escena, y el empleador y los empleados quedan en manos de las autoridades.

Durante seis años, desde 1929 a 1935, los habitantes de América, tanto los ricos como los pobres, estuvieron a punto de ver cómo la vieja economía les entregaba a las autoridades todas las empresas, las industrias y los bancos. ¡No fue un espectáculo agradable! No aumentó nuestro respeto por la psicología de masas, por medio de la cual los hombres se olvidaron de la razón y empezaron a tratar de recibir sin dar.

Nosotros, los que vivimos esos seis años desalentadores, cuando el miedo estaba disparado y la fe estaba por el suelo, no podemos olvidar la manera implacable en que la ley de la economía les cobró un precio a ricos y pobres, a los débiles y a fuertes, a los viejos y a los jóvenes. Sobra decir que no quisiéramos pasar por otra experiencia como esa.

Estas observaciones no se basan en una experiencia de corta duración. Son el resultado de veinticinco años de un cuidadoso análisis de los métodos utilizados por los hombres más exitosos y menos exitosos que haya conocido Estados Unidos.

CAPÍTULO 8

DECISIÓN

EL DOMINIO DE LA DILACIÓN

El séptimo paso hacia la riqueza

El análisis preciso de más de 25.000 hombres y mujeres que habían experimentado el fracaso, reveló el hecho de que la falta de decisión encabezaba prácticamente la lista de las treinta principales causas de fracaso. Esta no es una simple afirmación de una teoría: *es un hecho.*

La dilación, lo contrario de la decisión, es un enemigo común que deben superar prácticamente todas las personas.

Usted tendrá la oportunidad de demostrar su capacidad para tomar *decisiones rápidas y definitivas* cuando termine de leer este libro y esté listo para comenzar a poner en práctica los principios descritos en él.

El análisis de varios cientos de personas que habían acumulado fortunas muy superiores al millón de dólares reveló el hecho de que cada uno de ellos tenía la costumbre de tomar decisiones con prontitud y de cambiar estas decisiones lentamente, si acaso las cambiaban. Las personas que no logran acumular dinero, *sin excepción*, tienen el hábito de tomar decisiones con mucha lentitud, y de cambiarlas rápidamente y con frecuencia.

Una de las cualidades más destacadas de Henry Ford era su *costumbre* de tomar decisiones de forma rápida y definitiva, y de cambiarlas lentamente. Esta cualidad era tan pronunciada en el señor Ford, que le dio la reputación de ser obstinado. Fue esta cualidad la que lo llevó a seguir fabricando su famoso modelo "T" (el automóvil más feo del mundo), cuando todos sus asesores, y muchos de los compradores del coche, lo instaban a cambiarlo.

Tal vez el señor Ford se demoró demasiado en hacer el cambio, pero la otra cara de la historia es que la firme decisión de Ford le produjo una gran fortuna, antes de que el cambio en el modelo fuera *necesario*. Hay pocas dudas de que el hábito de Ford de tomar decisiones concretas rayaba en la obstinación, pero esta cualidad es preferible a la lentitud en la toma de decisiones y a cambiarlas con rapidez.

La mayoría de las personas que no logran acumular dinero suficiente para sus necesidades, son, en general, fácilmente influenciable por las "opiniones" de los demás. Permiten que los periódicos y los "chismes" de los vecinos "piensen" por ellos. Las "opiniones" son los productos más baratos de la tierra. Todo el mundo tiene una multitud de opiniones listas para dárselas a quien las acepte. Si está influenciado por las "opiniones" de los demás cuando va a tomar decisiones, no tendrá éxito en ninguna empresa, y mucho menos en la transmutación de su propio deseo en dinero.

Si está influenciado por las opiniones de los demás, no tendrá ningún deseo propio.

Siga sus propios consejos cuando empiece a poner en práctica los principios que se describen aquí, *tomando sus propias decisiones* y poniéndolas en práctica. No confíe en nadie, con excepción de los miembros de su "equipo de trabajo", y asegúrese muy bien al elegir este grupo; elija sólo aquellos que estarán en total sincronización y armonía con su propósito.

Los amigos cercanos y familiares, aunque no tengan la intención de hacerlo, a menudo lo perjudican con sus "opiniones", o a través del ridículo, que pretende ser humorístico. Miles de hombres y mujeres sufren toda la vida de complejo de inferioridad porque una persona bien intencionada, pero ignorante, destruyó su confianza con sus "opiniones" o por medio del ridículo.

Usted tiene un cerebro y una mente propia, úselas y tome sus propias decisiones. Si necesita hechos o información de otras personas para poder tomar decisiones, como probablemente lo hará en muchos casos, hágalo con discreción y sin revelar su propósito.

Es característico de las personas que tienen pocos conocimientos tratar de dar la impresión de que tienen muchos. Estas personas por lo general hablan demasiado y escuchan muy poco. Mantenga sus ojos y oídos bien abiertos y la boca cerrada si desea adquirir el hábito de una pronta decisión. Los que hablan mucho no hacen otra cosa. Si habla más de lo que escucha, no sólo se privará de muchas oportunidades para acumular conocimientos útiles, sino que revelará también sus planes y propósitos a personas que disfrutarán en derrotarlo porque lo envidian.

Recuerde también que cada vez que abre la boca en presencia de una persona que tiene muchos conocimientos, le mostrará todos sus conocimientos, ¡o su falta de ellos! La sabiduría genuina suele guiarse por la *modestia y el silencio.*

Tenga en cuenta el hecho de que cada persona con la que se asocie, busca, al igual que usted, la oportunidad de acumular dinero. Si habla acerca de sus planes con demasiada libertad, es posible que se sorprenda cuando sepa que otra persona le ha arrebatado su idea y la ha puesto en práctica antes que usted; los mismos planes de los cuales habló con imprudencia.

Deje que una de sus primeras decisiones sea mantener la boca cerrada y los oídos y los ojos abiertos.

Para recordarse a usted mismo de seguir este consejo, será útil copiar la siguiente frase en letras grandes y ponerla en un lugar donde pueda verla todos los días.

"Dile al mundo lo que piensas hacer, pero demuéstralo primero".

Esto equivale a decir que "los hechos, y no las palabras, son lo que más cuenta".

LIBERTAD O MUERTE
EN UNA DECISIÓN

El valor de las decisiones depende de la valentía necesaria para tomarlas. Las grandes decisiones, que sirvieron como fundamento de la civilización, fueron tomadas luego de asumir grandes riesgos, que muchas veces significaba la posibilidad de morir.

La decisión de Lincoln de pronunciar su famosa Proclamación de Emancipación, que le dio la libertad a la gente de color en los Estados Unidos, se hizo con pleno conocimiento de que este acto desencadenaría la oposición de miles de amigos y partidarios políticos. Lincoln sabía también que hacer este anuncio significaría la muerte de miles de hombres en el campo de batalla. Al final, le costó la vida a Lincoln. Eso requiere mucho valor.

La decisión de Sócrates de beber la copa de veneno, en lugar de retractarse de sus convicciones personales, fue una decisión valiente. Se adelantó mil años a su época, y les dio a las personas que aún no habían nacido el derecho a la libertad de pensamiento y de expresión.

La decisión del general Robert E. Lee, cuando se alejó de la Unión y tomó partido por la causa del Sur, fue una decisión valiente, porque él sabía muy bien que tal vez le habría de costar su propia vida y seguramente la vida de otros.

Sin embargo, la decisión más importante de todos los tiempos, en lo que se refiere a un ciudadano americano, ocurrió en Filadelfia, el 4 de julio de 1776, cuando cincuenta y seis hombres firmaron sus nombres en un documento, que sabían muy bien que les daría la libertad a todos los estadounidenses, *¡o conduciría a cada uno de los cincuenta seis a la horca!*

Seguramente ha oído hablar de este famoso documento, pero es probable que no haya aprendido de él la gran lección en materia de superación personal que enseña con tanta claridad.

Todos recordamos la fecha de esta decisión trascendental, pero pocos de nosotros nos damos cuenta del valor necesario para llegar a esa decisión. Recordamos nuestra historia tal como nos la enseñaron, nos acordamos de las fechas y de los nombres de los hombres que lucharon, nos acordamos de Valley Forge y de Yorktown, recordamos a George Washington y a Lord Cornwallis. Pero sabemos poco de las verdaderas fuerzas detrás de estos nombres, fechas y lugares. Sabemos mucho menos de ese poder intangible que nos dio la libertad *mucho antes de que los ejércitos de Washington llegaran a Yorktown.*

Leemos la historia de la revolución, y nos imaginamos erróneamente que George Washington fue el Padre de la Patria, que fue él quien nos dio la libertad, cuando la verdad es que Washington era sólo un accesorio después del hecho, porque la victoria de sus ejércitos estaba asegurada mucho antes de que Lord Cornwallis se rindiera. No se trata de quitarle a Washington la gloria que mereció de sobra. Se trata, más bien, de prestarle una mayor atención al poder sorprendente que fue la verdadera causa de su victoria.

Es poco menos que trágico que los escritores de la historia hayan pasado por alto la más mínima referencia al poder irresistible que le dio nacimiento y libertad a la nación destinada a establecer nuevos estándares de independencia para todos los pueblos de la tierra. Y digo que es una tragedia porque es el mismo poder que deben utilizar todas las personas que quieran superar las dificultades de la vida, y obligar a esta a pagar el precio que se le pide.

Repasemos brevemente los hechos que dieron origen a este poder. La historia comienza con un incidente ocurrido en Boston, el 5 de marzo de 1770. Los soldados británicos estaban patrullando las calles, amenazando abiertamente a los ciudadanos con su presencia. Los colonos se molestaron al ver a estos hombres armados marchando en medio de ellos. Empezaron a expresar abiertamente su resentimiento, lanzándoles piedras y consignas a los soldados, hasta que el oficial al mando dio la orden, "Preparen las bayonetas... ¡A la carga!".

El ataque había comenzado. Muchos murieron y quedaron heridos. El incidente despertó tal resentimiento, que la Asamblea Provincial (integrada por colonos importantes) convocó a una reunión con el propósito de tomar medidas concretas. Dos de los miembros de esa Asamblea eran John Hancock y Samuel Adams ¡larga vida a sus nombres! Ellos hablaron con valentía, y declararon que deberían tomar medidas para expulsar a todos los soldados británicos de Boston.

Recuerde esto: una decisión, en las mentes de dos hombres, bien podría llamarse el comienzo de la libertad que disfrutamos actualmente en los Estados Unidos. Recuerde también que la decisión de estos dos hombres requería de fe y valor porque era peligrosa.

Antes de que la Asamblea levantara la sesión, Samuel Adams fue nombrado para hablar con Hutchinson, el gobernador de la provincia, y exigir el retiro de las tropas británicas.

La petición fue concedida, las tropas se retiraron de Boston, pero el incidente no quedó atrás. Había provocado una situación destinada a cambiar el curso de la civilización. Extraño, ¿no es así cómo los grandes cambios, como la revolución americana, y la guerra mundial, suelen tener su origen en circunstancias que parecen sin importancia? Es interesante observar también que estos cambios importantes comienzan por lo general en la forma de una decisión concreta en la mente de un número relativamente pequeño de personas. Pocos de nosotros conocemos la historia de nuestro país lo suficiente como para darnos cuenta de que John Hancock, Samuel Adams, y Richard Henry Lee (de la provincia de Virginia) fueron los verdaderos Padres de la Patria.

Richard Henry Lee se convirtió en un factor importante de esta historia por el hecho de que él y Samuel

Adams se comunicaban con frecuencia (por correspondencia), y compartían libremente sus temores y esperanzas sobre el bienestar de la población de sus provincias. A partir de esta práctica, Adams concibió la idea de que un intercambio de cartas entre las trece colonias podría ayudar a coordinar los esfuerzos que tanto se necesitaban en relación con la solución de sus problemas. Dos años después del enfrentamiento con los soldados en Boston (marzo '72), Adams presentó esta idea a la Asamblea, en la forma de una moción para que se estableciera un Comité de Correspondencia entre las colonias, con corresponsales nombrados definitivamente en cada colonia, "con el propósito de la cooperación amistosa para el mejoramiento de las colonias de la América británica".

¡Observen bien esto! Fue el comienzo de la organización del gran poder destinado a darte la libertad a usted y a mí. El "equipo de trabajo" ya se había organizado. Se trataba de Adams, Lee y Hancock. "Además les digo que si dos de ustedes en la tierra se ponen de acuerdo sobre cualquier cosa que pidan, les será concedida por mi Padre que está en el cielo".

El Comité de Correspondencia fue organizado. Tenga en cuenta que esta medida allanó el camino para aumentar el poder del "equipo de trabajo" al ser integrado por hombres de todas las colonias. Tome nota que este procedimiento constituyó el primer plan organizado de los colonos descontentos.

¡La unión hace la fuerza! Los ciudadanos de las colonias habían estado librando una guerra contra la desorganización de los soldados británicos a través de incidentes similares a los disturbios de Boston, pero no habían logrado nada significativo. Sus quejas individuales no se habían consolidado en un "equipo de trabajo". Ningún grupo de personas había puesto sus corazones, mentes, almas y cuerpos juntos en una decisión definitiva para resolver sus problemas con los británicos de una vez por todas, hasta que Adams, Hancock y Lee se reunieron.

Mientras tanto, los británicos no se quedaron con los brazos cruzados. Ellos también estaban haciendo un poco de planificación y de "equipo de trabajo", con la ventaja de tener dinero y un ejército bien organizado.

La Corona nombró a Gage para sustituir a Hutchinson como gobernador de Massachusetts. Uno de los primeros actos del nuevo gobernador fue enviar un mensajero para que regresara con Samuel Adams, con la intención de contener su oposición a través del miedo.

La mejor forma de entender la esencia de lo que sucedió, es citando la conversación entre el coronel Fenton (el mensajero enviado por Gage) y Adams.

Coronel Fenton: "He sido autorizado por el gobernador Gage para asegurarle, señor Adams, que el Gobernador ha sido facultado para conferirle a usted tales beneficios como sería satisfactorio [esforzarse por ganarse a Adams con la promesa de sobornos] con la condición de que se comprometa a cesar en su oposición a las medidas del gobierno. Es el consejo que le da el gobernador a usted, señor, de no causarle más desagrados a su majestad. Su conducta ha sido tal que le hace ser objeto de sanciones de una ley promulgada por Enrique VIII, mediante la cual las personas pueden ser enviadas a Inglaterra para ser juzgadas por traición, o por encubrimiento de traición a la patria, a la discreción de un gobernador de una provincia. Pero, si usted cambiara sus inclinaciones políticas, no sólo recibirá grandes ventajas personales, sino que hará las paces con el rey".

Samuel Adams tenía la opción de tomar dos decisiones. Podría abandonar su oposición y recibir sobornos personales, o podía seguir oponiéndose, ¡y correr el riesgo de ser ahorcado!

Evidentemente, había llegado el momento en que Adams se vio *obligado* a tomar una decisión *instantánea* que podría haberle costado la vida. La mayoría de los hombres habrían tenido dificultades para tomar esa decisión. La mayoría habría dado una respuesta evasiva, ¡pero Adams no! Le insistió al coronel, bajo palabra de honor, que le entregara al Gobernador la respuesta exactamente como Adams se la daría a él.

La respuesta de Adams fue: "Entonces usted puede decirle al gobernador Gage que confío en que desde hace mucho tiempo he hecho las paces con el Rey de Reyes. Ninguna consideración personal me inducirá a abandonar la causa justa de mi país. Y, dígale al gobernador Gage que Samuel Adams le aconseja que no siga insultando los sentimientos de un pueblo exasperado".

Los comentarios sobre el carácter de este hombre parecen innecesarios. Debe ser obvio para todos los que lean este mensaje sorprendente que su remitente tenía una lealtad del más alto orden. *Esto es importante.* (Los estafadores y los políticos deshonestos han prostituido el honor por el que murieron hombres como Adams).

Cuando el gobernador Gage recibió la respuesta cáustica de Adams, montó en cólera y lanzó una proclama que decía: "Yo, por la presente, en nombre de Su Majestad, le ofrezco y prometo el más gracioso perdón a todas las personas que depongan las armas de inmediato, y asuman los deberes propios de los súbditos pacíficos, exceptuando de los beneficios de tal indulto, sólo a Samuel Adams y a John Hancock, cuyas ofensas son de una naturaleza demasiado abominable para admitir cualquier otra consideración, sino la de un castigo condigno".

Adams y Hancock estaban en dificultades. La amenaza del airado gobernador obligó a los dos hombres a tomar otra decisión igualmente peligrosa. Convocaron rápidamente a una reunión secreta de sus más fieles seguidores (donde el "equipo de trabajo" comenzó a tomar impulso). Después de que la reunión fuera llamada al orden, Adams cerró la puerta, se guardó la llave en el bolsillo, e informó a todos los presentes que era imperativo que el Congreso de los colonos se organizara, y que ningún hombre debía salir de la habitación hasta que se hubiera tomado una decisión con respecto a este Congreso.

Se produjo una gran excitación. Algunos sopesaron

las posibles consecuencias de tal radicalismo (el miedo del hombre viejo). Algunos expresaron graves dudas en cuanto a la sabiduría de una decisión tan definitiva para desafiar a la Corona. En esa habitación había dos hombres inmunes al temor, y ciegos ante la posibilidad del fracaso: Hancock y Adams. A través de la influencia de sus mentes, los demás fueron inducidos a aceptar que, a través del Comité de Correspondencia, se debían hacer preparativos para una reunión del Primer Congreso Continental, que se celebraría en Filadelfia el 5 de septiembre de 1774.

Recuerde esta fecha. Es más importante que el 4 de julio de 1776. Si no se hubiera tomado una DECISIÓN de celebrar un Congreso Continental, la firma de la Declaración de Independencia habría sido posible.

Antes de la primera reunión del nuevo Congreso, otro líder, en otra parte del país, estaba a un paso de publicar una "Vista Sumaria de los Derechos de la América Británica". Era Thomas Jefferson, de la Provincia de Virginia, cuya relación con lord Dunmore (representante de la Corona en Virginia) era tan tensa como la de Hancock y Adams con su gobernador.

Poco después de que se publicara su famosa Vista Sumaria, Jefferson fue informado de que estaba sujeto a un proceso por alta traición contra el gobierno de su majestad. Inspirado por la amenaza, Patrick Henry, uno de los colegas de Jefferson, dijo con valentía lo que pensaba y concluyó su discurso con una frase que siempre será clásica: *"Si esto es traición a la patria, entonces saquemos el máximo provecho de ella".*

Fueron hombres como estos, quienes sin poder, sin autoridad, sin fortaleza militar y sin dinero, tomaron asiento en una consideración solemne del destino de las colonias, comenzando con la apertura del Primer Congreso Continental, y continuando en intervalos por dos años, hasta el 7 de junio de 1776, cuando Richard Henry Lee se levantó, se dirigió a la presidencia, y sorprendió a la Asamblea con esta petición:

"Señores, presento la moción de que estas Colonias Unidas son, y deben ser por derecho, estados libres e independientes, absueltas de toda lealtad a la Corona Británica, y que toda conexión política entre ellas y el Estado de Gran Bretaña es, y debe ser, totalmente disuelta".

La impresionante declaración de Lee fue discutida con fervor y durante tanto tiempo, que él empezó a perder la paciencia. Finalmente, después de varios días de discusiones, tomó la palabra de nuevo y declaró con voz clara y firme: "Señor Presidente, hemos hablado de este tema durante varios días. Es el único camino que debemos seguir. ¿Por qué entonces, Señor, lo seguimos posponiendo? ¿Por qué continuamos deliberado? Que este día feliz dé nacimiento a una República Americana. Dejemos que así sea, no para devastar y conquistar, sino para restablecer el reino de la paz y de la ley. Los ojos de Europa están posados en nosotros. Ella exige de nosotros un ejemplo vivo de libertad, que pueda suponer un cambio, para la felicidad de los ciudadanos, frente a una tiranía cada vez mayor".

Antes de que su moción fuera votada finalmente, Lee fue llamado de nuevo a Virginia, debido a la grave enfermedad de un familiar, pero antes de marcharse, dejó su causa en manos de su amigo Thomas Jefferson, quien se comprometió a luchar hasta que se tomara una decisión favorable. Poco después, el Presidente del Congreso (Hancock) nombró a Jefferson como presidente de un comité para elaborar una Declaración de Independencia.

La Comisión trabajó larga y duramente en un documento que señalaría, cuando fuera aceptado por el Congreso, que todo aquel que lo firmara estaría firmando su propia sentencia de muerte en caso de que las colonias fueran derrotadas en su lucha contra Gran Bretaña, como todo parecía indicar.

El documento fue redactado, y el 28 de junio el proyecto original fue leído ante el Congreso. Durante varios días se debatió, se modificó, y se preparó. El 4 de julio de 1776, Thomas Jefferson, ante la Asamblea, y sin ningún temor, leyó la decisión más trascendental jamás consignada sobre papel.

"Cuando en el curso de los acontecimientos humanos se hace necesario que un pueblo disuelva los vínculos políticos que lo han ligado a otro, y asuma entre los poderes de la tierra, el Estado separado e igual a que las leyes naturales y divinas le dan derecho, un respeto justo al juicio de la humanidad exige que ese pueblo declare las causas que lo impulsan a la separación...".

Cuando Jefferson terminó, el documento fue sometido a votación, aceptado y firmado por los cincuenta y seis hombres, y cada uno arriesgó su propia vida tras la decisión de escribir su nombre. Gracias a esta decisión, surgió una nación destinada a llevarle para siempre a la humanidad el privilegio de tomar decisiones.

Gracias a las decisiones tomadas en el mismo espíritu de fe, y sólo gracias a ellas, los hombres pueden resolver sus problemas personales, y alcanzar estados elevados de riqueza material y espiritual. ¡No olvidemos esto!

Analice los acontecimientos que condujeron a la Declaración de Independencia, y convénzase de que esta nación, que ahora ocupa una posición de gran respeto y de poder entre todas las naciones del mundo, nació de una decisión creada por un "equipo de trabajo", que constaba de cincuenta y seis hombres. Tenga en cuenta también, el hecho de que fue su decisión la que aseguró el éxito de los ejércitos de Washington, porque el *espíritu* de esa decisión estaba en el corazón de todos los soldados que lucharon con él, y sirvió como un poder espiritual que no reconoce nada semejante al fracaso.

Tenga en cuenta también (con un gran beneficio personal) que el poder que le dio a esta nación su libertad, es el mismo poder que debe ser utilizado por cada individuo que pretenda alcanzar la auto-determinación. Este poder se compone de los principios descritos en este libro. No es difícil de detectar, en la historia de la Declaración de Independencia, por lo menos seis de estos principios: deseo, decisión, fe, perseverancia, equipo de trabajo, y planificación organizada.

A lo largo de esta filosofía, encontrará la sugerencia de que el pensamiento, cuando está respaldado por un fuerte deseo, tiene una tendencia a transmutarse en su equivalente físico. Antes de seguir adelante, me gustaría compartir con usted la idea que puede encontrarse en esta historia, y en la historia de la organización de la United States Steel Corporation, una descripción perfecta del método mediante el cual el pensamiento produce esta transformación asombrosa.

No espere un milagro en su búsqueda por el secreto de este método, porque no lo encontrará. Sólo encontrará las leyes eternas de la Naturaleza. Estas leyes están disponibles para toda persona que tenga la fe y el valor para utilizarlas. Se pueden utilizar para llevar la libertad a una nación, o para acumular riquezas. Su único precio es el tiempo necesario para entenderlas y apropiarse de ellas.

Los que toman decisiones con prontitud y sin dudar saben lo que quieren, y en general lo consiguen. Los líderes en todos los ámbitos de la vida deciden rápidamente y con firmeza. Esa es la razón principal por la que son líderes. El mundo tiene la costumbre de abrirle espacio al hombre cuyas palabras y acciones muestran que sabe a dónde va.

La indecisión es un hábito que suele comenzar en la

juventud. El hábito se hace permanente mientras el joven hace sus estudios primarios, secundarios, e incluso universitarios, sin un propósito definido. La principal debilidad de todos los sistemas educativos es que no enseñan ni fomentan el hábito de una decisión concreta.

Sería beneficioso que ninguna universidad permitiera la inscripción de un estudiante, a menos que éste expresara cuál es su objetivo principal para matricularse. Sería un beneficio aún mayor si cada estudiante que se matricula en la escuela primaria, se viera obligado a recibir capacitación para tomar decisiones, y estuviera obligado a aprobar un examen sobre este tema antes de ser autorizado para avanzar en los grados.

El hábito de la indecisión adquirida a causa de las deficiencias de nuestros sistemas escolares acompaña al estudiante en la ocupación que elija, si es que acaso elige su ocupación. En general, los jóvenes recién salidos de la escuela buscan cualquier trabajo que puedan encontrar. Toman la primera posición que encuentran, porque han caído en el hábito de la indecisión. Noventa y ocho de cada cien personas que trabajan por salarios, están hoy en los puestos que ocupan porque carecían de una decisión concreta para conseguir una posición definida, y de los conocimientos para elegir un empleador.

Una decisión definitiva siempre requiere de valor, a veces de un valor muy grande. Los cincuenta y seis hombres que firmaron la Declaración de Independencia arriesgaron sus vidas cuando decidieron firmar ese documento.

La persona que toma una decisión definitiva para conseguir un trabajo en particular y hace que la vida le pague el precio que pide, no arriesga su vida en esa decisión, sino que arriesga su libertad económica. La independencia financiera, la riqueza, los negocios y puestos profesionales deseables no están al alcance de la persona que descuida o se niega a esperar, a planear y a exigir estas cosas. La persona que desea la riqueza con el mismo espíritu que Samuel Adams deseaba la libertad para las colonias, seguramente acumulará riquezas.

En el capítulo sobre la planificación organizada, encontrará las instrucciones completas para la comercialización de todo tipo de servicios personales. También encontrará información detallada sobre cómo elegir el empleador que prefiera, y el trabajo en particular que desea. Estas instrucciones no tendrán ningún valor a menos que definitivamente decida organizarlas en un plan de acción.

CAPÍTULO 9

PERSEVERANCIA

EL ESFUERZO SOSTENIDO NECESARIO PARA MOVER LA FE

El octavo paso hacia la riqueza

La perseverancia es un factor esencial en el procedimiento de transmutar el deseo en su equivalente monetario. La base de la perseverancia es la fuerza de voluntad.

La fuerza de voluntad y el deseo, cuando se combinan adecuadamente, son prácticamente invencibles. Se cree que los hombres que acumulan grandes fortunas son de sangre fría y a veces despiadados. Pero muchas veces son malinterpretados. Lo que tienen es fuerza de voluntad, que combinan con la perseverancia, lo cual respalda sus deseos y les *asegura* la consecución de sus objetivos.

Se ha creído erróneamente que Henry Ford era despiadado y de sangre fría. Esta concepción errónea surgió de la costumbre de Ford de llevar a cabo todos sus planes con perseverancia.

La mayoría de la gente está dispuesta a desistir de sus objetivos y propósitos, y a renunciar a la primera señal de obstáculos o adversidades. Algunos siguen adelante a pesar de los obstáculos, y alcanzan su objetivo. Estos pocos son los Ford, los Carnegie, los Rockefeller, y los Edison.

Es posible que la palabra "perseverancia" no tenga ninguna connotación heroica, pero esta cualidad es al carácter del hombre lo que el carbón es al acero.

La construcción de una fortuna consiste por lo general en la aplicación de los trece factores de esta filosofía. Todos los que acumulan dinero deben entender y aplicar con perseverancia estos principios.

Si está leyendo este libro con la intención de aplicar los conocimientos que transmite, la primera prueba de su perseverancia llegará cuando comience a seguir los seis pasos descritos en el segundo capítulo. A menos que sea una de personas entre cada cien que ya tiene una meta y un plan definido para su realización, puede leer las instrucciones, continuar con su rutina diaria y no seguir estas instrucciones.

El autor lo está examinando en este punto debido a que la falta de perseverancia es una de las principales causas del fracaso. Además, la experiencia con miles de personas ha demostrado que la falta de perseverancia es una debilidad común a la mayoría de los hombres. Es una debilidad que se puede superar con el esfuerzo. La facilidad con que se puede superar la falta de perseverancia dependerá *por completo* de la intensidad de su deseo.

El punto de partida de todo logro es el deseo. Recuerde esto siempre. Los deseos débiles traen resultados débiles, así como una pequeña cantidad de fuego produce poco calor. Si ve que carece de perseverancia, esta debilidad podrá remediarse alimentando sus deseos con un fuego más fuerte.

Siga leyendo hasta el final, regrese al capítulo dos, y comience de *inmediato* a seguir las instrucciones dadas en relación con los seis pasos. El entusiasmo con que siga estas instrucciones indicará con claridad lo mucho o lo poco que realmente desea acumular dinero. Si nota que es indiferente, puede estar seguro de que aún no ha adquirido la "conciencia del dinero" que debe tener, para asegurarse de acumular una fortuna.

Las fortunas gravitan en torno a las personas cuyas mentes han sido preparadas para "atraerlas" con tanta seguridad como el agua gravita hacia el océano. En este libro se pueden encontrar todos los estímulos necesarios para "sintonizar" cualquier mente normal con las vibraciones que atraigan el objeto de sus deseos.

Si nota que es débil en la perseverancia, centre su atención en las instrucciones contenidas en el capítulo sobre el poder; rodéese de un "equipo de trabajo", y podrá desarrollar la perseverancia gracias a los esfuerzos conjuntos de los miembros de este grupo. Encontrará instrucciones adicionales para el desarrollo de la perseverancia en los capítulos sobre la autosugestión y la mente subconsciente. Siga las instrucciones descritas en estos capítulos hasta que sus hábitos le transmitan a su mente subconsciente una imagen clara del objeto de su deseo. A partir de ese momento, no se verá obstaculizado por la falta de perseverancia.

Su mente subconsciente funciona de forma continua, mientras está despierto y mientra duerme.

El esfuerzo ocasional para aplicar las normas no será de ningún valor para usted. Para obtener resultados, debe aplicar todas las reglas hasta que su aplicación se convierta en un hábito fijo para usted. De ninguna otra manera podrá desarrollar la "conciencia del dinero" necesaria.

La pobreza es atraída por aquel cuya mente se inclina a ella, así como el dinero se siente atraído a aquel cuyo pensamiento ha sido deliberadamente preparado para atraerlo, y a través de las mismas leyes. La conciencia de la pobreza se apoderará de la mente que no se ocupe de la conciencia del dinero. La conciencia de la pobreza se desarrolla sin la aplicación *consciente* de hábitos favorables a la misma. Se debe crear una conciencia del dinero, a menos que uno nazca con esta conciencia.

Entienda el significado íntegro de las declaraciones del párrafo anterior y comprenderá la importancia de perseverar en la acumulación de una fortuna. Sin la perseverancia, será derrotado incluso antes de empezar. Pero si tiene perseverancia, triunfará.

Si alguna vez ha tenido una pesadilla, comprenderá el valor de la perseverancia. Está en la cama, medio dormido, con la sensación de que está a punto de asfixiarse.

Es incapaz de darse vuelta o de mover un músculo. Comprende que debe comenzar a recuperar el control de sus músculos. A través de un esfuerzo persistente de la fuerza de voluntad, finalmente logrará mover los dedos de una mano. Si sigue moviendo sus dedos, podrá controlar los músculos de un brazo hasta que pueda levantarse. Entonces podrá controlar su otro brazo de la misma manera. Finalmente tendrá control sobre los músculos de una pierna y luego sobre los de la otra. Luego —con un esfuerzo supremo de su voluntad— recuperará todo el control sobre su sistema muscular y despertará de su pesadilla.

Tal vez descubra que es necesario "despertar" de su inercia mental a través de un procedimiento similar: moviéndose lentamente al principio, aumentando luego su velocidad, hasta recuperar todo el control sobre su voluntad. Persevere sin importar la lentitud con que se mueva al principio. La perseverancia traerá consigo el éxito.

Si escoge su "equipo de trabajo" con cuidado, tendrá en él por lo menos a una persona que lo ayudará a desarrollar la perseverancia. Algunos hombres que han acumulado grandes fortunas lo hicieron por necesidad. Desarrollaron el hábito de la perseverancia porque estaban tan presionados por las circunstancias, que *tenían que ser perseverantes.*

¡No hay sustituto para la perseverancia! ¡Ésta no puede ser suplantada por ninguna otra cualidad! Recuerde esto; le dará ánimos cuando las cosas puedan parecer difíciles y lentas.

Aquellos que han cultivado el hábito de la perseverancia parecen estar asegurados contra el fracaso. Sin importar cuántas veces sean derrotados, finalmente llegan a la parte superior de la escalera. A veces parece que hubiera un guía oculto cuya tarea es poner a prueba a los hombres a través de todo tipo de experiencias desalentadoras. Los que se levantan después de la derrota y lo siguen intentando, llegan y el mundo exclama: "¡Bravo! ¡Sabía que podías hacerlo!". El guía oculto no permite que nadie disfrute de grandes logros sin pasar la prueba de la perseverancia. Aquellos que no pueden tomarla, simplemente, no aprueban el grado.

Los que pueden "tomarla" son recompensados generosamente por su perseverancia. Ellos reciben, a modo de remuneración, cualquier meta que persigan. ¡Pero eso no es todo! Reciben algo infinitamente más importante que la compensación material: el conocimiento de que "cada fracaso trae consigo la semilla de una ventaja equivalente".

Hay excepciones a esta regla; unas pocas personas conocen la solidez de la perseverancia por experiencia propia. Son las que no han aceptado que la derrota sea algo más que un asunto temporal. Son aquellas con deseos tan perseverantes que la derrota finalmente es transformada en victoria. Los que estamos observando lo que ocurre en la vida, vemos el número tan grande de personas sumidas en la derrota y que nunca más vuelven a levantarse. Vemos a unos pocos que soportan el castigo de

la derrota *como un impulso para esforzarse más*. Afortunadamente, ellos entienden que la vida no tiene marcha atrás.
Pero lo que no vemos, lo que la mayoría de nosotros
nunca sospechamos que exista, es el poder silencioso pero
irresistible que acude al rescate de aquellos que luchan a
pesar de las adversidades. Estamos hablando de un poder
llamado perseverancia. Todos sabemos que si uno no tiene
perseverancia, no alcanzará un éxito notable en ninguna
profesión.

Mientras escribo estas líneas, levanto la vista de mi
trabajo, y veo ante mí, a menos de una cuadra de distancia, el "Broadway" misterioso, el "cementerio de esperanzas muertas", y las "escalinatas de las oportunidades".
Personas de todo el mundo vienen a Broadway en busca
de fama, fortuna, poder, amor, o lo que sea que los seres
humanos llaman éxito. De vez en cuando, alguien se
aparta de esta multitud y el mundo se entera de que alguien ha conquistado a Broadway. Pero Broadway no se
conquista con facilidad ni con rapidez; reconoce el talento,
reconoce el genio, paga en dinero, pero sólo después de
que alguien se ha negado a renunciar.

Entonces sabemos que esta persona ha descubierto el
secreto de cómo conquistar Broadway. El secreto siempre
está inseparablemente unido a una palabra: ¡perseverancia!

El secreto se narra en la lucha de Fannie Hurst, cuya
perseverancia conquistó la Gran Vía Blanca. Fannie llegó
a Nueva York en 1915, y convirtió la escritura en riqueza.
Esta conversión no sucedió rápidamente, pero sucedió.

Durante cuatro años, la señorita Hurst aprendió acerca de "las aceras de Nueva York" por su propia experiencia. Se pasaba el día trabajando, y soñaba en las noches. Cuando las esperanzas se desvanecieron, ella no dijo: "Muy bien Broadway, ¡tú ganas!". Dijo: "Muy bien, Broadway, tú puedes derrotar a algunos, pero no a mí. Voy a obligarte a renunciar".

Un editor (de la revista *The Saturday Evening Post*) le envió treinta y seis cartas de rechazo, antes de que ella "rompiera el hielo" y consiguiera publicar una historia. El escritor promedio, al igual que la persona "promedio" en otros ámbitos de la vida, habría renunciado a su trabajo al recibir la primera nota de rechazo. Fannie recorrió las calles durante cuatro años mientras era rechazada porque estaba decidida a triunfar.

Luego recibió la "recompensa". El hechizo se había roto, el Guía invisible había puesto a prueba a Fannie Hurst y ella lo había superado. A partir de entonces, muchos editores comenzaron a buscarla. El dinero le llegó tan rápido que apenas tuvo tiempo de contarlo. Entonces, la industria del cine la descubrió, y el dinero le llegó no en billetes pequeños, sino a chorros. Los derechos cinematográficos de su última novela, *La gran risa*, fueron de $100.000 dólares, y se dice que fue el precio más alto jamás pagado hasta aquel entonces por una historia antes de su publicación. Las regalías por la venta del libro probablemente fueron mucho más altas.

Esta es una descripción breve de lo que puede lograr

la perseverancia. Fannie Hurst no es una excepción. Dondequiera que los hombres y las mujeres acumulan grandes riquezas, puedes estar seguro de que antes tuvieron perseverancia. Broadway le dará a cualquier mendigo una taza de café y un sándwich, pero le exige perseverancia a quienes quieran triunfar en grande.

Kate Smith dirá "amén" cuando lea esto. Durante varios años, ella cantó sin recibir dinero en cualquier lugar que podía. Broadway le dijo: "Ven y consíguelo si eres capaz". Ella lo hizo, hasta que un día feliz Broadway se cansó y dijo: "Ah, ¿de qué sirve? Nunca se sabe cuándo te irás a otro lugar, así que pon tu precio, y empieza a trabajar en serio". Kate puso su precio. Era muy alto. Tanto así que una semana de su salario era mucho más de lo que la mayoría de la gente gana en todo un año.

¡Realmente vale la pena ser persistente!

Y esta es una afirmación alentadora que contiene una sugerencia de gran valor: miles de cantantes mejores que Kate Smith caminan por Broadway en busca de una oportunidad, pero no la obtienen. Muchas otras han ido y venido, muchas de ellas cantaban bastante bien, pero no pudieron alcanzar el éxito porque no tenían el valor para seguir intentándolo, hasta que Broadway se cansó de rechazarlas.

La perseverancia es un estado de ánimo y por lo tanto puede ser cultivada. Al igual que todos los estados de ánimo, la perseverancia se basa en causas definidas, entre ellas las siguientes:

a. Un propósito definido. Saber lo que uno quiere es el primer paso y, quizá, el más importante hacia el desarrollo de la perseverancia. Una motivación fuerte nos obliga a superar muchas dificultades.

b. Deseo. Es relativamente fácil adquirir y mantener la perseverancia en la consecución del objeto del deseo intenso.

c. Confianza en sí mismo. La creencia en la propia capacidad para llevar a cabo un plan lo anima a uno seguir con él a través de la perseverancia. (La confianza en sí mismo se puede desarrollar a través del principio descrito en el capítulo sobre la autosugestión.)

d. Planes definidos. Los planes organizados, aunque puedan ser débiles y poco prácticos, fomentan la perseverancia.

e. El conocimiento exacto. Saber que los planes de uno son sólidos y están basados en la experiencia o en la observación, estimula la perseverancia; "adivinar" en lugar de "saber" destruye la perseverancia.

f. Cooperación. La simpatía, la comprensión y la cooperación armoniosa con los demás tienden a fomentar la perseverancia.

g. La fuerza de voluntad. El hábito de concentrar los pensamientos en la elaboración de planes para alcanzar un propósito definido conduce a la perseverancia.

h. Hábito. La perseverancia es el resultado directo del hábito. La mente absorbe y se convierte en una parte de las experiencias diarias de las cuales se alimenta. El miedo, el peor de los enemigos, se puede curar *por la repetición forzada de actos de valentía.* Todos los que han estado en servicio activo en la guerra saben esto.

Antes de dejar el tema de la perseverancia, haga un inventario de usted mismo, y determine en qué grado carece de esta cualidad esencial. Analícese con valentía, punto por punto, y verá cuánto de los ocho factores de perseverancia no tiene. El análisis puede conducirlo a descubrimientos que le darán una nueva comprensión de usted mismo.

SÍNTOMAS DE FALTA DE PERSEVERANCIA

Aquí encontrará los verdaderos enemigos que se interponen entre usted y los logros destacados. Encontrará no sólo los "síntomas" que indican la debilidad de la perseverancia, sino también las causas subconscientes profundamente arraigadas de esta debilidad. Estudie la lista cuidadosamente y confróntese a usted mismo si realmente quiere saber quién es y lo que puede hacer. Estos son los puntos débiles que deben superar todos aquellos que acumulan riquezas.

1. El no reconocer y definir con claridad exactamente lo que uno quiere.
2. La dilación, con o sin causa (por lo general, respaldada por un conjunto formidable de justificaciones y excusas).
3. Falta de interés en la adquisición de conocimientos especializados.
4. Indecisión, el hábito de "escurrir el bulto" en todas las ocasiones, en lugar de enfrentar los problemas (también respaldado por las excusas).
5. El hábito de recurrir a las excusas en vez de crear planes definidos para la solución de problemas.
6. La auto-satisfacción. Son pocos los remedios para esta aflicción, y quienes la padecen no tienen ninguna esperanza.
7. La indiferencia, habitualmente reflejada en la voluntad de alguien para aceptar las circunstancias en todas las ocasiones, en lugar de enfrentar los obstáculos y luchar contra ellos.
8. El hábito de culpar a otros por los propios errores y aceptar que las circunstancias desfavorables son inevitables.
9. Debilidad de deseo, debido a la negligencia

en la elección de los motivos que impulsan a la acción.

10. La voluntad, o incluso la tendencia a claudicar a la primera señal de derrota (basada en uno o más de los seis temores básicos).

11. Falta de planes organizados, consignados por escrito para poderlos analizar.

12. El hábito de no insistir en las ideas propias, o de no aprovechar la oportunidad cuando se presenta.

13. Querer en lugar de desear.

14. El hábito de conformarse con la pobreza en lugar de aspirar a la riqueza. Ausencia general de ambición de *ser*, *hacer* y *poseer*.

15. La búsqueda de todos los atajos hacia la riqueza, tratando de recibir sin dar un equivalente justo, reflejado por lo general en el hábito de juego, o en tratar de conseguir buenas gangas.

16. El miedo a la crítica, el fracaso para crear planes y ponerlos en acción debido a lo que otras personas piensen, hagan o digan. Este enemigo pertenece a la parte superior de la lista, ya que existe generalmente en la mente subconsciente, donde su presencia no es reconocida. (Mire los seis temores básicos en un capítulo posterior).

Vamos a examinar algunos de los síntomas del temor a la crítica. La mayoría de las personas permiten que los familiares, amigos y el público en general influyan sobre ellos, por lo que no pueden vivir sus propias vidas, pues les temen a la crítica.

Un gran número de personas cometen errores en el matrimonio, permanecen en él por compromiso, y llevan una vida miserable e infeliz, porque temen a las críticas que pueden recibir si corrigen el error. (Cualquier persona que ha presentado esta forma de temor conoce el daño irreparable que causa, pues destruye la ambición, la confianza en sí mismo y el deseo de obtener logros).

Millones de personas se niegan a seguir estudiando después de salir de la escuela porque temen a la crítica.

Un incontable número de hombres y mujeres, tanto jóvenes como mayores, permiten que sus familiares arruinen sus vidas en nombre del deber, porque temen a la crítica. (El deber no le exige a nadie que se someta a la destrucción de sus ambiciones personales y al derecho a vivir su propia vida a su manera).

Las personas se niegan a correr riesgos en los negocios porque temen a las críticas que puedan surgir si fracasan. *El temor a la crítica en estos casos es más fuerte que el deseo de éxito.*

Demasiadas personas se niegan a fijarse metas altas para sí mismas, o descuidan incluso la elección de una carrera, porque temen a la crítica de sus familiares y "amigos", quienes podrían decir: "No apuntes tan alto, la gente pensará que estás loco".

Cuando Andrew Carnegie me sugirió que dedicara veinte años a la organización de una filosofía del logro individual, mi primer impulso de pensamiento fue el temor al qué dirán. Esta sugerencia me ayudó a trazarme una meta, mucho más ambiciosa que las que yo había concebido. Con la rapidez de un rayo, mi mente empezó a crear justificaciones y excusas, todas ellas atribuibles al miedo inherente de las críticas. Algo dentro de mí dijo: "No puedes hacerlo: el proyecto es demasiado grande y requiere demasiado tiempo. ¿Qué pensarán tus familiares de ti? ¿Cómo vas a ganarte la vida? Si nadie ha organizado una filosofía del éxito, ¿qué te hace creer que puedes hacerlo, ¿quién eres tú para apuntar tan alto? Recuerda tus orígenes humildes, ¿qué sabes tú de filosofía? La gente pensará que estás loco (y así fue), ¿por qué no lo ha hecho otra persona?".

Estas y muchas otras preguntas acudieron a mi mente, y exigieron mi atención. Parecía como si todo el mundo hubiera concentrado de repente su atención en mí con el propósito de burlarse y de que yo renunciara a seguir la sugerencia del señor Carnegie.

Tuve una buena oportunidad en ese momento de acabar con la ambición antes de que se apoderara de mí. Posteriormente, después de analizar a miles de personas, descubrí que la mayoría de las ideas nacen muertas, y necesitan el aliento de vida a través de planes definidos de acción inmediata. El momento indicado para alimentar una idea es en el instante en que nace. Cada minuto de existencia le dará una mayor oportunidad de sobrevivir. El temor a la crítica es la responsable de destruir la mayoría de las ideas que nunca llegan a la etapa de planificación y acción.

Muchas personas creen que el éxito material es el resultado de "oportunidades" favorables. Hay un elemento de base para esta creencia, pero los que dependen por completo de la suerte casi siempre terminan decepcionados, porque pasan por alto otro factor importante que debe estar presente para que uno pueda estar seguro del éxito. Es el conocimiento con el que las oportunidades favorables pueden confeccionarse a la medida.

El comediante W. C. Fields perdió todo su dinero durante la depresión, y se encontró sin ingresos, sin trabajo, y su medio para ganarse la vida (el vaudeville) ya no existía. Por otra parte, tenía más de sesenta años, cuando muchos hombres consideran "viejos". Pero estaba tan ansioso de reaparecer en escena que se ofreció a trabajar sin salario en un nuevo campo (el cine). Además de sus otros problemas, se cayó y se lesionó el cuello. Muchos se habrían rendido y renunciado en una situación como ésta. Sin embargo, Fields fue persistente. Él sabía que si perseveraba, tarde o temprano tendría una oportunidad y la consiguió, pero no por casualidad.

Marie Dressler estaba en las últimas, sin dinero ni trabajo, cuando tenía casi sesenta años. Ella también buscó oportunidades y las consiguió. Su perseverancia le produjo un triunfo increíble tarde en la vida, mucho más allá de la edad en que la mayoría de los hombres y las mujeres ya no tienen la ambición de obtener logros.

Eddie Cantor perdió su dinero en el desplome de la Bolsa de 1929, pero aún conservaba su perseverancia y valentía. Gracias a ellas, y a su visión aguda, ¡obtuvo ingresos de $10.000 dólares a la semana! En verdad, si uno tiene perseverancia, puede llegar muy lejos sin tener muchas otras cualidades.

La única oportunidad en la que cualquiera puede darse el lujo de confiar, es en las oportunidades labradas por sí mismo. Éstas llegarán por medio de la perseverancia. El punto de partida es tener un propósito definido.

Analice a las primeras cien personas que encuentre y pregúnteles qué es lo que más quieren en la vida; el 98 por ciento no sabrá qué decirle. Si los presiona para que le den una respuesta, algunos dirán que seguridad, muchos dirán que dinero, algunos dirán que felicidad, otros dirán que fama y poder, y otros más dirán que reconocimiento social, vivir con facilidad, saber cantar, bailar, o escribir, pero ninguno de ellos será capaz de definir estos términos, o dar el menor indicio de un plan por el cual esperan lograr estos deseos vagamente expresados. Las riquezas no responden a los deseos. Responden sólo a planes definidos, respaldados por deseos concretos, a través de la perseverancia constante.

CÓMO DESARROLLAR LA PERSEVERANCIA

Hay cuatro pasos sencillos que conducen al hábito de la perseverancia. No requieren una gran inteligencia, ningún grado particular de educación, y muy poco tiempo o esfuerzo. Los pasos necesarios son los siguientes:

1. Un propósito definido, respaldado por un deseo ardiente para su cumplimiento.
2. Un plan definido, expresado en una acción continua.
3. Una mente blindada contra todas las influencias negativas y desalentadoras, incluyendo sugerencias negativas de parientes, amigos y conocidos.
4. Una alianza amistosa con una o más personas que lo animen a uno a seguir adelante con su plan y su propósito.

Estos cuatro pasos son esenciales para el éxito en todos los ámbitos de la vida. El objetivo de los trece principios de esta filosofía es permitirle a uno incorporar estos cuatro pasos como un asunto de *hábito*.

Estos son los pasos con los que uno puede controlar su propio destino económico.

Estos son los pasos que conducen a la libertad y a la independencia de pensamiento.

Estos son los pasos que conducen a la riqueza, en cantidades pequeñas o grandes.

Estos son los pasos que conducen al poder, a la fama y al reconocimiento mundial.

Estos son los cuatro pasos que garantizan las oportunidades favorables.

Estos son los pasos que convierten los sueños en realidades físicas.

También conducen al dominio del miedo, el desaliento, y la indiferencia.

Hay una magnífica recompensa para todos los que aprendan a dar estos cuatro pasos. Le darán el privilegio de escribir su propia historia, y de hacer que la Vida le pague el precio que le pida.

No tengo forma de saber los hechos, pero me atrevo a conjeturar que el gran amor que sentía la señora Wallis Simpson por cierto hombre no era accidental, ni el resultado de unas oportunidades favorables. Ella tenía un deseo ardiente, y buscó con cuidado en cada paso del camino. Su primer deber era el amor. ¿Qué es lo más grande en la tierra? El Señor de todas las cosas lo llamó amor: no las reglas creadas por el hombre, las críticas, la amargura, la calumnia, o los "matrimonios" políticos, sino el amor.

Ella sabía lo que quería, no después de conocer al

Príncipe de Gales, sino mucho antes. Dos veces, cuando no había podido encontrarlo, ella tuvo el coraje para continuar su búsqueda. "Debes ser sincera contigo misma y seguir este principio, y así como la noche sigue al día, no puedes ser falsa con ningún hombre".

Su ascenso de la oscuridad fue lento, persistente y progresivo, ¡pero fue seguro! Ella triunfó cuando sus probabilidades eran increíblemente bajas; y, no importa quién sea, o lo que pueda pensar de Wallis Simpson, o el rey que renunció a su corona por su amor, ella es un ejemplo asombroso de la perseverancia aplicada, un instructor en las reglas de la autodeterminación, de quien todo el mundo podría aprender valiosas lecciones.

Cuando piense en Wallis Simpson, piense en alguien que sabía lo que quería, y que sacudió el imperio más grande en la tierra para conseguirlo. Las mujeres que se quejan de que este es un mundo de hombres, de que ellas no tienen las mismas posibilidades de triunfar, deberían profundizar en la vida de esta mujer excepcional, que, a una edad en que la mayoría de las mujeres se consideran "viejas", atrajo el cariño del soltero más codiciado en el mundo entero.

Y ¿qué pasa con el rey Eduardo? ¿Qué lección podemos aprender de su parte en el drama más grande del mundo de los últimos tiempos? ¿Pagó un precio demasiado alto por el afecto de la mujer de su elección?

Seguramente nadie, sino él, puede dar la respuesta correcta.

El resto de nosotros podemos hacer conjeturas. Esto es lo que sabemos; que el rey vino al mundo sin su propio consentimiento. Había nacido para grandes riquezas sin haberlas pedido. Muchas mujeres querían casarse con él; los políticos y estadistas de toda Europa le pusieron viudas y princesas ricas a sus pies. Porque era el primogénito de sus padres, heredó la corona que no buscó y que tal vez no quería. Durante más de cuarenta años no pudo tomar sus propias decisiones, no podía vivir su vida a su manera, tenía poca privacidad, y finalmente asumió las funciones que le atribuyeron cuando ascendió al trono.

Algunos dirán: "Con todas estas bendiciones, el rey Eduardo debería haber encontrado la paz mental, la satisfacción y la alegría de vivir".

La verdad es que detrás de todos los privilegios de una corona, de todo el dinero, de la fama y el poder heredados por el rey Eduardo, había un vacío que podría ser llenado únicamente con amor.

Su mayor deseo era el amor. Mucho antes de conocer a Wallis Simpson, seguramente sentía esta gran emoción universal halar las cuerdas de su corazón, latir en la puerta de su alma, y clamar para poder expresarse.

Y cuando encontró un alma gemela que clamaba por ese mismo privilegio de expresión, lo reconoció, y sin temor ni excusas, abrió su corazón y la dejó entrar en él. Todas las malas lenguas que hay en el mundo no pueden destruir la belleza de este drama internacional, a través del cual dos personas encontraron el amor y tuvieron el valor de enfrentar la crítica abierta, renunciando a todo lo demás para darle una expresión *sagrada*.

La decisión del rey Eduardo de renunciar a la corona del imperio más poderoso del mundo por el privilegio de pasar el resto de su vida con la mujer de su elección, fue una decisión que requería valor. Su decisión también tenía un precio, pero ¿quién tiene derecho a decir que el precio era demasiado alto? Sin duda, no aquel que dijo: "El que esté sin pecado entre vosotros, que tire la primera piedra".

Como sugerencia a cualquier persona malintencionada que decida criticar al duque de Windsor porque su deseo era el amor, declarar abiertamente su amor por Wallis Simpson y renunciar a su trono por ella, recordemos que declararlo abiertamente no era esencial. Él podría haber mantenido una relación clandestina, algo que ha prevalecido en Europa desde hace siglos, sin renunciar a su trono ni a la mujer de su elección, y no habría habido ninguna queja por parte de la iglesia o de los sectores laicos. Pero este hombre poco común estaba construido de un material más fuerte. Su amor era transparente. Era profundo y sincero. Representaba la única cosa por encima de él que realmente deseaba; por lo tanto, escogió lo que quería, y pagó el precio exigido.

Si Europa hubiera sido bendecida con más gobernantes con el corazón humano y la honestidad del ex rey Eduardo durante el siglo pasado, ese continente desafortunado donde abundan la codicia, el odio, la lujuria, la connivencia política y las amenazas de guerra, tendría una historia diferente y mejor para contar. Una historia en la que reinaría el Amor, y no el Odio.

En palabras de Stuart Austin Wier, levantemos nuestras copas y brindemos por el ex rey Eduardo y Wallis Simpson:

> "Bienaventurado el hombre que ha llegado a saber que nuestros pensamientos acallados son nuestros más gratos pensamientos.
>
> "Bienaventurado el hombre que, desde las más negras profundidades, puede ver la figura luminosa del amor, y ver, cantar y decir: 'Más dulce que el canto de una balada son los pensamientos que tengo de ti'".

Con estas palabras, rendimos homenaje a las dos personas que, más que cualquier otras en los tiempos modernos, han sido víctimas de las críticas y destinatarios de abusos por haber encontrado el mayor tesoro de la vida, y haberlo recibido.

La mayor parte del mundo aplaudirá al duque de Windsor y a Wallis Simpson debido a su perseverancia para buscar la mayor recompensa de la vida hasta encontrarla. Todos nosotros podemos beneficiarnos siguiendo nuestra propia búsqueda de lo que le pedimos a la vida.

¿Qué poder místico les da a las personas perseverantes

la capacidad para superar las dificultades? ¿La calidad de la perseverancia crea en nuestra mente algún tipo de actividad espiritual, mental o química que nos permite el acceso a las fuerzas sobrenaturales? ¿La Inteligencia Infinita acude a la persona que sigue luchando después de haber perdido la batalla, y cuando todo el mundo está en el lado opuesto?

Estas y muchas otras preguntas similares han surgido en mi mente luego de haber observado a hombres como Henry Ford, que comenzaron de cero y construyeron un imperio industrial de enormes proporciones, y sólo fueron impulsados por la perseverancia. O como Thomas A. Edison, quien con menos de tres meses de estudios, se convirtió en el inventor más importante del mundo y transformó su perseverancia en el teléfono, la cámara cinematográfica, y la luz incandescente, para no hablar de medio centenar de otros inventos útiles.

Tuve el feliz privilegio de analizar tanto al señor Edison y a Ford, año tras año, durante un largo período de tiempo, y por lo tanto, la oportunidad de estudiarlos de cerca, así que hablo desde el conocimiento efectivo cuando digo que no he encontrado ninguna cualidad en ellos, salvo la perseverancia, que sugiriera siquiera de la forma más remota la principal fuente de sus logros estupendos.

Cuando uno hace un estudio imparcial de los profetas, filósofos, hombres que han hecho "milagros", y de los líderes religiosos del pasado, uno se ve impulsado a la inevitable conclusión de que la perseverancia, la concentración del esfuerzo, y un propósito definido, fueron las principales fuentes de sus logros.

Consideremos por ejemplo la historia extraña y fascinante de Mahoma; analicemos su vida, comparémoslo con los hombres exitosos en esta época moderna de la industria y las finanzas, y observemos que todos ellos tienen una característica en común: ¡la perseverancia!

Si usted está realmente interesado en estudiar el extraño poder que le da potencia a la perseverancia, lea una biografía de Mahoma, en especial la de Essad Bey. Esta breve reseña de ese libro, escrita por Thomas Sugrue en el *Herald Tribune*, le ofrecerá una vista previa del gran placer que les espera a quienes saquen el tiempo para leer toda la historia de uno de los ejemplos más asombrosos del poder de la perseverancia que ha conocido la humanidad.

EL ÚLTIMO GRAN PROFETA
ESCRITO POR THOMAS SUGRUE

"Mahoma era un profeta, pero nunca hizo un milagro. No era un místico ni tenía educación formal; comenzó su misión a los cuarenta años. Cuando anunció que era el Mensajero de Dios, transmitiendo la palabra de la verdadera religión, fue ridiculizado y tachado de loco. Los niños lo hacían tropezar y las mujeres le arrojaban basura. Fue desterrado de su ciudad natal, La Meca, y sus seguidores fueron despojados de sus bienes terrenales y enviados al desierto con él. Luego de haber predicado durante diez años, no tenía nada que mostrar excepto el destierro, la pobreza y el ridículo. Sin embargo, antes de que transcurrieran otros diez años, fue el amo de toda Arabia, el gobernante de La Meca y el líder de una nueva religión mundial que habría de extenderse hasta el Danubio y los Pirineos antes de agotar el impulso que él le dio. Ese impulso fue triple: el poder de las palabras, la eficacia de la oración y el parentesco del hombre con Dios.

"Su carrera no tenía sentido. Mahoma era hijo de miembros empobrecidos de una familia importante de La Meca. Debido a que la Meca, la encrucijada del mundo, el hogar de la piedra mágica llamada la Caaba, la gran ciudad del comercio y el centro de las rutas comerciales, era insalubre, sus hijos eran enviados al desierto para ser criados por los beduinos. Así, Mahoma fue amamantado con la leche saludable de madres nómadas y vicarias. Era pastor de ovejas y fue contratado por una viuda rica como jefe de una de sus caravanas. Viajó por todo Oriente, habló con muchos hombres de diversas creencias y observó el declive de la cristiandad, dividida en sectas enfrentadas. Cuando él tenía veintiocho años, Khadija, la viuda, lo miró con buenos ojos y se casó con él. Su padre se hubiera opuesto a ese matrimonio, así que ella lo emborrachó y lo sostuvo mientras le daba la bendición paterna. Durante los próximos doce años, Mahoma vivió como un comerciante rico y respetado; era muy astuto. Luego comenzó a deambular por el desierto, y un día regresó con el primer versículo del Corán y le dijo a Khadija que el arcángel Gabriel se le había aparecido y le había dicho que él sería el mensajero de Dios.

"El Corán, la palabra revelada de Dios, fue lo más parecido a un milagro en la vida de Mahoma. Él no había sido un poeta, no tenía el don de la palabra. Sin embargo, los versos del Corán que recibió y les recitó a los fieles, eran mejores que los versos que pudieran componer los mejores poetas de las tribus. Esto fue un milagro para los árabes. Para ellos, el don de la palabra era el regalo más grande, el poeta era todopoderoso. Además, el Corán decía que todos los hombres eran iguales ante Dios, y que el mundo debería ser un estado islámico democrático. Fue esta herejía política, además del deseo de Mahoma de destruir los 360 ídolos que había en el patio de la Caaba, lo que provocó su destierro. Los ídolos llevaron a las tribus del desierto a La Meca, y eso significaba comercio. Así que los hombres de negocios de La Meca, los capitalistas, de quienes él había sido uno, se fueron en contra suya. Entonces Mahoma se retiró al desierto y exigió la soberanía sobre el mundo.

"El auge del Islam comenzó. Del desierto provino una llama que no se extinguiría, un ejército democrático que luchaba como una unidad y estaba dispuesto a morir sin pestañear. Mahoma había invitado a los judíos y a los cristianos a unirse a él porque no estaba construyendo una nueva religión. Estaba llamando a todos los que creían en un Dios a unirse en una sola fe. Si los judíos y los cristianos hubieran aceptado su invitación, el Islam habría conquistado el mundo. Pero ellos no lo hicieron. Ni siquiera aceptaron la innovación de Mahoma de la guerra humana. Cuando los ejércitos del profeta entraron en Jerusalén, ni una sola persona murió a causa de su fe. Siglos más tarde, cuando los cruzados entraron en la ciudad, ni un solo hombre, mujer o niño musulmán se salvó. Sin embargo, los cristianos aceptaron una idea musulmana: el lugar de aprendizaje, la universidad".

CAPÍTULO 10

PODER DEL EQUIPO
DE TRABAJO
LA FUERZA IMPULSORA
El noveno paso hacia la riqueza

E l poder es esencial para el éxito en la acumulación de dinero.

Los planes son inertes e inútiles si no existe un poder para ponerlos en práctica. En este capítulo se describe el método por el cual un individuo puede alcanzar y aplicar este poder.

El poder se puede definir como "conocimiento organizado y dirigido de forma inteligente". El poder, como se usa el término aquí, se refiere al esfuerzo organizado que le permite a una persona transmutar el deseo en su equivalente monetario. El esfuerzo organizado se produce a través de la coordinación de los esfuerzos de dos o más personas que trabajan por un propósito definido en un espíritu de armonía.

¡El poder es necesario para la acumulación de dinero! ¡El poder es necesario para la retención de dinero después de que se ha acumulado!

Vamos a determinar cómo se puede adquirir el poder. Si el poder es "conocimiento organizado", examinemos entonces las fuentes de conocimiento:

a. La Inteligencia Infinita. Esta fuente de conocimiento puede ser contactada a través del procedimiento que se describe en otro capítulo, con la ayuda de la imaginación creativa.

b. La experiencia acumulada. La experiencia acumulada del hombre (o la porción de la misma que haya sido organizada y registrada) se puede encontrar en cualquier biblioteca pública bien dotada. Una parte importante de esta experiencia acumulada se enseña en las escuelas y universidades públicas, donde ha sido clasificada y organizada.

c. Experimento e investigación. En el campo de la ciencia y en prácticamente todos los demás, el hombre reúne, clasifica y organiza nuevos hechos todos los días. Esta es la fuente a la que debemos recurrir cuando el conocimiento no esté disponible por medio de "la experiencia acumulada". La imaginación creativa debe utilizarse también con frecuencia en este caso.

El conocimiento puede adquirirse a partir de cualquiera de las fuentes anteriores. Se puede convertir en poder al organizarlo en planes definidos, y expresando esos planes en términos de acción.

El examen de las tres principales fuentes de conocimiento revelará fácilmente la dificultad que tendría una persona si sólo dependiera de sus propios esfuerzos, para organizar el conocimiento y expresarlo a través de planes definidos en términos de acción. Si sus planes son amplios y de grandes proporciones, esta persona debería inducir a otros a cooperar con él antes de que pueda transmitirles el elemento necesario de poder.

OBTENER PODER A TRAVÉS DEL EQUIPO DE TRABAJO

El equipo de trabajo puede definirse como "la coordinación de conocimientos y de esfuerzos, en un espíritu de armonía, entre dos o más personas, para el logro de un propósito definido".

Ningún individuo puede tener un gran poder si no incorpora el equipo de trabajo. En un capítulo anterior, se dieron instrucciones para la creación de planes con el fin de traducir el deseo en su equivalente monetario. Si sigue estas instrucciones con perseverancia e inteligencia y escoge bien su equipo de trabajo, habrá alcanzado la mitad de su objetivo incluso antes de empezar.

Así, es probable que pueda entender mejor las potencialidades "intangibles" del poder que tiene a su disposición si elige acertadamente un equipo de trabajo. Explicaremos las dos características del principio del equipo de trabajo, uno de los cuales es de naturaleza económica y el otro de carácter psíquico. La característica económica es evidente. Las ventajas económicas pueden ser creadas por cualquier persona que se rodee con el asesoramiento, los consejos y la cooperación de un grupo de personas dispuestas a ayudarle de todo corazón, en un espíritu de perfecta armonía. Esta forma de alianza cooperativa ha sido la base de casi todas las grandes fortunas. Si comprende esta verdad tan importante, podrá determinar definitivamente su situación financiera.

El aspecto psíquico del principio del equipo de trabajo es mucho más abstracto y difícil de comprender, debido a que hace referencia a unas fuerzas espirituales que los seres humanos no conocemos bien. Seguramente encontrará una sugerencia significativa a partir de esta frase: "Es imposible que dos mentes se unan sin que, al crear una tercera fuerza invisible e intangible, pueda compararse entonces con una tercera mente".

Tenga en cuenta el hecho de que sólo hay dos elementos conocidos en todo el universo: la energía y la materia. Es un hecho bien conocido que la materia puede dividirse en unidades de moléculas, átomos y electrones. Hay unidades de materia que pueden ser aisladas, separadas y analizadas.

Asimismo, existen unidades de energía.

La mente humana es una forma de energía, y una parte de ella es de naturaleza espiritual. Cuando las mentes de dos personas se coordinan en un espíritu de armonía, las unidades espirituales de energía de cada mente forman una afinidad, que constituye el aspecto "psíquico" del equipo de trabajo.

El principio del equipo de trabajo, o más bien la función económica del mismo, me lo dio a conocer Andrew Carnegie hace más de veinticinco años atrás. El descubrimiento de este principio fue el responsable de la elección de la obra de mi vida.

El equipo de trabajo del señor Carnegie consistía en una plantilla de unos cincuenta hombres, de quienes se rodeó con el propósito definido de fabricar y comercializar acero. Le atribuyó toda su fortuna al poder que acumuló a través de este equipo de trabajo.

Analice el historial de cualquier hombre que haya acumulado una gran fortuna, y de muchos que han acumulado fortunas modestas, y descubrirá que todos han utilizado el principio del equipo de trabajo, ya sea consciente o inconscientemente.

¡Este gran poder no se puede acumular a través de ningún otro principio!

La energía es el conjunto universal de los pilares fundamentales de la naturaleza, a partir de los cuales construye todo lo material en el universo, incluyendo al hombre y a toda forma de vida animal y vegetal. A través de un proceso que sólo la naturaleza entiende completamente, esta traduce la energía en materia.

¡Los pilares fundamentales de la Naturaleza están disponibles para el hombre en la energía involucrada en el pensamiento! El cerebro del hombre puede compararse con una batería eléctrica. Absorbe la energía del éter, que impregna cada átomo de materia y llena todo el universo.

Es un hecho bien conocido que un grupo de baterías eléctricas proporcionarán más energía que una sola batería. Es también un hecho bien conocido que una batería individual suministrará energía en proporción al número y a la capacidad de las células que contenga.

El cerebro funciona de un modo similar. Esto explica el hecho de que algunos cerebros sean más eficientes que otros, y conduce a esta afirmación significativa: un grupo de cerebros coordinados (o conectados) en un espíritu de armonía, proporcionarán más energía que el pensamiento de un solo cerebro, al igual que un grupo de baterías eléctricas proporcionarán más energía que una sola batería.

A través de esta metáfora se hace evidente que el principio del equipo de trabajo contiene el secreto del poder ejercido por los hombres que se rodean de otros hombres inteligentes.

A continuación, se incluye otra afirmación que lo conducirá a una mayor comprensión del aspecto psíquico del principio del "equipo de trabajo": cuando un grupo de cerebros individuales se coordinan y funcionan en armonía, el aumento de la energía creada a través de esa alianza estará disponible para cada cerebro individual en el grupo.

Es un hecho bien conocido que Henry Ford comenzó su carrera de negocios en virtud de la desventaja de la pobreza, el analfabetismo y la ignorancia. Es un hecho igualmente bien conocido que, en el periodo inconcebiblemente breve de diez años, el señor Ford superó estas tres desventajas, y que en un período de veinticinco años se convirtió en uno de los hombres más ricos de América. Súmele a este hecho que el señor Ford comenzó a progresar con mayor rapidez desde el momento en que se convirtió en amigo personal de Thomas A. Edison, y comenzará a entender lo que puede lograr la influencia de una mente sobre otra. Vaya un paso más allá, y piense que los logros más sobresalientes del señor Ford comenzaron desde el momento en que se hizo amigo de Harvey Firestone, John Burroughs y Luther Burbank (cada uno de los cuales tenían una gran capacidad cerebral) y tendrá una prueba más de que el poder puede ser producido a través de la alianza amistosa de las mentes.

Hay poca o ninguna duda de que Henry Ford fuera uno de los hombres mejor informados del mundo empresarial e industrial. La cuestión de su riqueza no necesita discusión. Analice a los amigos personales e íntimos del señor Ford, algunos de los cuales ya se han mencionado, y estará preparado para comprender la siguiente afirmación:

"Los hombres adquieren la naturaleza, los hábitos y el poder del pensamiento de las personas con quienes se asocian en un espíritu de solidaridad y armonía".

Henry Ford superó la pobreza, el analfabetismo y la ignorancia al aliarse con grandes mentes, cuyas vibraciones de pensamiento absorbió en su propia mente. A través de su asociación con Edison, Burbank, Burroughs y Firestone, el señor Ford añadió a su cerebro, la suma y la esencia de la inteligencia, la experiencia, el conocimiento y las fuerzas espirituales de estos cuatro hombres. Por otra parte, se apropió e hizo uso del principio del equipo de trabajo a través de los métodos descritos en este libro.

¡Este principio está disponible para usted!

Ya hemos hablado de Mahatma Gandhi. Tal vez la mayoría de los que han oído hablar de Gandhi simplemente piensan que era un hombre un poco excéntrico, que no utilizaba ropa convencional, y que le dio muchos problemas al Gobierno británico.

En realidad, Gandhi no era un excéntrico, sino el hombre más poderoso de su época (calculado por el número de seguidores y de su fe en él). Por otra parte, probablemente sea el hombre más poderoso que jamás haya vivido. Su poder es pasivo, pero real.

Vamos a estudiar el método por el cual obtuvo su estupendo poder. No se puede explicar en pocas palabras. Él obtuvo el poder a través de la inducción de más de doscientos millones de personas para que se coordinaran, mental y corporalmente, en un espíritu de armonía y con un propósito definido.

En resumen, Gandhi ha logrado un milagro, ya que es un milagro que doscientos millones de personas puedan ser inducidas —y no obligadas— a cooperar en un espíritu de armonía por un tiempo ilimitado. Si dudas de que esto sea un milagro, intenta inducir a dos personas a que cooperen en un espíritu de armonía durante *cualquier período de tiempo, por corto que sea*. Todo hombre que dirige una empresa sabe lo difícil que es conseguir que los empleados trabajen juntos en un espíritu remotamente parecido a la armonía.

La lista de las principales fuentes de las cuales se puede obtener la energía está encabezada, tal como lo hemos visto, por la Inteligencia Infinita. Cuando dos o más personas se coordinan en un espíritu de armonía y trabajan hacia un objetivo definido, se colocan en posición, a través de esa alianza, para absorber la energía directamente de la gran despensa universal de la Inteligencia Infinita. Esta es la mayor de todas las fuentes de energía. Es la fuente a la que recurren los genios. Es la fuente a la que recurre todo gran líder (aunque sea consciente de esto o no).

Las otras dos fuentes principales de la cual se puede obtener el conocimiento necesario para la acumulación de energía, no son más confiables que los cinco sentidos del hombre. Los sentidos no siempre son confiables. La Inteligencia Infinita no comete errores.

En los capítulos siguientes se describirán de manera

adecuada los métodos por los cuales se puede tener un acceso más fácil a la Inteligencia Infinita.

No se trata de un curso sobre la religión. Ninguno de los principios fundamentales descritos en este libro se debe interpretar como un intento de interferir de manera directa o indirecta con los hábitos religiosos de cualquier hombre. Este libro se ha limitado exclusivamente a instruir al lector para transmutar el propósito definido del deseo de dinero en su equivalente monetario.

Lea, *piense* y medite a medida que vaya leyendo. Pronto, todo el tema se desarrollará, y verá las cosas en perspectiva. Está viendo ahora los detalles de los distintos capítulos.

El dinero es tan tímido y esquivo como la pareja de sus sueños. Debe ser cortejado y obtenido por métodos no muy diferentes a los utilizados por un amante decidido, en la búsqueda de la chica de su elección. Y, tan casual como lo es, la energía utilizada en el "cortejo" de dinero no es muy diferente de la utilizada en cortejar a una mujer. Este poder, cuando se utiliza con éxito en la búsqueda de dinero, se debe combinar con la fe. Debe combinarse con el deseo. Debe combinarse con la perseverancia. Debe aplicarse a través de un plan, y ese plan debe ser puesto en práctica.

Cuando el dinero llega en grandes cantidades, fluye hacia aquel que lo acumula tan fácilmente como el agua fluye cuesta abajo. Existe una gran corriente invisible de energía que puede compararse con un río, salvo que un lado fluye en una dirección, arrastrando consigo a todos los que entran en ese lado de la corriente, adelante y hacia las riquezas, y el otro lado fluye en la dirección opuesta, arrastrando a todos los que tienen la desgracia de entrar en él (y no son capaces de librarse de él), a la miseria y la pobreza.

Todo hombre que ha acumulado una gran fortuna, ha reconocido la existencia de esta corriente en la vida. Se trata de un proceso individual de pensamiento. Las emociones positivas del pensamiento forman el lado de la corriente que lo conduce a la fortuna. Las emociones negativas forman el lado que lo conduce a la pobreza.

Esto contiene un pensamiento de gran importancia para la persona que está leyendo este libro con el objeto de acumular una fortuna.

Si está en el lado de la corriente de poder que conduce a la pobreza, esto puede servir como un remo, por medio del cual podrá dirigirse al otro lado de la corriente. Esto sólo puede servirle a través de la aplicación y del uso. La simple lectura y sus juicios al respecto, ya sea en un sentido o en otro, no lo beneficiarán de ninguna manera.

Algunas personas viven la experiencia de oscilar entre los aspectos positivos y negativos de la corriente; a veces están en el lado positivo, y otras veces están en el lado negativo. El desplome de Wall Street en 1929 arrastró a millones de personas del lado positivo de la corriente al negativo. Estos millones de personas se esforzaron, algunos de ellos en medio de la desesperación y el miedo, para volver al lado positivo de la corriente. Este libro fue escrito especialmente para esos millones de personas.

La pobreza y la riqueza a menudo cambian de lugar. El desplome de Wall Street le enseñó al mundo esta verdad, aunque el mundo no recordará por mucho tiempo la lección. La pobreza puede, y generalmente toma, el lugar de la riqueza. Cuando la riqueza toma el lugar de la pobreza, el cambio se produce habitualmente por medio de PLANES bien concebidos y cuidadosamente ejecutados. La pobreza no necesita planes. No necesita ayudar a nadie, porque es osada y despiadada. La riqueza es tímida y retraída; tiene que ser "atraída".

Cualquier persona puede desear riquezas, y la mayoría lo hace, pero sólo unos pocos saben que un plan definido, además de un deseo ardiente por la riqueza, son los únicos medios confiables para acumular riquezas.

CAPÍTULO 11

EL MISTERIO DE LA TRANSMUTACIÓN DEL SEXO

El décimo paso hacia la riqueza

El significado de la palabra "transmutar" es, en términos sencillos, "el cambio o la transferencia de un elemento o forma de energía en otra".

La emoción del sexo trae consigo un estado de ánimo.

Debido a la ignorancia sobre el tema, este estado mental se asocia generalmente con lo físico y a causa también de las influencias ilegítimas a las que han sido sometidas la mayoría de las personas en la adquisición de conocimientos sobre el sexo, la mente humana ha sido altamente sesgada con cosas esencialmente físicas.

La emoción del sexo contiene la posibilidad de tres potencialidades constructivas, que son las siguientes:

1. La perpetuación de la humanidad.
2. El mantenimiento de la salud (que no tiene igual como método terapéutico).

3. La transformación de la mediocridad en genialidad a través de la transmutación.

La transmutación del sexo es simple y fácil de explicar; significa que la mente pase de los pensamientos de
expresión física a pensamientos de otra naturaleza.

El deseo sexual es el más poderoso de los deseos humanos. Cuando son impulsadas por este deseo, las personas desarrollan una imaginación aguda, un valor, una
fuerza de voluntad, una perseverancia y una habilidad
creativa desconocidos para ellos en otras ocasiones. Tan
fuerte y urgente es el deseo de contacto sexual que los
hombres arriesgan libremente sus vidas y su reputación para disfrutar de él. Pero cuando lo aprovechan y lo
canalizan en otras direcciones, esta fuerza motivadora
mantiene todos sus atributos de agudeza, imaginación,
valor, etc., que pueden utilizarse como poderosas fuerzas
creativas en la literatura, el arte, o en cualquier otra profesión o empresa, entre ellas, por supuesto, la acumulación
de riquezas.

La transmutación de la energía sexual exige sin duda
el ejercicio de la fuerza de voluntad, pero la recompensa
bien vale la pena el esfuerzo. El deseo de expresión sexual
es innato y natural. El deseo no puede, y no debe ser sofocado ni eliminado. Sin embargo, se le debe dar una salida a través de las formas de expresión que enriquecen el
cuerpo, la mente y el espíritu del hombre. Si no se le da

esta forma de salida a través de la transmutación, tratará de hacerlo a través de canales puramente físicos.

Un río puede ser represado y su agua controlada por un tiempo, pero con el tiempo se saldrá de cauce. Lo mismo puede decirse de la emoción del sexo. Puede ser sofocada y controlada por un tiempo, pero su propia naturaleza hará que busque siempre una forma de manifestarse. Si no se transmuta en un esfuerzo creativo, encontrará una salida menos digna.

Afortunadamente, la persona que descubra cómo darle una salida a la emoción sexual a través de algún tipo de esfuerzo creativo, se elevará a la categoría de un genio.

La investigación científica ha revelado estos hechos significativos:

1. Los hombres de mayor éxito son hombres con naturalezas sexuales muy desarrolladas, hombres que han aprendido el arte de la transmutación sexual.

2. Los hombres que han acumulado grandes fortunas y alcanzado un reconocimiento destacado en la literatura, el arte, la industria, la arquitectura y las profesiones, fueron motivados por la influencia de una mujer.

La investigación en la que se hicieron estos descubrimientos sorprendentes fue a través de las biografías y de la historia durante más de dos mil años. Siempre que han existido datos disponibles en relación con las vidas de hombres y mujeres de gran éxito, era evidente que poseían naturalezas sexuales muy desarrolladas.

La emoción del sexo es una "fuerza irresistible", contra la cual no puede haber oposición como un "cuerpo inamovible". Cuando son impulsados por esta emoción, los hombres son dotados de una gran potencia para la acción. Si entiende esta verdad, comprenderá el significado de la afirmación de que la transmutación del sexo elevará a una persona a la categoría de genio.

La emoción del sexo contiene el secreto de la capacidad creativa.

Destruya las glándulas sexuales, ya sea en el hombre o en la bestia, y habrá eliminado la fuente principal que hay detrás de la acción. Para demostrar esto, observemos lo que sucede con cualquier animal después de haber sido castrado. Un toro se hace tan dócil como una vaca después de que su sistema sexual ha sido alterado. La alteración sexual en los ejemplares masculinos, ya sea en hombres o animales, elimina toda la capacidad de lucha que había en él. La alteración sexual en la hembra tiene el mismo efecto.

LOS DIEZ ESTÍMULOS DE LA MENTE

La mente humana responde a los estímulos, a través de los cuales puede "excitarse" a altos niveles de vibración, conocidos como entusiasmo, imaginación creativa, deseo intenso, etc. Los estímulos a los que la mente responde con mayor libertad son los siguientes:

1. El deseo de expresión sexual.
2. El amor.
3. Un ardiente deseo de fama, poder, dinero o ganancia económica.
4. La música.
5. La amistad entre personas del mismo sexo, o del sexo opuesto.
6. Una alianza en "equipo de trabajo" basada en la armonía de dos o más personas que se alían para el progreso espiritual o temporal.
7. El sufrimiento mutuo, como el experimentado por las personas que son perseguidas.
8. La autosugestión.
9. El miedo.
10. Los narcóticos y el alcohol.

El deseo de expresión sexual encabeza la lista de los estímulos que con mayor eficacia "aumentan" las vibraciones de la mente y ponen en marcha las "ruedas" de la acción física. Ocho de estos estímulos son naturales y constructivos. Los otros dos son destructivos. La lista se presenta aquí con el propósito de permitirte hacer un estudio comparativo de las principales fuentes de estimulación mental. A partir de este estudio, se ve fácilmente que la emoción del sexo es, de un modo extraño, el más intenso y poderoso de todos los estímulos mentales.

Esta comparación es necesaria como la base para demostrar que la transmutación de la energía sexual puede elevarlo uno a la categoría de genio. Veamos cuáles son las características de un genio.

Algún sabihondo ha dicho que un genio es un hombre que "lleva el pelo largo, come alimentos extraños, vive solo, y sirve de blanco para quienes hacen bromas". Una mejor definición de un genio es "un hombre que ha descubierto la manera de aumentar las vibraciones de pensamiento hasta el punto en que podrá comunicarse con fuentes de conocimiento que no están disponibles a través del ritmo ordinario de las vibraciones del pensamiento".

Toda persona que piense, querrá hacer algunas preguntas referentes a esta definición del genio. La primera pregunta será: "¿Cómo puede uno comunicarse con unas fuentes de conocimiento que no están disponibles mediante el ritmo normal de vibración del pensamiento?".

La siguiente pregunta será: "¿Existen fuentes de conocimiento que estén disponibles sólo para los genios, y en caso afirmativo, ¿cuáles son estas fuentes, y exactamente cómo se pueden obtener?".

Ofreceremos una prueba de la solidez de algunas de las afirmaciones más importantes realizadas en este libro; o por lo menos, ofreceremos pruebas a través de las cuales usted pueda obtener su propia prueba mediante la experimentación, y al hacerlo, responderemos a ambas preguntas.

EL "GENIO" SE DESARROLLA A TRAVÉS DEL SEXTO SENTIDO

La realidad de un "sexto sentido" ha sido muy bien establecida. Este sexto sentido es la "imaginación creativa". La facultad de la imaginación creativa es aquella que nunca utilizan la mayoría de las personas, y si llegan a utilizarla, por lo general lo hacen por mera casualidad. Un número relativamente pequeño de personas utilizan la facultad de la imaginación creativa de manera deliberada. Los que utilizan esta facultad voluntariamente, y entendiendo sus funciones, son genios.

La facultad de la imaginación creativa es el vínculo directo entre la mente finita del hombre y la Inteligencia Infinita. Todas las así llamadas revelaciones conocidas en el ámbito de la religión, y todos los descubrimientos de principios básicos o nuevos en el campo de la invención, suceden mediante la facultad de la imaginación creativa.

Cuando las ideas o los conceptos acuden a nuestra mente, a través de lo que se conoce popularmente como una "corazonada", provienen de una o más de las siguientes fuentes:

1. Inteligencia Infinita.
2. La mente subconsciente, en donde son almacenadas todas las impresiones sensoriales y los impulsos de pensamiento que hayan llegado

al cerebro a través de cualquiera de los cinco sentidos.

3. De la mente de otra persona que acaba de lanzar la idea o la imagen de la idea o concepto, a través del pensamiento consciente, o

4. De la mente subconsciente de otra persona.

No hay otra fuente conocida de la que puedan recibirse ideas "inspiradas" o "corazonadas".

La imaginación creativa funciona mejor cuando la mente está vibrando a un ritmo muy alto (debido a algún tipo de estimulación mental). Es decir, cuando la mente está funcionando a una velocidad de vibración superior a la del pensamiento ordinario o normal.

Cuando se ha estimulado la acción del cerebro a través de uno o más de los diez estímulos mentales, esto tiene el efecto de elevar al individuo muy por encima del horizonte del pensamiento ordinario, y le permite visualizar la distancia, el alcance y la calidad de los pensamientos que no están disponibles en el plano inferior, tales como los que se tienen cuando uno está dedicado a la solución de los problemas profesionales y de negocios.

Cuando un individuo se eleva a este nivel superior de pensamiento por medio de cualquier forma de estimulación mental, estará, relativamente, en la misma posición que otro que haya ascendido en un avión a una altura desde la que puede ver por encima y más allá de la línea del horizonte que limita su visión mientras está en tierra.

Por otra parte, el individuo en este nivel superior de pensamiento no está obstaculizado o limitado por ninguno de los estímulos que circunscriben y limitan su visión mientras se esfuerza en obtener las tres necesidades básicas de alimentación, vestido y vivienda. Él está en un mundo de pensamiento en el que los pensamientos ordinarios y cotidianos han sido tan efectivamente eliminados como las montañas, los valles y otras limitaciones de la visión física, cuando está en un avión que vuela por el aire.

La facultad creativa de la mente alcanza una libertad de acción cuando está en este plano exaltado del pensamiento. El camino se ha despejado y el sexto sentido entra en funcionamiento; se vuelve receptivo a ideas que no pudieron llegar a la persona bajo cualquier otra circunstancia. El "sexto sentido" es la facultad que marca la diferencia entre un genio y un individuo ordinario.

La facultad creativa se vuelve más alerta y receptiva a las vibraciones. Surge por fuera de la mente subconsciente del individuo; cuanto más utiliza esta facultad, más depende la persona de ella y la utiliza para obtener impulsos de un pensamiento. Esta facultad puede ser cultivada y desarrollada sólo a través de su uso.

Lo que se conoce como la "conciencia" de un individuo, funciona enteramente a través de la facultad del sexto sentido.

Los grandes artistas, escritores, músicos y poetas alcanzan la grandeza porque adquieren el hábito de confiar en la "pequeña voz interior", que habla desde adentro, a través de la facultad de la imaginación creativa. Es un hecho bien conocido que las personas que tienen una imaginación "aguda", obtienen sus mejores ideas por medio de las "corazonadas".

Hay un gran orador que sólo alcanza la grandeza cuando cierra los ojos y comienza a depender por completo de la facultad de la imaginación creativa. Cuando se le preguntó por qué cerraba los ojos justo antes de terminar su discurso, respondió: "Lo hago porque entonces hablo a través de ideas que me llegan desde adentro".

Uno de los financistas más conocidos y exitosos de Estados Unidos tenía la costumbre de cerrar los ojos durante dos o tres minutos antes de tomar una decisión. Cuando se le preguntó por qué lo hacía, respondió: "Con los ojos cerrados, estoy en condiciones de recurrir a una fuente de inteligencia superior".

El doctor Elmer R. Gates, de Chevy Chase, Maryland, creó más de doscientas patentes útiles, muchas de ellas esenciales, a través del proceso del cultivo y uso de la facultad creativa. Su método es significativo e interesante para quienes estén interesados en alcanzar la condición de genios, categoría a la cual pertenecía sin duda el doctor Gates, quien fue uno de los científicos realmente grandes, aunque menos conocidos del mundo.

Tenía en su laboratorio lo que él llamaba su "sala de comunicación personal". Era prácticamente insonorizada y podía oscurecerse por completo. Estaba equipada con una pequeña mesa en la que guardaba una libreta de papel para escribir. Frente a la mesa tenía un botón eléctrico que controlaba las luces. Cuando el doctor Gates quería utilizar las fuerzas que estaban a su disposición a través de su imaginación creativa, entraba a la sala, se sentaba en la mesa, apagaba las luces, se concentraba en los factores conocidos de la invención en la que estaba trabajando y permanecía en esa posición hasta que las ideas comenzaban a "destellar" en su mente en relación con los factores desconocidos de su invención.

En una ocasión, las ideas acudieron tan rápido a él que se vio obligado a escribir durante casi tres horas seguidas. Cuando los pensamientos dejaron de fluir y examinó sus notas, descubrió que contenían una descripción minuciosa de principios que no tenían paralelo entre los datos conocidos del mundo científico. Por otra parte, la respuesta a su problema fue expuesta de forma inteligente en esas notas. De esta manera, el doctor Gates terminó más de 200 patentes que había comenzado, aunque no había terminado, pues su cerebro había funcionado "a medias". La prueba de la veracidad de esta afirmación se encuentra en la Oficina de Patentes de los Estados Unidos.

El doctor Gates se ganaba la vida "escribiendo ideas" para individuos y corporaciones. Algunas de las corporaciones más grandes en los Estados Unidos le pagaban tarifas elevadas por horas, por "escribir ideas".

La facultad de razonamiento suele ser errónea porque está orientada en gran medida por la experiencia acumulada. No todo el conocimiento que uno acumula a través de la "experiencia" es exacto. Las ideas recibidas a través de la facultad creativa son mucho más confiables, por la sencilla razón de que provienen de unas fuentes más confiables que cualquier otra que esté disponible para la facultad de razonamiento de la mente.

La principal diferencia entre el genio y el inventor de "cachivaches" se puede encontrar en el hecho de que el genio trabaja a través de su facultad de la imaginación creativa, mientras que el inventor de "cachivaches" desconoce esta facultad. El inventor científico (como Edison, y el doctor Gates) hace uso tanto de las facultades sintéticas y creativas de la imaginación.

Por ejemplo, el inventor científico o "genio" comienza un invento mediante la organización y combinación de las ideas conocidas, o de principios acumulados por la experiencia, a través de la facultad sintética (la facultad de razonar). Si descubre que este conocimiento acumulado es insuficiente para terminar su invento, recurre entonces a las fuentes de conocimiento disponibles a través de su facultad creadora. El método por el cual hace esto varía según el individuo, pero esta es la suma y la esencia de su procedimiento:

1. Estimula su mente de modo que vibre en un plano superior al promedio, utilizando uno o más de los diez estímulos mentales o de algún otro estímulo de su elección.

2. Se concentra en los factores conocidos (la

parte terminada) de su invento, y crea en su mente una imagen perfecta de los factores desconocidos (la parte sin terminar) de su invento. Tiene esta imagen en la mente hasta que es tomada por la mente subconsciente, y luego se relaja al despejar de su mente todo pensamiento, y espera que la respuesta acuda a su mente.

A veces los resultados son al mismo tiempo claros e inmediatos. En otras ocasiones, los resultados son negativos, dependiendo del estado de desarrollo del "sexto sentido", o de la facultad creativa.

El señor Edison probó más de diez mil combinaciones diferentes de ideas a través de la facultad sintética de su imaginación antes de" sintonizarse" a través de la facultad creativa, y obtuvo la respuesta que perfeccionó la luz incandescente. Su experiencia fue similar cuando inventó el gramófono.

Hay muchas evidencias confiables de la existencia de la facultad de la imaginación creativa. Esta evidencia está disponible a través de un análisis preciso de los hombres que se han convertido en líderes en sus respectivos campos aunque no tuvieran una educación incompleta. Lincoln es un notable ejemplo de un gran líder que alcanzó la grandeza a través del descubrimiento y el uso de su facultad de la imaginación creativa. Él descubrió y comenzó a utilizar esta facultad como resultado de la estimulación amorosa que había experimentado tras conocer a Anne Rutledge, una declaración de la mayor importancia en relación con el estudio de la fuente de la genialidad.

Las páginas de la historia están llenas de registros de grandes líderes cuyos logros pueden atribuirse directamente a la influencia de las mujeres que despertaron las facultades creativas de sus mentes a través de la estimulación del deseo sexual. Napoleón Bonaparte fue uno de ellos. Fue irresistible e invencible cuando estuvo inspirado por Josefina, su primera esposa. Pero comenzó a declinar cuando su "buen juicio" o facultad de razonamiento lo llevó a abandonar a Josefina. Su derrota y Santa Elena no estaban muy lejos.

Si el buen gusto lo permitiera, podríamos mencionar fácilmente a decenas de hombres bien conocidos por el pueblo estadounidense que ascendieron a las grandes cumbres en materia de logros bajo la influencia estimulante de sus esposas, sólo para caer de nuevo en la destrucción cuando el afán de dinero y de poder se les subió a la cabeza y abandonaron a sus esposas por otras mujeres. Napoleón no fue el único hombre en descubrir que la influencia del sexo, *si proviene de la fuente adecuada*, es más poderosa que cualquier sustituto que puede ser creado por la mera razón.

¡La mente humana responde a la estimulación!

Entre los más grandes y más poderosos de estos estímulos está el impulso del sexo. Cuando es aprovechado y transmutado, esta fuerza motora es capaz de levantar a los hombres a una esfera más elevada de pensamiento que les permite dominar las fuentes de preocupación y de molestias pequeñas que se interponen en su camino en el plano inferior.

Por desgracia, sólo los genios han hecho este descubrimiento. Otros han aceptado la experiencia del impulso sexual, pero no han descubierto uno de sus grandes potencialidades, un hecho que explica el gran número de "otros" en comparación con el limitado número de genios.

Con el fin de refrescar la memoria en relación con los hechos de las biografías de ciertos hombres, presentamos aquí los nombres de unos pocos hombres de logros sobresalientes, cada uno de los cuales se sabe que ha tenido un carácter altamente sexuado. Su genio encontró indudablemente su fuente de poder en la energía sexual transmutada:

George Washington	Thomas Jefferson
Napoleón Bonaparte	Elbert Hubbard
William Shakespeare	Elbert H. Gary
Abraham Lincoln	Oscar Wilde
Ralph Waldo Emerson	Woodrow Wilson
Robert Burns	John H. Patterson
Andrew Jackson	Enrico Caruso

Su propio conocimiento en materia de biografías le permitirá añadir otros nombres a esta lista. Encuentre si puede a un solo hombre en toda la historia de la civilización que haya alcanzado un gran éxito en cualquier vocación y que no haya sido impulsado por una naturaleza sexual bien desarrollada.

Si no quiere confiar en las biografías de hombres que ya han fallecido, haga un inventario de aquellos que usted sabe han sido hombres de grandes logros, y mire si puede encontrar uno entre ellos que no sea altamente sexuado.

La energía sexual es la energía creativa de todos los genios. *Nunca ha existido, y nunca existirá un gran líder, pensador o artista que carezca de esta fuerza impulsora del sexo.*

¡Seguramente nadie malinterpretará estas afirmaciones en el sentido de que todos los individuos altamente sexuados son genios! El hombre alcanza la condición de genio sólo cuando estimula su mente de modo que recurre a las fuerzas disponibles a través de la facultad creativa de la imaginación. El principal de los estímulos con los que se pueden mejorar estas vibraciones es por medio de la energía sexual. La mera *posesión* de esta energía no basta para producir un genio. La energía debe ser *transmutada* desde el deseo de contacto físico en alguna otra forma de deseo y acción antes de que alguien pueda elevarse a la categoría de genio.

Lejos de convertirse en genios a causa de los grandes deseos sexuales, la mayoría de los hombres descienden, a través de la incomprensión y el mal uso de esta gran fuerza, a la condición de animales inferiores.

¿POR QUÉ LOS HOMBRES RARA VEZ TIENEN ÉXITO ANTES DE CUMPLIR CUARENTA AÑOS?

He descubierto, a partir del análisis de más de 25.000 personas, que los hombres que tienen éxito de un modo excepcional, rara vez lo hacen antes de cumplir cuarenta años, y muy a menudo no alcanzan la cúspide de sus facultades hasta después de haber cumplido cincuenta años. Este hecho fue tan sorprendente que me llevó a estudiar esta causa con más cuidado, e investigué durante un período de más de doce años.

Este estudio reveló el hecho de que la razón principal por la que mayoría de los hombres que tienen éxito no lo hacen antes de tener cuarenta o cincuenta años es su tendencia a disipar sus energías a través de la indulgencia excesiva en la expresión física de la emoción del sexo. La mayoría de los hombres nunca aprenden que la urgencia del sexo tiene otras posibilidades mucho más importantes que el de la mera expresión física. La mayoría de los que hacen este descubrimiento, lo hacen *después de haber desperdiciado muchos años* en un período en que la energía sexual está en su apogeo, antes de los cuarenta y los cincuenta cinco años. Esto es seguido generalmente por logros dignos de mención.

Las vidas de muchos hombres hasta los cuarenta años, y a veces mucho más allá de esta edad, reflejan una disipación continua de energías que se podrían haber aprovechado mejor si se hubieran canalizado de una manera más efectiva. Sus emociones más sutiles y poderosas son sembradas fogosamente a los cuatro vientos.

El deseo de expresión sexual es de lejos el más fuerte y más imperioso de todas las emociones humanas y por esta misma razón, este deseo, cuando *se aprovecha y se transmuta en acción*, excepto en el de la expresión física, puede elevar a alguien a la condición de genio.

Uno de los hombres de negocios de Estados Unidos más capaces admitió francamente que su atractiva secretaria fue la responsable de la mayor parte de los planes que él creó. Admitió que su presencia lo elevaba a las cumbres de la imaginación creadora como no pudo sentir por medio de ningún otro estímulo.

Uno de los hombres de mayor éxito en Estados Unidos debe la mayor parte de su éxito a la influencia de una joven muy encantadora, que ha servido como su fuente de inspiración por más de doce años. Todo el mundo sabe quién es este hombre, pero no todo el mundo conoce la verdadera fuente de sus logros.

En la historia no faltan ejemplos de hombres que se elevaron a la categoría de genios como resultado del uso de estimulantes mentales artificiales, como por ejemplo, el alcohol y los narcóticos. Edgar Allan Poe escribió *El cuervo* mientras estaba bajo la influencia del licor, "soñando sueños que ningún mortal se atrevió a soñar antes". James Whitcomb Riley hizo sus mejores escritos bajo la influencia del alcohol. Fue gracias a esto que tal vez vio "la entremezcla ordenada de lo real y del sueño, el molino sobre el río, y la niebla por encima de la corriente". Robert Burns escribía mejor cuando estaba intoxicado: "Por los buenos tiempos de antaño, querida mía, tomaremos una copa de amabilidad, por los buenos tiempos de antaño".

Pero debe recordarse que muchos de estos hombres terminaron destruidos. La naturaleza ha preparado sus propias pociones con las que los hombres pueden estimular sus mentes para vibrar en un plano que les permita sintonizarse con pensamientos sutiles y raros que vienen de ¡nadie sabe dónde! No se han descubierto mejores sustitutos que los estimulantes de la naturaleza.

Es un hecho bien conocido por los psicólogos que existe una relación muy estrecha entre los deseos sexuales y los impulsos espirituales, un hecho que explica el comportamiento peculiar de las personas que participan en las orgías religiosas conocidas como "renacimientos", comunes entre las culturas primitivas.

El mundo está gobernado, y el curso de la civilización se ha establecido, por las emociones humanas. Las personas se ven influidas en sus acciones, no tanto por la razón como por sus "sentimientos". La facultad creativa de la mente entra totalmente en acción gracias a las emociones y *no a la fría razón*. La más poderosa de todas las emociones humanas es la de sexo. Hay otros estimulantes mentales, algunos de los cuales se han enumerado aquí, pero ninguno de ellos, por sí solo ni combinados, puede igualar a la fuerza motriz de las relaciones sexuales.

Un estimulante mental es cualquier influencia que aumente las vibraciones del pensamiento, ya sea de forma temporal o permanente. Los diez estimulantes principales descritos son aquellos a los que se recurre con mayor frecuencia. A través de estas fuentes, un individuo puede estar en comunión con la Inteligencia Infinita, o entrar, a voluntad, a la despensa de la mente subconsciente, ya sea de sí mismo, o a la de otra persona, procedimiento *que es todo lo que caracteriza al genio.*

Un profesor, que ha entrenado y dirigido los esfuerzos de más de 30.000 vendedores, hizo el asombroso descubrimiento de que los hombres fuertemente sexuados son los vendedores más eficientes. La explicación es que el factor de la personalidad conocido como el "magnetismo personal" es nada más ni menos que la energía sexual. Las personas muy sexuadas siempre tienen un suministro abundante de este magnetismo. A través del cultivo y la comprensión, esta fuerza vital podrá utilizarse, y se utiliza, con gran ventaja en las relaciones interpersonales. Esta energía puede comunicarse a los demás a través de los siguientes medios:

1. Apretón de manos. El toque de la mano indica de inmediato la presencia de magnetismo o la falta de él.

2. Tono de la voz. El magnetismo, o energía sexual, es el factor que puede alterar la voz, o hacerla musical y encantadora.

3. Postura y porte corporal. Las personas muy sexuadas se mueven con rapidez, gracia y facilidad.

4. Vibraciones del pensamiento. Las personas altamente sexuadas combinan la emoción del sexo con sus pensamientos, o pueden hacerlo a voluntad, y de esa manera influir en quienes los rodean.

5. Embellecimiento corporal. Las personas que son muy sexuadas suelen ser muy cuidadosas con su apariencia personal. Por lo general, escogen ropas con un estilo muy afín a su personalidad, físico, complexión, etc.

Cuando el gerente de ventas más capaz emplea vendedores, busca la cualidad de su magnetismo personal como el *primer requisito* de un vendedor. Las personas que carecen de energía sexual nunca serán entusiastas, ni inspirarán a otras con su entusiasmo. El entusiasmo es uno de los requisitos más importantes en el arte de vender, sin importar lo que uno venda.

El conferencista, orador, predicador, abogado o vendedor que carezca de energía sexual es un "fracaso", en lo que se refiere a poder influir en los demás. Si esto se le suma el hecho de que la mayoría de las personas sólo pueden ser influenciadas a través de un llamamiento a sus emociones, comprenderás la importancia de la energía sexual como parte de las capacidades innatas de un vendedor. Los vendedores expertos obtienen el dominio en las ventas, debido a que, ya sea de manera consciente o inconsciente, ¡*transmutan* la energía del sexo en un entusiasmo por las ventas! En esta afirmación se puede encontrar una sugerencia muy práctica en cuanto al significado real de la transmutación del sexo.

El vendedor que sabe cómo quitarse de la cabeza el tema del sexo y dirigirlo en su esfuerzo de ventas con entusiasmo y determinación tanto como él lo aplicaría a su propósito original, habrá adquirido el arte de la transmutación del sexo, ya sea que lo sepa o no . La mayoría de los vendedores que transmutan su energía sexual lo hacen sin ser conscientes en absoluto de lo que están haciendo, o de cómo lo hacen.

La transmutación de la energía sexual requiere de más fuerza de voluntad que el que la persona promedio se preocupa de utilizar para este propósito. Los que tienen dificultades para reunir la fuerza de voluntad suficiente para la transmutación podrán adquirir esta habilidad poco a poco. Aunque esto requiere fuerza de voluntad, la recompensa por la práctica realmente vale la pena el esfuerzo.

La mayoría de las personas parecen ser imperdonablemente ignorantes con respecto al tema del sexo. El impulso de las relaciones sexuales ha sido incorrectamente incomprendido, calumniado, y menospreciado por parte de las personas ignorantes y malvadas, y durante tanto tiempo, que la palabra sexo se utiliza muy rara vez en la sociedad educada. Hombres y mujeres que se sabe que son bendecidos, sí, bendecidos, con una naturaleza muy sexual, suelen ser vistos como personas que merecen ser vigiladas. En lugar de decir que son bienaventurados, generalmente se dice que son malditos.

Millones de personas, incluso en esta época de iluminación, tienen complejos de inferioridad que surgieron debido a esta falsa creencia de que una naturaleza muy sexual es una maldición. Estas declaraciones sobre la virtud de la energía sexual, no deben interpretarse como una justificación para los libertinos. La emoción del sexo es una virtud sólo cuando se usa de forma inteligente y con discriminación. Puede ser mal utilizada, y con frecuencia lo es, hasta tal punto que degrada, en lugar de enriquecer, tanto al cuerpo como a la mente. La mejor forma de utilizar de este poder se describe en este capítulo.

Me pareció muy significativo que, cuando hice el descubrimiento de que casi todos los grandes líderes a quienes tuve el privilegio de analizar, eran hombres cuyos logros fueron inspirados en gran parte por una mujer. En muchos casos, la "mencionada mujer" era una esposa modesta y abnegada, de la cual el público había oído hablar poco o nada. En algunos casos, la fuente de inspiración era "otra mujer". Tal vez estos casos no sean totalmente desconocidos para usted.

La falta de moderación en los hábitos sexuales es tan perjudicial como la falta de moderación en los hábitos de beber y comer. En esta época en que vivimos, que comenzó con una guerra mundial, la intemperancia en los hábitos del sexo es muy común. Esta orgía de indulgencia puede ser la causa detrás de la escasez de grandes líderes. Ningún hombre puede valerse de las fuerzas de su imaginación creadora si al mismo tiempo las desperdicia. El hombre es la única criatura terrestre que viola el propósito de la naturaleza en este sentido. Cualquier otro animal se entrega a su naturaleza sexual con moderación, y con un propósito que está en armonía con las leyes de la naturaleza. Cualquier otro animal responde al llamado del sexo sólo en "temporada", pero la inclinación del hombre es declararse siempre en "temporada abierta".

Toda persona inteligente sabe que la estimulación excesiva, a través de bebidas alcohólicas y de estupefacientes, es una forma de desenfreno que destruye los órganos vitales del cuerpo, incluyendo el cerebro. No todas las personas saben, sin embargo, que la indulgencia excesiva en la expresión sexual puede convertirse en un hábito tan destructivo y perjudicial para el esfuerzo creativo como los narcóticos o el licor.

Un hombre enloquecido por el sexo no es esencialmente diferente de un hombre enloquecido por las drogas. Ambos han perdido el control sobre sus facultades de la razón y de la fuerza de voluntad. El exceso de indulgencia sexual no sólo puede destruir la razón y la fuerza de voluntad, sino que puede conducir también a la locura, ya sea temporal o permanente. Muchos casos de hipocondría (enfermedad imaginaria) surgen a partir de hábitos desarrollados en la ignorancia de la verdadera función del sexo.

A partir de estas breves referencias a este tema, puede verse fácilmente que la ignorancia sobre el tema de la transmutación sexual les impone grandes castigos a los ignorantes por un lado, y les impide por el otro obtener beneficios igualmente grandes.

La ignorancia generalizada sobre el tema del sexo se debe al hecho de que ha estado rodeado de misterio y ha sido ensombrecido por un silencio oscuro. La conspiración del misterio y del silencio ha tenido el mismo efecto en las mentes que tuvo en los jóvenes la psicología de la Prohibición. El resultado ha sido una mayor curiosidad y deseo de adquirir más conocimiento sobre este tema "prohibido", y para vergüenza de todos los legisladores y de la mayoría de los médicos –que se capacitan lo mejor posible para educar a los jóvenes sobre este tema– la información no está fácilmente disponible.

Rara vez un individuo se dedica a un esfuerzo altamente creativo en cualquier campo antes de cumplir cuarenta años. El hombre promedio alcanza el período de su mayor capacidad creativa entre los cuarenta y los sesenta años. Estas afirmaciones se basan en el análisis de miles de hombres y mujeres que han sido cuidadosamente observados y deberían ser alentadoras para aquellos que no puedan alcanzar esta edad, y para quienes se asustan ante la cercanía de la "vejez". El período comprendido entre los cuarenta y los cincuenta años de edad es, por regla general, el más fructífero. El hombre debe acercarse a esta edad, no con temor y temblor, sino con esperanza y expectación.

Si quiere pruebas de que la mayoría de los hombres no alcanzan la cumbre de su rendimiento antes de los cuarenta años, estudie los registros de los hombres más exitosos que ha conocido el pueblo estadounidense, y las encontrará. Henry Ford sólo alcanzó la cima de sus logros después de cumplir cuarenta años. Andrew Carnegie tenía mucho más de cuarenta años antes de empezar a cosechar la recompensa por sus esfuerzos. James J. Hill seguía operando un telégrafo a la edad de cuarenta años. Sus logros estupendos ocurrieron después de esa edad. Las biografías de los industriales y de los financieros estadounidenses están llenas de evidencias de que el período entre los cuarenta y los sesenta años es la edad más productiva del hombre.

Entre los treinta y los cuarenta años, el hombre empieza a aprender (si es que lo hace) el arte de la transmutación del sexo. Este descubrimiento es generalmente accidental, y con mayor frecuencia que no, el hombre que lo hace es totalmente inconsciente de su descubrimiento. Un hombre puede observar que su capacidad de rendimiento se ha incrementado entre los treinta y cinco a cuarenta años de edad, pero en la mayoría de los casos, no está familiarizado con la causa de este cambio; es decir, que la naturaleza empieza a armonizar las emociones del amor y del sexo en el individuo entre los treinta y los cuarenta años, de modo que pueda recurrir a estas grandes fuerzas, y aplicarlas de forma conjunta como estímulos para la acción.

El sexo por sí solo es un impulso poderoso para la acción, pero sus fuerzas son como un ciclón: suelen ser incontrolables. Cuando la emoción del amor comienza a mezclarse con la emoción del sexo, el resultado es la calma de propósito, el aplomo, la precisión del juicio, y el equilibrio. ¿Qué persona que haya llegado a los cuarenta años es tan desafortunada como para no poder analizar estas afirmaciones, y para corroborarlas por su propia experiencia?

Cuando un hombre es impulsado por su deseo de complacer a una mujer y está basado únicamente en la emoción del sexo, puede ser, y generalmente es, capaz de grandes logros, pero sus acciones pueden ser desorganizadas, distorsionadas y totalmente destructivas. Cuando es impulsado por su deseo de complacer a una mujer, y está basado únicamente en la motivación sexual, un hombre puede robar, engañar, e incluso matar. Pero cuando la emoción del amor se mezcla con la emoción del sexo, ese mismo hombre actuará con más cordura, equilibrio y razón.

Los criminólogos han descubierto que los criminales más empedernidos pueden ser reformados a través de la influencia del *amor* de una mujer. No hay registro de un criminal que se haya reformado únicamente a través de la influencia del sexo. Estos hechos son bien conocidos, pero su causa no. Si esta reforma ocurre, lo hace a través del *corazón*, o de la parte emocional del hombre, y *no* a través de su cabeza o de su razonamiento. La reforma significa "un cambio de corazón" y no un "cambio de cabeza". Un hombre puede, gracias a la razón, hacer algunos cambios en su conducta personal para evitar las consecuencias de los efectos no deseados, pero una verdadera reforma sólo se da a través un cambio en el corazón; a través de un deseo de cambiar.

El amor, el romance y el sexo son emociones que pueden conducir a los hombres a alcanzar grandes logros. El amor es una emoción que sirve como una válvula de seguridad, y garantiza el equilibrio, la serenidad y el esfuerzo constructivo. Cuando estas tres emociones se combinan, pueden elevar a cualquier individuo a la altura de un genio. Hay genios, sin embargo, que saben muy poco acerca de la emoción del amor. La mayoría de ellos pueden verse involucrados en algún tipo de acción que sea destructiva, o por lo menos, que no esté basada en la justicia y en la equidad hacia los demás. Si el buen gusto lo permitiera, se podría nombrar una docena de genios en el ámbito de la industria y de las finanzas que violan sin piedad los derechos de sus semejantes. Parecen totalmente carentes de conciencia. El lector puede proveer fácilmente su propia lista de esos hombres.

Las emociones son estados mentales. La naturaleza ha provisto al hombre con una "química mental" que funciona de un modo similar a los principios de la química de la materia. Es un hecho bien conocido que, a través de la ayuda de la química de la materia, un químico puede crear un veneno mortal mezclando ciertos elementos, ninguno de los cuales son perjudiciales en sí mismos en las proporciones adecuadas. Las emociones pueden combinarse igualmente con el fin de crear un veneno mortal. Las emociones del sexo y de los celos, cuando se mezclan, puede convertir a una persona en una bestia demente.

La presencia de una o más de las emociones destructivas en la mente humana a través de la química mental, libera un veneno que puede destruir el sentido de la justicia y de la equidad que tenga cualquier persona. En casos extremos, la presencia de cualquier combinación de estas emociones en la mente puede destruir la razón de un individuo.

El camino a la genialidad consiste en el desarrollo, el control y el uso del sexo, del amor y del romance. El proceso puede expresarse brevemente así: fomentar la presencia de estas emociones como los pensamientos dominantes en la mente de una persona, y desalentar la presencia de todas las emociones destructivas. La mente es una criatura de hábitos: florece con los pensamientos *dominantes*. A través de la facultad de la fuerza de voluntad se puede desalentar la presencia de cualquier emoción y fomentar la presencia de cualquier otra. El control de la mente, a través del poder de la voluntad, no es difícil. El control proviene de la perseverancia y del hábito. El secreto del control radica en la comprensión del proceso de la transmutación. Cuando una emoción negativa acude a nuestra mente, puede transmutarse en una emoción positiva o constructiva por el simple procedimiento de cambiar nuestros pensamientos.

¡No existe otro camino a la genialidad que a través de nuestro esfuerzo voluntario! Un hombre puede elevarse a grandes alturas de logros financieros o de negocios, únicamente por la fuerza motriz de la energía sexual, pero la historia está llena de evidencias de que él puede, y generalmente tiene, ciertos rasgos de carácter que lo privan de la capacidad de conservar o disfrutar de su fortuna. Esto es digno de análisis, pensamiento y meditación, ya que expresa una verdad: el conocimiento de aquello que puede ser de ayuda a las mujeres y a los hombres. El desconocimiento de esto les ha costado a miles de personas el privilegio de la felicidad, a pesar de que poseían riquezas.

Las emociones del amor y del sexo dejan huellas inconfundibles. Por otra parte, estos síntomas son tan visibles que todos los que deseen podrán verlos. El hombre que está impulsado por la tormenta de la pasión y se basa únicamente en los deseos sexuales, le anunciará claramente este hecho a todo el mundo, por la expresión de sus ojos y las líneas de su rostro. La emoción del amor, cuando se mezcla con la emoción del sexo, suaviza, modifica y embellece la expresión facial. Ningún analista de la personalidad humana necesita decirle esto; es algo que puede observar por usted mismo.

La emoción del amor hace aflorar, y desarrolla, la naturaleza artística y estética del hombre. Deja su huella en nuestra alma, incluso después de que el fuego haya sido sofocado por el tiempo y las circunstancias.

Los recuerdos de amor nunca se olvidan. Se mantienen presentes, guían e influyen mucho después de que la fuente de la estimulación se ha desvanecido. No hay nada nuevo en esto. Toda persona que haya sido impulsada por el amor verdadero sabe que deja huellas perdurables en el corazón humano. El efecto del amor perdura porque el amor tiene una naturaleza espiritual. El hombre que no puede elevarse a las grandes alturas de los logros debido al amor, no tiene remedio; está muerto, aunque puede parecer que está vivo.

Incluso los recuerdos del amor son suficientes para elevarnos a un plano superior del esfuerzo creativo. La mayor fuerza del amor puede agotarse y desaparecer, así como un fuego que se ha elegido, pero deja tras de sí una huella indeleble como una prueba de que sucedió de ese modo. Su desaparición suele preparar al corazón humano para un amor aún más grande.

Vuelva a mirar su pasado y refresque su mente con los hermosos recuerdos de un amor pasado. Esto suavizará la influencia de las preocupaciones y molestias actuales. Le dará una fuente de escape de las realidades desagradables de la vida, y tal vez —¿quién sabe?— su mente le ofrezca, durante este retiro temporal en el mundo de la fantasía, unas ideas o planes que podrían cambiar la situación financiera o espiritual de su vida.

Si cree ser desdichado porque ha "amado y perdido", deseche ese pensamiento. Aquel que ha amado de verdad nunca podrá perder por completo. El amor es caprichoso y temperamental. Su naturaleza es pasajera y transitoria. Llega cuando le place y se va sin previo aviso. Acéptelo y disfrútelo mientras dure, pero no desperdicie el tiempo preocupándose acerca del momento en que termine. La preocupación no lo traerá de vuelta.

Rechace también la idea de que el amor sólo llega una vez. El amor puede aparecer y desaparecer innumerables veces, pero no hay dos experiencias amorosas que nos afecten del mismo modo. Puede haber, y por lo general lo hay, una experiencia amor que deja una huella más profunda en el corazón que todas las demás, pero todas las experiencias amorosas son beneficiosas, excepto para la persona que se vuelve resentida y cínica cuando el amor se va.

No deberíamos sufrir ninguna decepción amorosa, y no lo haríamos si entendiéramos la diferencia entre las emociones del amor y el sexo. La principal diferencia es que el amor es espiritual, mientras que el sexo es biológico. Ninguna experiencia que toque el corazón humano con una fuerza espiritual puede ser perjudicial, excepto a través de la ignorancia o de los celos.

El amor es, sin lugar a dudas, la más grande experiencia de la vida. Nos hace comulgar con la Inteligencia Infinita. Cuando se mezcla con las emociones del romance y del sexo, nos puede llevar a lo más alto en la escalera del esfuerzo creativo. Las emociones del amor, del sexo y del romance son los lados del triángulo eterno del genio en los logros. La naturaleza no crea estos genios a través de ninguna otra fuerza.

El amor es una emoción con muchas caras, sombras y colores. El amor que sentimos por los padres o los niños es muy diferente del que sentimos por nuestra amada. Este está mezclado con la emoción del sexo, mientras que el otro no.

El amor que se siente en la amistad verdadera no es el mismo que se siente por su amada, padres, o hijos, pero también es una forma de amor.

También está la emoción del amor por las cosas inanimadas, como el amor por las obras de la naturaleza. Pero el más intenso y ardiente de todos los tipos de amor es el experimentado en la combinación de las emociones del amor y del sexo. Los matrimonios que no están bendecidos con la afinidad eterna del amor, que no están bien equilibrados y proporcionados con el sexo, no pueden ser felices, y rara vez perduran. El amor por sí solo no le trae la felicidad a un matrimonio, ni tampoco el sexo. Cuando estas dos hermosas emociones se mezclan, el matrimonio puede producir un estado de ánimo más cercano a lo espiritual que el que pudiéramos conocer en este plano terrenal.

Cuando la emoción del romance se suma a las de amor y sexo, desaparecen los obstáculos entre la mente finita del hombre y la Inteligencia Infinita. ¡Y entonces, un genio ha nacido!

¡Qué historia tan diferente es esta, que las habitualmente asociadas a la emoción del sexo. He aquí una interpretación de la emoción que está por fuera de la común, y la convierte en barro cocido de alfarero en las manos de Dios, de la que Él ha creado todo lo que es hermoso e inspirador. Es una interpretación que, cuando es bien entendida, transforma en armonía el caos que hay en muchos matrimonios. La falta de armonía expresada con frecuencia en los reclamos se puede atribuir por lo general a la falta de conocimientos sobre el tema del sexo. Donde hay amor, romance y una comprensión adecuada de la emoción y de la función del sexo, no hay falta de armonía entre las personas casadas.

Afortunado es el hombre cuya esposa comprende la verdadera relación entre las emociones del amor, el sexo y el romance. Cuando está motivada por este triunvirato sagrado, ninguna forma de trabajo es una carga, ya que incluso la forma más humilde de esfuerzo adquiere la naturaleza de un trabajo lleno de amor.

Hay un adagio muy antiguo que dice "la esposa de un hombre puede elevarlo o hundirlo" pero la razón no siempre es entendida. El "elevarlo" y el "hundirlo" son el resultado de la falta de comprensión por parte de la esposa, o de su falta de comprensión de las emociones del amor, el sexo y el romance.

A pesar de que los hombres son polígamos, debido a la naturaleza misma de su herencia biológica, también es cierto que ninguna mujer tiene una influencia tan grande en un hombre como su esposa, a menos que esté casado con una mujer totalmente inadecuada a su naturaleza. Si una mujer permite que su marido pierda interés en ella y se interese más en otras mujeres, por lo general es debido a su ignorancia o indiferencia por los temas del sexo, el amor y el romance. Esta afirmación presupone, por supuesto, que una vez existió un amor genuino entre un hombre y su esposa. Los hechos son igualmente aplicables a un hombre que permita que muera el interés de su esposa por él.

Las personas casadas a menudo discuten sobre una multitud de trivialidades. Si éstas se analizan con precisión, la verdadera causa del problema puede encontrarse con frecuencia en la indiferencia o ignorancia sobre estos temas.

¡La mayor fuerza motivadora del hombre es su deseo de agradar a la mujer! El cazador que tuvo éxito en los días prehistóricos antes del despuntar de la civilización, lo hizo debido a su deseo de aparecer grande ante los ojos de la mujer. La naturaleza del hombre no ha cambiado en este sentido. El "cazador" de hoy no trae a casa pieles de animales salvajes, sino que le expresa a su mujer el deseo de

recibir sus favores dándole ropas finas, automóviles y riquezas. El hombre tiene el mismo deseo de agradar a la mujer que tenía antes del despuntar de la civilización. Lo único que ha cambiado es su método de agradar. Los hombres que acumulan grandes fortunas y alcanzan las grandes cumbres del poder y de la fama, lo hacen principalmente para satisfacer su *deseo de complacer a las mujeres*. Elimina a las mujeres de sus vidas, y una gran riqueza será inútil para la mayoría de los hombres. *Este es el deseo inherente del hombre por complacer a la mujer, que le da a ella el poder de elevar o hundir a un hombre.*

La mujer que entiende la naturaleza del hombre y aborda esto con un tacto especial, no debe temer la competencia de otras mujeres. Los hombres pueden ser los "gigantes" con una fuerza de voluntad indomable cuando tratan con otros hombres, pero son manejados con facilidad por las mujeres de su elección.

La mayoría de los hombres no admiten que son fácilmente influenciables por las mujeres que prefieren, porque es propio de la naturaleza del hombre que quiera ser reconocido como el más fuerte de su especie. Por otra parte, la mujer inteligente reconoce estos "rasgos masculinos" y tiene la sabiduría no hacer de esto un problema.

Algunos hombres saben que están siendo influenciados por las mujeres de su elección —sus esposas, novias, madres o hermanas— pero se abstienen con mucho tacto de rebelarse contra su influencia, ya que son lo suficientemente inteligentes para saber que ningún hombre es feliz ni completo sin la influencia transformadora de la mujer adecuada. El hombre que no reconoce esta importante verdad se priva de un poder que ha contribuido más que todas las demás fuerzas combinadas a ayudarles a los hombres a alcanzar el éxito.

CAPÍTULO 12

LA MENTE SUBCONSCIENTE

EL ESLABÓN
El undécimo paso hacia la riqueza

La mente subconsciente se compone de un campo de la conciencia donde se clasifican y registran todos los impulsos del pensamiento que llegan a la mente objetiva a través de cualquiera de los cinco sentidos, y del que pueden sacarse o retirarse pensamientos, así como se puede sacar documentos de un archivador.

La mente subconsciente recibe y archiva impresiones sensoriales o pensamientos, independientemente de su naturaleza. Usted puede sembrar voluntariamente cualquier plan, pensamiento o propósito que desee en su mente subconsciente y traducirlos en su equivalente físico o monetario. El subconsciente actúa primero sobre los deseos dominantes que se han combinado con sensaciones emocionales como la fe.

Considere esto en relación con las instrucciones dadas en el capítulo sobre el deseo para dar los seis pasos planteados allí, así como las instrucciones ofrecidas sobre la construcción y ejecución de planes, y comprenderá la importancia de la idea transmitida.

La mente subconsciente trabaja día y noche. A través de un método de procedimiento desconocido para el hombre, la mente subconsciente recurre a las fuerzas de la Inteligencia Infinita para darle el poder con el cual transmutará voluntariamente sus deseos en su equivalente físico, utilizando siempre los medios más prácticos mediante los cuales pueda lograrse este fin.

No puede controlar *totalmente* su mente subconsciente, pero puede transmitirle de forma voluntaria cualquier plan, deseo o propósito que quiera transformar en una forma concreta. Lea de nuevo las instrucciones para utilizar la mente subconsciente en el capítulo sobre la autosugestión.

Hay muchas pruebas que respaldan la creencia de que la mente subconsciente es el eslabón entre la mente finita del hombre y la Inteligencia Infinita. Es la intermediaria a través de la cual podemos recurrir voluntariamente a las fuerzas de la Inteligencia Infinita. Contiene, por sí sola, el proceso secreto mediante el cual se modifican los impulsos mentales y se transforman en su equivalente espiritual. Es, por sí sola, el medio por el cual la plegaria puede ser transmitida a la fuente que puede responder a esta.

Las posibilidades del esfuerzo creativo relacionadas con la mente subconsciente son enormes e imponderables, e inspiran mucho respeto.

Nunca abordo la discusión sobre la mente subconsciente sin experimentar una sensación de pequeñez e inferioridad, debido quizás al hecho de que el conocimiento del hombre sobre este tema es muy limitado. El hecho de que la mente subconsciente sea el medio de comunicación entre la mente pensante del hombre y la Inteligencia Infinita es, de por sí, un concepto que paraliza casi nuestra razón.

Después de haber aceptado como una realidad la existencia de la mente subconsciente, y de comprender sus posibilidades como un medio para transmutar sus deseos en su equivalente físico o monetario, comprenderá todo el significado de las instrucciones dadas en el capítulo sobre el deseo. También comprenderá por qué se le ha recomendado varias veces hacer que sus deseos sean claros y consignarlos por escrito. También entenderá la necesidad de la perseverancia en el cumplimiento de las instrucciones.

Los trece principios son los estímulos con los que adquirirá la habilidad para recurrir e influir en su mente subconsciente. No se desanime si no puede hacer esto al primer intento. Recuerde que la mente subconsciente puede administrarse voluntariamente *sólo a través del hábito*, en virtud de las instrucciones dadas en el capítulo sobre la fe. Aún no ha tenido tiempo para dominar la fe. Sea paciente y perseverante.

Un buen número de declaraciones en los capítulos sobre la fe y la autosugestión se repetirán aquí para el beneficio de su mente subconsciente. Recuerde que su mente subconsciente funciona voluntariamente, *independientemente de que haga algún esfuerzo para influir en ella o no*. Esto, naturalmente, le sugiere que los pensamientos de miedo y de pobreza, así como todos los negativos, sirven como estímulos a su mente subconsciente, *a menos que* domine estos impulsos y les de alimentos más deseables de los cuales se puedan alimentar.

¡La mente subconsciente no permanecerá ociosa! Si no logra sembrar deseos en su mente subconsciente, se alimentará de los pensamientos que le lleguen *como resultado de su negligencia*. Ya hemos explicado que los impulsos de pensamiento, tanto los negativos como los positivos, llegan a la mente subconsciente de forma continua, a partir de las cuatro fuentes que se mencionan en el capítulo sobre la transmutación del sexo.

Por el momento, basta con recordar que está viviendo *todos los días* en medio de toda clase de impulsos del pensamiento que llegan a su mente subconsciente sin su conocimiento. Algunos de estos impulsos son negativos, y algunos son positivos. Dedíquese ahora a tratar de impedir el paso de los impulsos negativos y a influir voluntariamente en su subconsciente a través de impulsos positivos de deseo.

Cuando haya logrado esto, poseerá la llave que abre la puerta de su subconsciente. Además, controlará esa puerta de un modo tan completo, que ningún pensamiento no deseado podrá influir en su mente subconsciente.

Todo lo que el hombre crea se inicia en la forma de un impulso del pensamiento. El hombre no puede crear nada que no haya concebido primero en sus pensamientos. A través de la imaginación, los impulsos de pensamiento se pueden transformar en planes. La imaginación, cuando está bajo control, puede ser utilizada para crear planes o propósitos que conducen al éxito en una ocupación elegida.

Todos los impulsos del pensamiento, destinados a la transmutación en su equivalente físico, y que sean sembrados en la mente subconsciente de forma voluntaria, deben pasar a través de la imaginación y combinarse con la fe. La "combinación" de la fe con un plan o propósito, destinada a la mente subconsciente, sólo puede realizarse a través de la imaginación.

A partir de estas declaraciones, usted podrá observar con facilidad que el uso voluntario de la mente subconsciente requiere la coordinación y la aplicación de todos estos principios.

Ella Wheeler Wilcox dio pruebas de su comprensión del poder de la mente subconsciente, cuando escribió:

Nunca se sabe lo que hará un pensamiento
     para traerte el odio o el amor,
Pues los pensamientos son cosas, y sus alas etéreas
     Son más veloces que palomas mensajeras.

Siguen la ley del universo.

   Cada cosa crea su género,
 Y pasan veloces para traer de vuelta
   Aquello que salió de tu mente.

La señora Wilcox comprendió la verdad: que los pensamientos que salen de la mente también se incrustan profundamente en la mente subconsciente, donde sirven como un imán, un patrón o un modelo por medio del cual la mente subconsciente es influenciada mientras los traduce en su equivalente físico. Los pensamientos son realmente objetos, por la sencilla razón de que todas las cosas materiales comienzan en la forma de la energía del pensamiento.

La mente subconsciente es más susceptible de recibir la influencia de los impulsos de pensamiento mezclados con "sentimientos" o emociones, que de aquellos que se originan únicamente en el razonamiento mental. De hecho, hay muchas pruebas que respaldan esta teoría, de que sólo los pensamientos emocionalizados tienen una influencia activa sobre la mente subconsciente. Es un hecho bien conocido que la mayoría de las personas se guían por las emociones o los sentimientos. Si bien es cierto que la mente subconsciente responde más rápidamente, y es más influenciada, por los impulsos del pensamiento combinados exitosamente con las emociones, es esencial familiarizarse con la más importante de las emociones. Existen siete grandes emociones positivas y siete grandes emociones negativas. Las negativas se inyectan *voluntariamente* en los impulsos de pensamiento, asegurando su paso a la mente subconsciente. Los aspectos positivos se deben inyectar, a través del principio de la autosugestión, a los impulsos de pensamiento que un individuo desee transmitirle a su mente subconsciente. (Se han dado instrucciones al respecto en el capítulo sobre la autosugestión).

Estas emociones, sentimientos o impulsos, se pueden comparar con la levadura en una hogaza de pan, porque constituyen el elemento activo, que transforma los impulsos del pensamiento del estado pasivo al activo. Así, uno puede entender por qué se puede actuar con mayor facilidad de acuerdo con los impulsos de pensamiento que han sido bien mezclados con la emoción, que con los impulsos del pensamiento que nacen del "razonamiento frío".

Se estás preparando para influir y controlar la "audiencia interna" de su mente subconsciente, con el fin de transmitirle el deseo de dinero que desea transmutar en su equivalente monetario. Es esencial, por lo tanto, que entienda el método de aproximación a esta "audiencia interna". Debe hablar su idioma, pues de lo contrario no le prestará atención a su llamado, ya que comprende mejor el lenguaje de las emociones o de los sentimientos. Por lo tanto, describiremos aquí las siete grandes emociones positivas y las siete grandes emociones negativas, de modo que pueda recurrir a los aspectos positivos y evitar

los negativos cuando le de instrucciones a su mente subconsciente.

LAS SIETE PRINCIPALES
EMOCIONES POSITIVAS

La emoción del DESEO
La emoción de la FE
La emoción del AMOR
La emoción del SEXO
La emoción del ENTUSIASMO
La emoción del ROMANCE
La emoción de la ESPERANZA

Hay otras emociones positivas, pero estas son las siete
más poderosas, y las más utilizadas en el esfuerzo creativo.
Domine estas siete emociones (que sólo pueden ser domi-
nadas por el uso) y las otras emociones positivas estarán a
su disposición cuando lo necesite. Recuerde, en este sentido, que está estudiando un libro que tiene la intención
de ayudarlo a desarrollar una "conciencia del dinero" al
llenar su mente con emociones positivas. No seremos
conscientes del dinero si llenamos nuestras mentes con
emociones negativas.

LAS SIETE PRINCIPALES
EMOCIONES NEGATIVAS
(QUE DEBEN EVITARSE)

La emoción del MIEDO

La emoción de LOS CELOS

La emoción del ODIO

La emoción de la VENGANZA

La emoción de la AVARICIA

La emoción de la SUPERSTICIÓN

La emoción de la IRA

Las emociones positivas y negativas no pueden ocupar la mente al mismo tiempo. Tiene que predominar una. Es su responsabilidad asegurarse de que las emociones positivas constituyan la influencia dominante de su mente. En este sentido, la ley del hábito vendrá en su ayuda. *¡Adquiera el hábito* de aplicar y utilizar las emociones positivas! Con el tiempo, estas dominarán su mente de una manera tan completa que las negativas no podrán entrar.

Sólo siguiendo estas instrucciones literalmente, y de forma continua, podrá obtener el control sobre su mente subconsciente. La presencia de una sola emoción negativa en su mente consciente puede destruir todas las posibilidades de ayuda constructiva de su mente subconsciente.

Si usted es una persona observadora, deberá haber notado que la mayoría de las personas recurren a la oración sólo cuando todo lo demás ha fallado, o que rezan en un ritual de palabras sin sentido. Y debido a que es un hecho que la mayoría de las personas que oran lo hacen sólo cuando todo lo demás ha fallado, lo hacen con sus mentes llenas de temor y de dudas, *que son las emociones con las que actúa la mente subconsciente*, y pasan luego a la Inteligencia Infinita . Del mismo modo, esta es la emoción que recibe la Inteligencia Infinita y sobre la que actúa.

Si rezas para pedir algo pero tiene miedo al hacerlo, es probable que no lo reciba, o que su oración no actúe sobre la Inteligencia Infinita; en este caso, sus plegarias habrán sido en vano.

En ciertas ocasiones, la oración nos concede aquello que hemos pedido. Si alguna vez has recibido aquello por lo que ha rezado, retroceda en su memoria y acuda al estado de su mente mientras estaba orando, y sabrá a ciencia cierta que la teoría que aquí se describe es más que una teoría.

Llegará el momento en que las escuelas y las instituciones educativas del país enseñarán la "ciencia de la oración". Por otra parte, la oración puede ser -y se reducirá- a una ciencia. Cuando llegue ese momento (que llegará tan pronto como la humanidad esté preparada para él y lo exija), nadie se acercará a la Mente Universal en un estado de miedo, por la sencilla razón de que esta emoción no existirá. La ignorancia, la superstición y las falsas enseñanzas desaparecerán, y el hombre habrá alcanzado su verdadera condición como hijo de la Inteligencia Infinita. Algunos ya han recibido esta bendición.

Si cree que esta profecía es exagerada, observe a la humanidad en retrospectiva. Hace menos de un siglo, los hombres creían que el rayo era la evidencia de la ira de Dios y le temían. Ahora, gracias al poder de la fe, los hombres han aprovechado el rayo y le han dado aplicaciones industriales. Hace mucho menos de un siglo, los hombres creían que el espacio entre los planetas era simplemente un gran vacío, un área muerta donde nada existía. Ahora, gracias a este mismo poder de la fe, los hombres saben que lejos de estar muerto o de ser un vacío, el espacio entre los planetas está lleno de vida, y es la forma más alta de vibración conocida, con excepción quizás de la vibración del pensamiento. Por otra parte, los hombres saben que esta energía viva pulsante y vibratoria que impregna cada átomo de materia, y que llena todos los vacíos del espacio, conecta a los cerebros humanos.

¿Qué razón tienen los hombres para creer que esta misma energía no conecta a todos los cerebros humanos con la Inteligencia Infinita?

No hay peajes entre la mente finita del hombre y la Inteligencia Infinita. El único costo de la comunicación es la paciencia, la fe, la perseverancia, la comprensión, y un sincero deseo de comunicarse. Además, esto es algo que sólo los individuos pueden hacer por su propia iniciativa. Las oraciones pagadas no tienen ningún valor. La Inteligencia Infinita no funciona por poderes. Usted lo hace directamente, o no se comunica.

Puede comprar libros de oraciones y repetirlos hasta el día de su muerte sin obtener resultado alguno. Los pensamientos que desee comunicarle a la Inteligencia Infinita deben sufrir una transformación, como sólo puede darse a través de su mente subconsciente.

El método por el cual puede comunicarse con la inteligencia infinita es muy similar al empleado por la vibración del sonido para comunicarse con la radio. Si entiende el principio del funcionamiento de la radio, obviamente sabrá que el sonido no se puede comunicar a través del éter hasta que se haya "intensificado" o transformado en una serie de vibraciones que el oído humano no puede detectar. La emisora recoge el sonido de la voz humana y lo procesa o lo modifica intensificando la vibración millones de veces. La vibración del sonido puede comunicarse a través del éter sólo de esta manera. Cuando esta transformación ha tenido lugar, el éter "recoge" la energía (que originalmente tenía la forma de vibraciones de sonido) y la lleva a las estaciones de radio receptoras, las cuales transforman de nuevo la energía a su nivel original de vibración, para que sea reconocida como un sonido.

La mente subconsciente es la intermediaria que traduce nuestras oraciones en unos términos que la Inteligencia Infinita pueda reconocer, transmite el mensaje y devuelve la respuesta en la forma de un plan o idea definida para recibir el objeto de la oración. Si entiende este principio, sabrá por qué el simple acto de leer un libro de oraciones no puede, y nunca servirá, como una agencia de comunicación entre la mente del hombre y la Inteligencia Infinita.

Antes de que su oración llegue a la Inteligencia Infinita (una declaración de la teoría del autor solamente), es probable que se transforme de la vibración de pensamiento original a una vibración espiritual. La fe es el único organismo conocido que le dará una naturaleza espiritual a sus pensamientos. La fe y el miedo no son buenos compañeros. *Allí donde está el uno, el otro no puede existir.*

CAPÍTULO 13

EL CEREBRO

UNA ESTACIÓN EMISORA Y RECEPTORA DEL PENSAMIENTO

El duodécimo paso hacia la riqueza

Hace más de veinte años, el autor, en colaboración con el doctor Alexander Graham Bell y con el doctor Elmer R. Gates, observó que todo cerebro humano es a la vez una estación emisora y receptora de las vibraciones del pensamiento.

Por medio del éter, y de un modo similar al empleado por el principio de la radiodifusión, todo cerebro humano es capaz de captar las vibraciones de pensamiento que están siendo emitidas por otros cerebros.

En relación con la declaración del párrafo anterior, compare y considere la descripción de la Imaginación Creativa, tal como se indica en el capítulo sobre la Imaginación. La Imaginación Creativa es el "aparato receptor" del cerebro que recibe pensamientos liberados por los cerebros de otras personas. Es la agencia de comunicación entre la mente consciente, o el razonamiento, y las cuatro fuentes de las que se pueden recibir estímulos de pensamiento.

Cuando se estimula o "se refuerza" a una alta tasa de vibración, la mente se vuelve más receptiva a las vibraciones de pensamiento que le llegan a través del éter de las fuentes externas. Este proceso de "refuerzo" ocurre mediante las emociones positivas, o de las emociones negativas. Las vibraciones del pensamiento se pueden aumentar a través de las emociones.

Las vibraciones que tienen un ritmo muy alto son las únicas vibraciones que son captadas y trasmitidas por el éter de un cerebro a otro. El pensamiento es energía que viaja a un ritmo muy alto de vibración. El pensamiento que ha sido modificado o "reforzado" por cualquiera de las emociones más importantes, vibra a una frecuencia mucho más alta que el pensamiento ordinario, y este tipo de pensamiento es el que pasa de un cerebro a otro a través de los mecanismos de difusión del cerebro humano.

La emoción del sexo encabeza la lista de las emociones humanas, en cuanto a intensidad y fuerza motriz se refiere. El cerebro que ha sido estimulado por la emoción del sexo vibra a un ritmo mucho más rápido que cuando esa emoción está inactiva o ausente.

El resultado de la transmutación del sexo es el aumento de la frecuencia de vibración de los pensamientos a tal punto que la Imaginación Creativa se vuelve muy receptiva a las ideas que recibe del éter. Por otro lado, cuando el cerebro está vibrando a un ritmo rápido, no sólo atrae pensamientos e ideas emitidas por otros cerebros por medio del éter, sino que les da a los pensamientos ese "sentimiento" esencial antes de que sean captados y aplicados por la mente subconsciente.

Por lo tanto, verá que el principio de la radiodifusión es el factor con el que combina sentimientos o emociones con sus pensamientos y los transmite a su mente subconsciente.

La mente subconsciente es la "estación de envío" del cerebro a través de la cual se transmiten las vibraciones del pensamiento. La Imaginación Creativa es el "aparato receptor" a través del cual las vibraciones del pensamiento son captadas a partir del éter.

Además de los factores importantes de la mente subconsciente y de la facultad de la Imaginación Creativa, que constituyen los aparatos de envío y recepción de su emisora mental, consideremos ahora el principio de la autosugestión, que es el medio por el cual puedes poner en funcionamiento su estación "transmisora".

A través de las instrucciones descritas en el capítulo sobre la autosugestión, se le informó definitivamente sobre el método por el cual el deseo puede transmutarse en su equivalente monetario.

El funcionamiento de su "radiodifusora" mental es un procedimiento relativamente sencillo. Solo debe tener en cuenta tres principios y aplicar, cuando quiera utilizar su estación radiodifusora, la mente subconsciente, la imaginación creativa y la autosugestión. Los estímulos a través de los cuales pone estos tres principios en práctica ya se han descrito; el procedimiento comienza con el deseo.

LAS FUERZAS MÁS GRANDES SON "INTANGIBLES"

La depresión llevó al mundo al borde del entendimiento de unas fuerzas que son intangibles e invisibles. Desde hace muchos siglos, el hombre ha dependido demasiado de sus sentidos físicos, y ha limitado su conocimiento de las cosas físicas que podía ver, tocar, pesar y medir.

Estamos entrando ahora en la más maravillosa de todas las épocas, una época que nos enseñará algo sobre las fuerzas intangibles del mundo que nos rodea. Tal vez aprenderemos, mientras vivimos esta época, que el "otro yo" es más poderoso que el yo físico que vemos cuando nos miramos en un espejo.

A veces, los hombres hablan con ligereza de los intangibles: de las cosas que no pueden percibir a través de sus cinco sentidos, y cuando los escuchamos, debemos recordar que todos nosotros somos controlados por fuerzas que son invisibles e intangibles.

El conjunto de la humanidad no tiene el poder para hacerle frente ni para controlar la fuerza intangible que está en las olas de los océanos. El hombre no tiene la capacidad para comprender la fuerza intangible de la gravedad que mantiene a este pequeño planeta suspendido en el aire y evita que el hombre se caiga de él, y mucho menos el poder de controlar esa fuerza. El hombre está completamente subordinado a la fuerza intangible que llega con una tormenta de truenos y es completamente impotente ante la presencia de la fuerza intangible de la electricidad; o mejor dicho, ¡ni siquiera sabe qué es la electricidad, de dónde viene, o cuál es su propósito!

Y esto no es de ninguna manera el fin de la ignorancia del hombre en relación con las cosas invisibles e intangibles. Él no comprende la fuerza intangible (ni la inteligencia), que está en el suelo de la tierra: *la fuerza que le proporciona cada bocado de alimento que come, cada prenda de ropa que lleva, cada dólar que guarda en sus bolsillos.*

LA DRAMÁTICA HISTORIA DEL CEREBRO

Por último, pero no menos importante, el hombre, con toda su cultura y educación de la que se jacta, entiende poco o nada de la fuerza intangible (la más grande de todos los intangibles) del *pensamiento*. Sabe muy poco acerca del cerebro físico y de su vasta red de maquinaria intrincada a través del cual el poder del pensamiento se traduce en su equivalente material; sin embargo, ahora está entrando en una época que seguramente le dará luces sobre el tema. Los científicos ya han comenzado a centrar su atención en el estudio de esta cosa estupenda llamada cerebro, y, aunque todavía están en la etapa preliminar de sus estudios, han obtenido el conocimiento suficiente para saber que el panel central del cerebro humano, el número de líneas que conectan las células cerebrales entre sí, equivale a una cifra de 1, seguido por quince millones de cifras.

"La cifra es tan enorme", dijo el doctor C. Judson Herrick, de la Universidad de Chicago, "que las cifras astronómicas que se ocupan de los cientos de millones de años luz se vuelven insignificantes en comparación... Se ha determinado que hay entre 10.000.000.000 y 14.000.000.000 células nerviosas en la corteza cerebral humana, y sabemos que están dispuestas en patrones definidos. Esta disposición no es azarosa, sino ordenada. Recientemente se han desarrollado métodos de electrofisiología que extraen corrientes de acción de células con una ubicación muy precisa, o fibras con microelectrodos, las amplifican con tubos de radio y registran diferencias potenciales de una millonésima de voltio".

Es inconcebible que dicha red de un mecanismo intrincado exista con el único propósito de realizar las funciones físicas inherentes al crecimiento y mantenimiento del cuerpo físico. ¿No es probable que el mismo sistema que le da miles de millones de células cerebrales los medios para comunicarse entre sí, ofrezca también los medios de comunicación con otras fuerzas intangibles?

Después de que este libro fuera escrito, justo antes de que el manuscrito llegara a la editorial, el *New York Times* publicó un editorial donde se comentaba que al menos una gran universidad, y un investigador inteligente en el campo de los fenómenos mentales, estaban realizando una investigación exhaustiva a través de la cual se ha llegado a conclusiones semejantes a las descritas en este capítulo y el siguiente. El editorial analizó brevemente la labor llevada a cabo por el doctor Rhine y sus asociados en la Universidad de Duke, a saber:

¿QUÉ ES LA "TELEPATÍA"?

"Hace un mes citamos en esta página algunos de los notables resultados alcanzados por el profesor Rhine y sus asociados en la Universidad de Duke luego de realizar más de cien mil pruebas para determinar la existencia de la "telepatía" y la "clarividencia". Estos resultados fueron resumidos en los dos primeros artículos en la revista *Harpers*. En el segundo, que ha aparecido ahora, el autor E. H. Wright intenta sintetizar lo que se ha aprendido, o lo que parece razonable inferir, en relación con la naturaleza exacta de estos modos de percepción 'extrasensoriales'.

"La existencia real de la telepatía y la clarividencia parece sumamente probable para algunos científicos como resultado de los experimentos de Rhine. A varios perceptores se les pidió que nombraran el mayor número de cartas de un paquete especial como pudieran, sin poder mirarlas y sin otro tipo de acceso sensorial para hacerlo. Se encontró que alrededor de veinte hombres y mujeres podían nombrar correctamente tantas de las cartas, que 'no había una posibilidad entre más de un millón de millones de que hubieran hecho semejante hazaña de manera accidental o por su buena suerte'.

"Pero, ¿cómo lo hicieron? Estos poderes, en el supuesto de que existan, no parecen ser sensoriales. No hay órgano conocido para ellos. Los experimentos funcionaron igual de bien a varios cientos de millas de distancia como lo hicieron en la misma habitación. Estos hechos eliminan también, en opinión del señor Wright, el intento de explicar la telepatía o la clarividencia a través de cualquier teoría física de la radiación. Todas las formas conocidas de energía radiante declinan en un sentido inversamente proporcional al cuadrado de la distancia recorrida. La telepatía y la clarividencia no hacen esto. Sin embargo, varían por causas físicas, así como lo hacen nuestros otros poderes mentales. Contrariamente a la opinión generalizada, no mejoran cuando el perceptor se encuentra dormido o medio dormido, sino, por el contrario, cuando está más despierto y alerta. Rhine descubrió que un narcótico disminuye siempre el puntaje de un perceptor, mientras que un estimulante siempre lo aumenta. Al parecer, el perceptor más confiable no puede obtener una buena puntuación a menos que intente hacerlo lo mejor posible.

"Una de las conclusiones a las que llega Wright con cierta confianza es que la telepatía y la clarividencia son uno y el mismo don. Es decir, que la facultad que 've' una carta boca abajo sobre una mesa parece ser exactamente la misma que 'lee' el pensamiento que reside en otra mente. Hay varias razones para creer esto. Hasta ahora, por ejemplo, estas dos habilidades se han encontrado en cada persona que disfrute de cualquiera de ellas. En cada una, las dos han tenido casi la misma fuerza. Las pantallas, las paredes y las distancias no tienen ningún efecto en absoluto en ellas. Wright saca esta conclusión para expresar lo que propone como nada más que una simple "corazonada" que otras experiencias extrasensoriales, sueños proféticos, premoniciones de desastres, y otras similares, también pueden llegar a ser parte de la misma facultad. Al lector no se le pide que acepte ninguna de estas conclusiones a menos que lo considere necesario, pero las pruebas que Rhine ha recopilado siguen siendo impresionantes".

En vista del anuncio del doctor Rhine en relación con las condiciones en que la mente responde a lo que él llama modos de percepción "extrasensorial", ahora me siento privilegiado de añadir a su testimonio diciendo que mis colaboradores y yo hemos descubierto lo que creemos que son las condiciones ideales bajo las cuales se puede estimular a la mente de modo que el sexto sentido descrito en el capítulo siguiente pueda funcionar de una manera práctica.

Las condiciones a las que me refiero consisten en una estrecha alianza de trabajo entre dos miembros de mi equipo y yo. A través de la experimentación y de la práctica, hemos descubierto cómo estimular nuestras mentes (mediante la aplicación del principio utilizado en relación con los "consejeros invisibles" descritos en el capítulo siguiente) para que podamos, mediante un proceso de fusión de nuestras tres mentes en una sola, encontrar la solución a una gran variedad de problemas personales que me han expuesto mis clientes.

El procedimiento es muy simple. Nos sentamos en una mesa de conferencias, expresamos claramente la naturaleza del problema que tenemos en consideración, y luego comenzamos a discutirlo. Cada uno contribuye con los pensamientos que se le puedan ocurrir. Lo extraño de este método de estimulación mental es que sitúa a cada participante en comunicación con las fuentes de conocimiento desconocidas claramente fuera de su propia experiencia.

Si entiende el principio descrito en el capítulo del equipo de trabajo, obviamente reconocerá el procedimiento de la mesa redonda descrito aquí como una aplicación práctica del equipo de trabajo.

Este método de estimulación mental, mediante la discusión armoniosa de temas concretos entre tres personas, ilustra el uso más simple y práctico del equipo de trabajo.

Al adoptar y seguir un plan similar cualquier estudiante de esta filosofía puede entrar en posesión de la famosa fórmula que Carnegie describió brevemente en la introducción. Si no significa nada para usted en este momento, marque esta página y léala de nuevo después de haber terminado el último capítulo.

La "depresión" fue una bendición disfrazada. Llevó a todo el mundo a un nuevo punto de partida que le dará a cada uno una nueva oportunidad.

CAPÍTULO 14

EL SEXTO SENTIDO
LA PUERTA AL TEMPLO
DE LA SABIDURÍA
El decimotercer paso hacia la riqueza

El "decimotercer" principio es conocido como el sexto sentido a través del cual la Inteligencia Infinita puede, y se comunicará de forma voluntaria, sin ningún esfuerzo ni exigencia por parte del individuo.

Este principio es el más importante de esta filosofía. Puede ser asimilado, comprendido y aplicado sólo mediante el dominio de los otros doce principios.

El sexto sentido es esa parte de la mente subconsciente que se ha denominado como la Imaginación Creativa. También ha sido llamada el "aparato receptor" a través del cual las ideas, los planes y los pensamientos destellan en la mente. Los "destellos" a veces se llaman "corazonadas" o "inspiraciones".

¡El sexto sentido desafía toda descripción! No se le puede describir a una persona que no haya dominado los otros principios de esta filosofía, porque esta persona no tiene conocimientos ni experiencia para poder comparar el sexto sentido. La comprensión del sexto sentido se da sólo por la meditación a través del desarrollo mental *desde adentro*. El sexto sentido es probablemente el medio de contacto entre la mente finita del hombre y la Inteligencia Infinita, y por esta razón, *es una mezcla de lo mental y de lo espiritual*. Se cree que es el punto en que la mente humana entra en contacto con la Mente Universal.

Cuando haya dominado los principios descritos en este libro, estará preparado para aceptar como verdad una afirmación que, de lo contrario, podría ser increíble para usted:

A través de la ayuda del sexto sentido, será advertido de los peligros inminentes para que pueda evitarlos, y se le notificarán oportunidades en el momento más oportuno para aprovecharlas.

El sexto sentido vendrá en su ayuda, y si sabe aprovecharlo, tendrá un "ángel de la guarda" que le abrirá la puerta del Templo de la Sabiduría.

Nunca sabrá si esto es cierto o no, a menos que siga las instrucciones descritas en las páginas de este libro, o algún método similar.

El autor no es un creyente ni un defensor de los "milagros", porque tiene el conocimiento suficiente de la naturaleza para entender que esta nunca se desvía de sus leyes establecidas. Algunas de esas leyes son tan incomprensibles que producen lo que parecen ser "milagros". El sexto sentido está tan cerca de ser un milagro como ninguna otra cosa que yo haya experimentado y parece que es así, sólo porque no entiendo el método por el cual funciona este principio.

Pero el autor sabe esto: que hay un poder, una Primera Causa o Inteligencia, que impregna cada átomo de materia y contiene cada unidad de energía perceptible para el hombre; que esa Inteligencia Infinita convierte las semillas en robles, hace que el agua fluya colina abajo en respuesta a la ley de la gravedad, que el día siga a la noche y el verano al invierno, manteniendo cada uno su propio lugar y su relación con el otro. Esta inteligencia puede, a través de los principios de esta filosofía, ser inducida a ayudar en la transmutación de los deseos en una forma material y concreta. El autor posee este conocimiento porque ha experimentado con él.

Ha sido conducido a este último principio paso a paso a través de los capítulos anteriores. Si ha dominado cada uno de los principios anteriores, ahora está dispuesto a aceptar, *sin escepticismo*, las grandiosas afirmaciones hechas aquí. Si no ha dominado los otros principios, debe hacerlo antes de que pueda determinar, sin ninguna duda, si las afirmaciones realizadas en este capítulo son realidad o ficción.

Mientras atravesaba la época del "culto al héroe", me encontré tratando de imitar a aquellos a quienes más admiraba. Por otra parte, he descubierto que el elemento de la fe, con el que traté de imitar a mis ídolos, me dio una gran capacidad para hacerlo con éxito.

Nunca me he desprendido del todo de este hábito del culto al héroe, aunque ya he pasado esa época. Mi experiencia me ha enseñado que lo mejor después de ser verdaderamente grande es emular a los grandes a través del sentimiento y la acción tanto como sea posible.

Mucho antes de que yo hubiera escrito una sola línea para su publicación, o dedicado a pronunciar un discurso en público, seguí el hábito de reconfigurar mi propio carácter, tratando de imitar a los nueve hombres cuyas vidas y obras me habían parecido tan impresionantes. Estos nueve hombres fueron Emerson, Paine, Edison, Darwin, Lincoln, Burbank, Napoleón, Ford y Carnegie. Cada noche, durante un largo período de años, sostuve una conversación imaginaria con ese grupo al que llamé mis "consejeros invisibles".

El procedimiento fue el siguiente: justo antes de dormirme por la noche, cerraba los ojos y veía, en mi imaginación, a este grupo de hombres sentados conmigo alrededor de mi mesa de conferencias. Allí, no sólo tenía la oportunidad de sentarme entre quienes yo consideraba que era grandes, si no que en realidad yo dominaba el grupo al actuar como su presidente.

Yo tenía un propósito muy definido en ejercitar mi imaginación a través de estas reuniones nocturnas. Mi propósito consistía en reconstruir mi propio carácter para que representara una combinación de los caracteres de mis consejeros imaginarios. Al darme cuenta, como lo hice temprano en la vida, de que tenía que superar el obstáculo de haber nacido en un ambiente de ignorancia y superstición, me asigné la tarea de renacer voluntariamente a través del método aquí descrito.

LA FORMACIÓN DEL CARÁCTER A TRAVÉS DE LA AUTOSUGESTIÓN

Yo era un estudiante serio de la psicología y sabía por supuesto que todos los hombres se han convertido en lo que son a causa de sus pensamientos y deseos dominantes. Sabía que todo deseo profundamente asentado tiene el efecto de hacer que uno busque una expresión externa a través de la cual ese deseo pueda transmutarse en una realidad. Sabía que la autosugestión es un factor poderoso en la formación del carácter, que es, de hecho, el único principio a través del cual se construye el carácter.

Con este conocimiento de los principios del funcionamiento de la mente, me sentí muy bien dotado con el equipo necesario para reconfigurar mi carácter. En estas reuniones imaginarias del Concejo, les pedía a los miembros de mi gabinete los conocimientos que deseaba adquirir, dirigiéndome a cada uno de ellos con las siguientes palabras:

"Señor Emerson, deseo adquirir de usted la maravillosa comprensión de la Naturaleza que distinguió su vida. Le pido que deje una impresión en mi mente subconsciente de todas las cualidades que usted poseía y que le permitieron comprender y adaptarse a las leyes de la Naturaleza. Le pido que me ayude a obtener y a recurrir a todas las fuentes de conocimiento que estén disponibles para este fin.

"Señor Burbank, le pido que me transmita los conocimientos que le permitieron armonizar las leyes de la naturaleza de modo que el cactus se desprendiera de sus espinas y se convirtiera en un alimento comestible. Deme el acceso al conocimiento que le permitió hacer dos hojas de hierba donde antes crecía una sola, y le ayudó a mezclar el color de las flores con más esplendor y armonía, pues sólo usted le ha puesto un color dorado al lirio.

"Napoleón, deseo adquirir de usted, por emulación, la maravillosa habilidad que poseyó para inspirar a los hombres, y para despertar el espíritu de acción más grande y decidida. También deseo adquirir su espíritu de fe perdurable, que le permitió transformar la derrota en victoria y superar enormes obstáculos. ¡Yo le saludo, Emperador del Destino, Rey de la Suerte, Hombre del Destino!

"¡Señor Paine, deseo adquirir de usted la libertad de pensamiento, la valentía y la claridad para expresar las convicciones que lo distinguían a usted!

"Señor Darwin, deseo adquirir de usted la maravillosa paciencia y la habilidad de estudiar la causa y el efecto sin parcialidad ni prejuicio, tan ejemplificadas por usted en el campo de las ciencias naturales.

"Señor Lincoln, deseo incorporar a mi carácter el agudo sentido de la justicia, el espíritu incansable de paciencia, el sentido del humor, la comprensión humana y la tolerancia, que son sus características distintivas.

"Señor Carnegie, ya estoy en deuda con usted por haber elegido mi trabajo de toda una vida, que me ha dado una gran alegría y paz mental. Deseo adquirir un conocimiento profundo de los principios del *esfuerzo organizado* que usted utilizó con tanta eficacia en la construcción de una gran empresa industrial.

"Señor Ford, usted ha sido uno de los hombres más útiles que me han dado una gran parte del material esencial para mi trabajo. Deseo adquirir su espíritu de perseverancia, determinación, aplomo y confianza en sí mismo que le han permitido dominar la pobreza, organizar, unificar, y simplificar el esfuerzo humano, para que yo pueda a otros a seguir sus pasos.

"Señor Edison, lo he sentado más cerca de mí, a mi derecha, debido a la cooperación personal que me ha prestado durante mi investigación sobre las causas del éxito y el fracaso. Deseo adquirir de usted el maravilloso espíritu de fe, con el que ha descubierto muchos de los secretos de las Naturaleza, el espíritu de trabajo agotador con el que tantas veces usted ha convertido la derrota en victoria".

Mi método para dirigirme a los miembros del gabinete imaginario variaba según los rasgos de carácter que yo estuviera más interesado en adquirir en ese momento. Estudié sus vidas con mucho esmero. Después de hacer esto en las noches durante algunos meses, me quedé asombrado por el descubrimiento de que estos personajes imaginarios aparentemente se hacían *reales*.

Cada uno de estos nueve hombres desarrolló características individuales que me sorprendían. Por ejemplo, Lincoln desarrolló el hábito de llegar siempre tarde, pero luego entraba con solemnidad. Se acercaba muy despacio, con las manos cruzadas detrás, y de vez en cuando apoyaba su mano en mi hombro. Siempre tenía una expresión de seriedad en su rostro. Pocas veces lo vi sonreír. Su preocupación por un país dividido le dio un carácter taciturno.

Pero esto no se aplicaba a los demás. Burbank y Paine se enfrascaban en réplicas ingeniosas que a veces parecían impresionar a los demás miembros del Concejo. Una noche, Paine me sugirió que preparara una conferencia sobre "La Edad de la Razón" y la pronunciara desde el púlpito de una iglesia a la que yo había asistido anteriormente. Muchos de quienes estaban en la mesa se rieron con ganas ante la sugerencia. ¡Pero no Napoleón! Las comisuras de sus labios se arquearon hacia abajo y se quejó en voz tan alta que todos lo miraron con asombro. Para él, la iglesia no era más que un peón del Estado, que no debía ser reformada, sino utilizada por el pueblo para fomentar actividades en masa.

En una ocasión, Burbank llegó tarde. Estaba muy entusiasmado y explicó que había llegado tarde a causa de un experimento que estaba haciendo, a través del cual esperaba cosechar manzanas de cualquier tipo de árbol. Paine lo reprendió, recordándole que una manzana era la que había iniciado todo el problema entre el hombre y la mujer. Darwin se rió de todo corazón, y le sugirió a Paine que tuviera cuidado con las serpientes pequeñas cuando fuera al bosque a recoger las manzanas, ya que tenían la costumbre de convertirse en serpientes grandes. Emerson observó: "Sin serpientes no hay manzanas", y Napoleón afirmó: "¡Sin manzanas no hay Estado!".

Lincoln desarrolló el hábito de ser siempre el último en levantarse de la mesa después de cada reunión. En una ocasión, se inclinó sobre la mesa con los brazos cruzados y se mantuvo varios minutos en esa posición. No hice ningún intento por perturbarlo. Finalmente, levantó la cabeza lentamente, se puso de pie y caminó hacia la puerta; se dio la vuelta, regresó, me puso su mano en el hombro y me dijo: "Hijo mío, necesitarás mucho valor si sigues firme en llevar a cabo tu propósito en la vida. Pero cuando las dificultades te superen, recuerda que las personas normales tienen sentido común, y que las adversidades lo fortalecerán".

Una noche, Edison llegó antes que los demás. Se acercó y se sentó a mi izquierda, donde Emerson acostumbraba sentarse, y me dijo: "Tú estás destinado a presenciar el descubrimiento del secreto de la vida. Cuando llegue el momento, te darás cuenta de que la vida se compone de grandes enjambres de energía o entidades, cada una tan inteligente como los seres humanos creen serlo.

Estas unidades de vida se agrupan como colmenas de abejas, y permanecen juntas hasta que se desintegran debido a la falta de armonía. Estas unidades tienen diferencias de opinión al igual que los seres humanos y pelean con frecuencia entre sí. Estas reuniones que estás realizando serán muy útiles para ti. Te traerán algunas de las unidades de vida que les ayudaron a los miembros de tu Concejo, durante sus vidas. Estas unidades son eternas. ¡Nunca mueren! Tus propios pensamientos y deseos sirven como el imán que atrae a las unidades de vida, comenzando con el gran océano de la vida. Sólo las unidades amigas se sienten atraídas, las que armonizan con la naturaleza de tus deseos".

Los otros miembros del Concejo comenzaron a entrar a la habitación. Edison se levantó y caminó lentamente alrededor a de su silla. Edison vivía aún cuando esto ocurrió. Me impresionó tanto que fui a verlo y le conté mi experiencia. Sonrió y me dijo: "Tu sueño era más una realidad de lo que puedas imaginar que fue". Y no me dio ninguna otra explicación.

Estas reuniones se hicieron tan realistas que llegué a temer sus consecuencias, y las suspendí durante varios meses. Las experiencias eran tan extrañas que temía perder de vista que eran simplemente *experiencias de mi imaginación*. Unos seis meses después de haber suspendido estas reuniones me desperté una noche, o eso creí, cuando vi a Lincoln a un lado de mi cama. Me dijo: "El mundo pronto necesitará tus servicios. Se acerca un período de caos que hará que los hombres y las mujeres pierdan la fe y sufran un ataque de pánico. Sigue adelante con tu trabajo y completa tu filosofía. Esa es tu misión en la vida. Si la descuidas, sin importar la causa, quedarás reducido a un estado primitivo, y te verás obligado a pasar de nuevo los ciclos que has pasado durante miles de años".

A la mañana siguiente, yo no sabía si había soñado esto, o realmente había estado despierto, y nunca lo he sabido, pero sí sé que el sueño, si se trataba de un sueño, fue tan vívido en mi mente al día siguiente que reanude a mis reuniones la noche siguiente.

En nuestra próxima reunión, los miembros de mi gabinete llegaron juntos y se sentaron en sus lugares acostumbrados, mientras Lincoln levantaba una copa y decía: "Señores, vamos a brindar por un amigo que ha regresado al redil".

Después de eso, comencé a agregar nuevos miembros a mi gabinete, que actualmente tiene más de cincuenta, entre ellos Cristo, San Pablo, Galileo, Copérnico, Aristóteles, Platón, Sócrates, Homero, Voltaire, Bruno, Spinoza, Drummond, Kant, Schopenhauer, Newton, Confucio, Elbert Hubbard, Brann, Ingersoll, Wilson y William James.

Esta es la primera vez que he tenido el coraje de hablar de esto. He permanecido callado sobre el tema, porque sabía, debido a mi propia actitud en relación con estos asuntos, que iba a ser malinterpretado si describía mi experiencia inusual. He sido animado a reducir mi experiencia a la página impresa porque ahora estoy menos preocupado que antes por el "qué dirán". Una de las bendiciones de la madurez es que a veces le trae a uno un mayor valor para decir la verdad, independientemente de lo que puedan pensar o decir aquellos que no entienden.

Para que no me malinterpreten, quiero expresar aquí de la manera más enfática que todavía considero mis reuniones de gabinete como puramente imaginarias, pero me siento con derecho a sugerir que, si bien los miembros de mi gabinete pueden ser puramente ficticios, y que las reuniones sólo existen en mi propia imaginación, me han llevado por caminos gloriosos de aventuras, han revivido una apreciación de la verdadera grandeza, alentado mi esfuerzo creativo y animado a la expresión del pensamiento honesto.

En algún lugar de la estructura celular del cerebro, se encuentra un órgano que recibe las vibraciones del pensamiento habitualmente llamado "corazonadas". Hasta ahora, la ciencia no ha descubierto dónde está este órgano del sexto sentido, pero esto no es importante. El hecho es que los seres humanos reciben un conocimiento preciso a través de otras fuentes distintas de los sentidos físicos. Tal conocimiento se recibe por lo general cuando la mente está bajo la influencia de un estímulo extraordinario. Cualquier emergencia que despierte emociones y haga que el corazón lata más rápido de lo normal, puede, y generalmente hace entrar el sexto sentido en acción. Cualquiera que haya estado a un paso de sufrir un accidente mientras conduce, sabe que en tales ocasiones el sexto sentido viene con frecuencia al rescate de uno y lo ayuda a evitar el accidente, por pocas décimas de segundo.

Menciono estos hechos antes de decir que durante mis reuniones con los "consejeros invisibles", creo que mi mente era más receptiva a las ideas, pensamientos y conocimientos que me llegaban a través del sexto sentido. Puedo decir con sinceridad que les debo a mis "consejeros invisibles" todo el crédito por estas ideas, hechos o conocimientos que he recibido a través de la "inspiración".

En decenas de ocasiones, cuando me he enfrentado a situaciones de emergencia, algunas tan graves que mi vida se vio en peligro, he sido milagrosamente guiado más allá de estas dificultades a través de la influencia de mis "consejeros invisibles".

Mi propósito original en la realización de las reuniones del Concejo con los seres imaginarios era simplemente impresionar a mi mente subconsciente, a través del principio de la auto-sugestión, con ciertas características que yo deseaba adquirir. En años más recientes, mi experimentación ha adquirido una tendencia totalmente diferente. Ahora acudo a mis consejeros imaginarios con todos los problemas difíciles que tenemos mis clientes y yo. Los resultados son a menudo sorprendentes, aunque no dependo enteramente de este tipo de consejos.

Usted ha reconocido por supuesto que este capítulo

trata un tema con el que la mayoría de las personas no están familiarizadas. El sexto sentido es un tema que será de gran interés y beneficio para la persona cuyo objetivo sea acumular grandes riquezas, pero no para aquellos cuyos deseos sean más modestos.

Es indudable que Henry Ford entiende y hace un uso práctico del sexto sentido. Su gran negocio y operaciones financieras hacen que sea necesario que entienda y utilice este principio. Thomas A. Edison entendía y utilizaba el sexto sentido en relación con el desarrollo de sus inventos, especialmente aquellos relacionados con patentes básicas, en relación con los cuales él no tenía ninguna experiencia humana y no había conocimientos acumulados que lo guiaran, como fue el caso cuando se encontraba trabajando en el gramófono, y en la máquina de hacer cine.

Casi todos los grandes líderes, como Napoleón, Bismarck, Juana de Arco, Cristo, Buda, Confucio y Mahoma, entendieron y probablemente hicieron uso del sexto sentido de manera casi continua. La mayor parte de su grandeza consistió en el conocimiento de este principio.

El sexto sentido no es algo que se pueda quitar y poner a voluntad. La capacidad para utilizar este gran poder se da poco a poco mediante la aplicación de los principios reseñados en este libro. Rara vez un individuo adquiere el conocimiento práctico del sexto sentido antes de cumplir cuarenta años. Con mayor frecuencia este conocimiento no está disponible hasta los cincuenta años y esto por la sencilla razón de que las fuerzas espirituales,

con las que el sexto sentido está tan estrechamente relacionado, no maduran y se vuelven útiles, excepto a través
de varios años de meditación, auto-examen y de una re-
flexión seria.

No importa quién sea, o cuál pudo haber sido su propósito al leer este libro; usted puede obtener beneficios de
él sin comprender el principio descrito en este capítulo.
Esto es especialmente cierto si su objetivo principal es
acumular dinero u otras cosas materiales.

El capítulo sobre el sexto sentido se incluyó debido a
que el libro ha sido diseñado con el propósito de presentar
una filosofía completa por la cual las personas puedan
orientarse para obtener aquello que le piden a la vida. El
punto de partida de todo logro es el deseo. El punto final
es esa rama del conocimiento que conduce a la comprensión; a la comprensión de uno mismo, a la comprensión de
los demás, a la comprensión de las leyes de la Naturaleza,
al reconocimiento y la a comprensión de la felicidad.

Este tipo de conocimiento se presenta en su plenitud
sólo a través de la familiaridad y el uso del principio del
sexto sentido; por lo tanto, este principio tuvo que in-
cluirse como parte de esta filosofía, en beneficio de aquellos que exigen algo más que dinero.

Después de leer el capítulo, habrá observado que
mientras lo leía, se sentía elevado a un alto nivel de estimulación mental. ¡Espléndido! Vuelva a hacerlo un mes a
partir de ahora; léalo una vez más y observe que su mente
se elevará a un nivel aún más alto de estimulación. Repita

esta experiencia de vez en cuando, sin preocuparse por lo mucho o lo poco que aprenda a la vez, y finalmente se encontrará en posesión de un poder que le permitirá eliminar el desánimo, dominar el temor, superar la dilación, y recurrir libremente a su imaginación. Entonces percibirá el tacto de ese "algo" desconocido que ha sido el espíritu motivador de todo pensador, líder, artista, músico, escritor y estadista verdaderamente grande. Estará en condiciones de transmutar sus deseos en su equivalente físico o financiero tan fácilmente como puede rendirse y renunciar a la primera señal de oposición.

¡LA FE VERSUS EL MIEDO!

En los capítulos anteriores hemos descrito cómo desarrollar la fe a través de la autosugestión, el deseo y el subconsciente. El siguiente capítulo presenta instrucciones detalladas para el dominio del miedo.

Aquí podrá encontrar una descripción completa de los seis miedos que son la causa de todo desaliento, timidez, dilación, indiferencia, indecisión y falta de ambición, autonomía, iniciativa, dominio de sí mismo y entusiasmo.

Busque con cuidado en su interior mientras estudia estos seis enemigos, ya que pueden existir sólo en su mente subconsciente, donde su presencia es difícil de detectar.

Recuerde también, mientras analiza los "Seis fantasmas del miedo", que no son más que fantasmas, ya que sólo existen en nuestra mente.

Recuerde también que los fantasmas —creaciones de

una imaginación descontrolada— son responsables por el mayor daño que las personas les han hecho a sus mentes; por lo tanto, los fantasmas pueden ser tan peligrosos como si vivieran y caminaran sobre la tierra en cuerpos físicos.

El Fantasma del Miedo a la Pobreza, que se apoderó de las mentes de millones de personas en 1929, era tan real que causó la peor depresión económica que este país haya conocido jamás. Por otra parte, este fantasma particular aún asusta a algunos de los que aún no saben muy bien qué hacer.

CAPÍTULO 15

CÓMO BURLAR LOS SEIS FANTASMAS DEL MIEDO

Haga un inventario de usted mismo mientras lee este, capítulo, y averigue cuántos de estos "fantasmas" se interponen en su camino

Antes de que pueda poner en práctica cualquier parte de esta filosofía de una manera exitosa, su mente debe estar preparada para recibirla. La preparación no es difícil. Se inicia con el estudio, análisis y comprensión de los tres enemigos que tendrá que eliminar. ¡Se trata de la indecisión, la duda y el miedo!

El sexto sentido nunca funcionará mientras estos tres aspectos negativos, o cualquiera de ellos, permanezcan en su mente. Los miembros de este trío infernal están estrechamente relacionados; donde se encuentra uno, los otros dos están muy cerca.

¡La indecisión es la semilla del miedo! Recuerde esto a medida que lee. La indecisión se cristaliza en la duda, ¡los dos se mezclan y se convierten en miedo! El proceso de la "mezcla" suele ser lento. Esta es una razón por la cual estos tres enemigos son tan peligrosos; germinan y crecen *sin que su presencia sea notada*.

El resto de este capítulo describe un fin que debe alcanzarse antes de que la filosofía pueda llevarse a la práctica como un todo. También analiza una condición que ha reducido recientemente a un gran número de personas a la pobreza y afirma una verdad que debe ser entendida por todos aquellos que acumulan riquezas, tanto si se mide en términos de dinero o de un estado de ánimo con un valor mucho mayor que el dinero.

El objetivo de este capítulo es concentrar la atención en la causa y en la cura de los seis temores básicos. Antes de que podamos dominar a un enemigo, debemos conocer su nombre, sus hábitos y su lugar de residencia. Mientras lee, analícese con cuidado a usted mismo, y determine cuáles de los seis temores comunes se le han unido, si es que lo han hecho.

No se deje engañar por los hábitos de estos enemigos sutiles. A veces permanecen ocultos en la mente subconsciente donde son difíciles de localizar y aún más difíciles de eliminar.

LOS SEIS MIEDOS BÁSICOS

Hay seis miedos básicos, con una combinación de la que todo ser humano sufre en un momento u otro. La mayoría de las personas son afortunadas si no sufren de los seis. Nombrados en el orden de aparición más frecuente, son:

El miedo a la POBREZA

El miedo a la CRÍTICA

El miedo a la ENFERMEDAD

El miedo a la PÉRDIDA DEL AMOR DE ALGUIEN

El miedo a la VEJEZ

El miedo a la MUERTE

Todos los otros temores son de menor importancia ya que pueden ser agrupados bajo estos seis numerales.

La prevalencia de estos temores es como una maldición para el mundo y funciona en ciclos. Durante casi seis años, mientras la depresión estaba en su apogeo, nos hundimos en el ciclo del miedo a la pobreza. Durante la guerra mundial estuvimos en el ciclo de miedo a la muerte. Justo después de la guerra, estuvimos en el ciclo del miedo a la enfermedad, como lo demostró la epidemia de enfermedades que se extendió por todo el mundo.

Los miedos son nada más que estados mentales. El estado de ánimo de una persona puede controlarse y administrarse. Los médicos, como todo el mundo lo sabe, son menos susceptibles de ser atacados por la enfermedad que las personas comunes porque no le temen a la enfermedad. Los médicos, sin temor ni vacilación, se han sabido poner diariamente en contacto físico con cientos de personas que sufrían de enfermedades contagiosas tales como la viruela, sin llegar a ser infectados. Su inmunidad contra la enfermedad consistía, en gran parte, si no exclusivamente, en su absoluta falta de miedo.

El hombre no puede crear nada que no haya concebido antes en la forma de un impulso de pensamiento. A raíz de esta afirmación, se presenta otra aún de mayor importancia: que los impulsos del hombre de pensamiento comienzan a traducirse de inmediato en su equivalente físico aunque sean de carácter voluntario o involuntario. Aunque los impulsos de pensamiento que son captados a través del éter, por mera casualidad (pensamientos que han sido liberados por otras mentes), pueden determinar el destino financiero, comercial, profesional o social de alguien con tanta seguridad como lo hacen los impulsos del pensamiento creados intencionalmente y siguiendo un plan.

Aquí estamos sentando las bases para la presentación de un hecho de gran importancia para el individuo que no entiende por qué algunas personas parecen ser "afortunadas", mientras que otras con habilidades, formación, experiencia y capacidad cerebral iguales o mayores, parecen destinadas a vivir en la desgracia. Este hecho puede explicarse por la afirmación de que *todo ser humano tiene la capacidad de controlar por completo su propia mente,* y con este control, toda persona puede abrir su mente a los impulsos del pensamiento que están siendo emitidos por otros cerebros, o cerrar las puertas herméticamente y admitir sólo aquellos impulsos de su propia elección.

La naturaleza ha dotado al hombre de un control absoluto sobre todo, a excepción de una sola cosa: el pensamiento. Este hecho, junto con el hecho adicional de que todo lo que el hombre crea se inicia en la forma de un pensamiento, nos lleva muy cerca del principio por el cual podemos dominar el miedo.

Si bien es cierto que todo pensamiento tiene una tendencia a disfrazarse de su equivalente físico (y esto es cierto, más allá de cualquier lugar razonable para la duda), no es menos cierto que los impulsos de pensamiento del miedo y de la pobreza no se pueden traducir en términos de valor y de ganancias financieras.

Los ciudadanos de los Estados Unidos comenzaron a pensar en la pobreza a raíz del desplome de Wall Street en 1929. Poco a poco, pero con seguridad, ese pensamiento masivo se cristalizó en su equivalente físico, conocido como "depresión". Esto tenía que pasar, pues estaba en conformidad con las leyes de la naturaleza.

EL MIEDO A LA POBREZA

¡No puede haber ninguna semejanza entre la pobreza y la riqueza! Los dos caminos que conducen a la pobreza y a la riqueza van en direcciones opuestas. Si desea riquezas, debe negarse a aceptar cualquier circunstancia que conduzca a la pobreza. (La palabra "riqueza" se utiliza aquí en su sentido más amplio, es decir, en un estado financiero, espiritual, mental y material). El punto de partida del camino que conduce a la riqueza es el deseo. En el capítulo dos, usted recibió las instrucciones completas para el uso adecuado del deseo. En este capítulo, recibirá instrucciones completas para preparar su mente con el fin de hacer un uso práctico del deseo.

Este es el lugar en el que se le planteará un desafío mediante el cual determinará con exactitud el porcentaje que ha absorbido de esta filosofía. Aquí está el punto en el cual puede convertirse en un profeta y pronosticar con exactitud lo que le tiene reservado el futuro. Si después de leer este capítulo está dispuesto a aceptar la pobreza, también debería preparar su mente para que reciba la pobreza. Esta es una decisión que usted no puede evitar.

Si quiere riquezas, determine la forma en qué las recibirá y cuánto necesita para sentirse satisfecho. Ya conoce el camino que conduce a la riqueza. Se le ha entregado un mapa que, si lo sigue, lo mantendrá en ese camino. Si se olvida de comenzar, o se detiene antes de llegar, no habrá nadie a quién culpar sino a usted mismo. Esta es su responsabilidad. Ninguna excusa lo salvará de asumir la responsabilidad si no logra o se niega a exigirle riquezas a la vida, porque la aceptación sólo pide una sola cosa —por cierto, lo único que puede controlar— y es un estado de ánimo. Un estado de ánimo es algo que uno asume. No se puede comprar, sino que debe ser creado.

El miedo a la pobreza es un estado de ánimo, ¡nada más! Pero basta para destruir las posibilidades de éxito en cualquier empresa, una verdad que se hizo dolorosamente evidente durante la depresión.

Este temor paraliza la facultad de la razón, destruye la facultad de la imaginación, mata la autosuficiencia, socava el entusiasmo, desanima la iniciativa, conduce a la incertidumbre de propósito, estimula la dilación, y convierte el autocontrol en una imposibilidad. Le quita el encanto a la personalidad, destruye la posibilidad de pensar con precisión, distrae la concentración del esfuerzo, domina a la perseverancia, reduce la fuerza de voluntad a la nada, destruye la ambición, nubla la memoria e invita al fracaso en todas las formas imaginables; destruye el amor, asesina las emociones más sutiles del corazón, desanima la amistad e invita al desastre en cien formas diferentes, conduce al insomnio, a la miseria y a la infelicidad, y todo esto a pesar de la obvia verdad de que vivimos en un mundo de sobreabundancia de todo aquello que el corazón pudiera desear, donde nada se interpone entre nosotros y nuestros deseos, a excepción de la falta de un propósito definido.

El Miedo a la Pobreza es, sin lugar a dudas, el más destructivo de los seis temores básicos. Se ha colocado a la cabeza de la lista porque es el más difícil de dominar. Se requiere un valor considerable para decir la verdad sobre el origen de este miedo, y un valor aún mayor para aceptar la verdad una vez se ha dicho. El miedo a la pobreza surgió de la tendencia heredada del hombre de acosar económicamente a su prójimo. Casi todos los animales inferiores al hombre están motivados por el instinto, pero su capacidad de "pensar" es limitada; por lo tanto, se cazan el uno al otro físicamente. El hombre, con su sentido superior de la intuición, con su capacidad de pensar y razonar, no se

come el cuerpo de sus semejantes, pero obtiene más satisfacción en "devorar" lo financiero. El hombre es tan ava-
ricioso que se han creado todas las leyes concebibles para
protegerlo de su prójimo.

De todas las épocas del mundo que sabemos algo, la
época en que vivimos parece ser una que se destaca por
la locura del hombre por el dinero. Un hombre se consi-
dera menos que el polvo de la tierra, a menos que pueda
mostrar una cuenta bancaria considerable; y si tiene
dinero —no importa cómo lo haya adquirido— es un
"rey" o un "pez gordo", y está por encima de la ley, dirige
la política, domina en los negocios y todo el mundo se
inclina sobre él con respeto cuando pasa.

¡Nada le trae tanto sufrimiento y humillación al hombre como la pobreza! Sólo aquellos que han experimentado la pobreza entienden todo el significado de esto.

No es de extrañar que el hombre le *tema* la pobreza. A
través de una larga serie de experiencias heredadas, el
hombre ha aprendido sin duda, que no se puede confiar
en algunos hombres en lo que a asuntos de dinero y posesiones terrenales se refiere. Se trata de un comentario
mordaz, y lo peor es que es cierto.

La mayoría de los matrimonios están motivados por
las riquezas que tienen uno o ambos cónyuges. Por lo
tanto, no es de extrañar que los tribunales de divorcio se
mantengan llenos.

El hombre siente tantos deseos de poseer riquezas que
las conseguirá de cualquier manera que pueda —a través

de métodos legales si es posible— o a través de otros si es necesario o conveniente.

El autoanálisis puede revelar debilidades que no nos gusta reconocer. Este tipo de examen es esencial para todos aquellos que le piden a la vida algo más que mediocridad y pobreza. Recuerde, mientras se examina punto por punto, que usted es el tribunal y el jurado, el fiscal y el abogado defensor, que usted es tanto el demandante como el demandado, y que también está siendo juzgado. Enfrente los hechos directamente. Hágase preguntas concretas y exija respuestas directas. Cuando termine de evaluarse, sabrá más sobre usted mismo. Si no cree que puede ser un juez imparcial en este autoexamen, llame a alguien que lo conozca bien para servir como juez, mientras se examina de nuevo. Usted quiere conocer la verdad. *¡Hágalo, no importa a qué precio, aunque pueda avergonzarse temporalmente!*

La mayoría de las personas, si se les pregunta qué es lo que más temen, responderá: "No le temo a nada". La respuesta sería inexacta, porque pocas personas se dan cuenta que están limitadas, impedidas y azotadas espiritual y físicamente por algún tipo de miedo. La emoción del miedo está asentada de un modo tan profundo y sutil que uno podría cargar esto durante toda la vida sin reconocer su presencia. Sólo un análisis valiente revelará la presencia de este enemigo universal. Indague profundamente en su personalidad cuando comience a hacer este tipo de análisis. Aquí está una lista de los síntomas que debe buscar:

Los síntomas del miedo a la pobreza

INDIFERENCIA. Comúnmente expresada a través de la falta de ambición; disposición a tolerar la pobreza, a aceptar cualquier compensación que la vida pueda ofrecer sin protestar, a la pereza mental y física, a la falta de iniciativa, de imaginación, de entusiasmo y de autocontrol.

INDECISIÓN. El hábito de permitir que otros piensen por uno. Mantenerse "al margen".

DUDAS. Expresadas generalmente por medio de justificaciones y excusas diseñadas para encubrirse, rechazar con explicaciones, o disculpar los propios errores, a veces expresados en forma de envidia de los que tienen éxito, o criticándolos.

PREOCUPACIÓN. Generalmente se expresa mediante la búsqueda de faltas en los demás, la tendencia a gastar más de los ingresos percibidos, descuido del aspecto personal, renegar y fruncir el ceño; falta de moderación en el consumo de bebidas alcohólicas, a veces mediante el uso de narcóticos, nerviosismo, falta de equilibrio, autoconciencia y falta de autosuficiencia.

EXCESO DE PRECAUCIÓN. El hábito de ver el lado negativo de todas las circunstancias, pensar y hablar de un posible fracaso en lugar de concentrarse en los medios para tener éxito. Conocer todos los caminos hacia el desastre, pero no buscar nunca planes para evitar el fracaso. Esperar "el momento adecuado" para empezar a poner ideas y planes en acción, hasta que la espera se convierte en un hábito permanente. Recordar a los que han fracasado, y olvidar a aquellos que han tenido éxito. Ver el agujero y no la rosquilla. Pesimismo, que conduce a la indigestión, evacuación deficiente, auto-intoxicación, mal aliento y mal carácter.

DILACIÓN. El hábito de dejar para mañana lo que se debería haber hecho el año pasado. Pasar tiempo buscando justificaciones y excusas para no hacer el trabajo. Este síntoma está estrechamente relacionado con el exceso de precaución, las dudas y la preocupación. La negativa a aceptar la responsabilidad cuando se pueda evitar. Voluntad para resignarse en lugar de luchar hasta el final. Resignarse a las dificultades en lugar de dominarlas y utilizarlas como trampolín hacia el progreso. Negociar un centavo con la vida, en lugar de exigirle prosperidad, opulencia, riquezas, alegría y felicidad. Planea lo que debas hacer cuando seas víctima del fracaso, en lugar de quemar todos los puentes y hacer imposible el retiro. La debilidad, y muchas veces la falta total de confianza en sí mismo, de un propósito definido, autocontrol, iniciativa, entusiasmo, ambición y una capacidad de razonamiento sólida y sabía. Esperar la pobreza en lugar de exigir la riqueza. Asociarse con aquellos que aceptan la pobreza en lugar de buscar la compañía de quienes exigen y reciben la riqueza.

¡EL DINERO HABLA!

Algunos se preguntarán, "¿Por qué escribió un libro sobre el dinero? ¿Por qué medir la riqueza sólo en dólares?". Algunos creen, y con razón, que hay otras formas de riquezas más deseables que el dinero. Sí, hay riquezas que no se pueden medir en términos de dólares, pero hay millones de personas que dirán: "Dame todo el dinero que necesito, y encontraré todo lo que quiero".

La razón principal por la que escribí este libro sobre cómo conseguir dinero es el hecho de que el mundo ha pasado últimamente por una experiencia que dejó a millones de hombres y mujeres paralizados por el miedo a la pobreza. Lo que nos produce este tipo de miedo fue bien descrito por Westbrook Pegler, en el *New York World-Telegram*:

"El dinero es sólo conchas de almejas o discos de metal o trozos de papel, y hay tesoros del corazón y del alma que el dinero no puede comprar, pero la mayoría de las personas están en la ruina, no pueden recordar esto y mantener su espíritu en alto. Cuando un hombre está derrotado y vive en la calle sin poder conseguir ningún trabajo, sucede algo en su espíritu que puede observarse en la caída de sus hombros, en la posición de su sombrero, en su andar y en su mirada. No puede escapar a un sentimiento de inferioridad entre las personas que tienen un empleo regular, aunque sepa que no están a su altura en carácter, inteligencia o habilidades.

"Estas personas —incluso a sus amigos— sienten, por el contrario, un sentimiento de superioridad y lo consideran a él, tal vez inconscientemente, como una víctima. Él puede pedir prestado por un tiempo, pero no lo suficiente para vivir como acostumbraba, y no puede continuar pidiendo prestado por mucho tiempo. Sin embargo, el endeudamiento en sí mismo, cuando un hombre se está endeudando simplemente para poder sobrevivir, es una experiencia deprimente, y el dinero no tiene el poder del salario ganado para revivir su espíritu. Por supuesto, nada de esto se aplica a los vagabundos o a los limosneros, sino sólo a los hombres de ambiciones normales y que se respetan a sí mismos.

Las mujeres ocultan la desesperación

"Las mujeres que están en la misma situación deben reaccionar de un modo diferente. Por alguna razón, no pensamos que sean personas marginadas. Rara vez son vistas mendigando en las calles, y no muestran las mismas características que identifican a los hombres derrotados. Por supuesto, no me refiero a las harapientas de la ciudad, que son lo opuesto a los vagabundos masculinos. Me refiero a mujeres jóvenes, decentes e inteligentes. Deben ser muchas, pero no parecen estar desesperadas. Tal vez lleguen a suicidarse.

"Cuando un hombre está derrotado y en las últimas, tiene tiempo para ponerse triste. Puede recorrer varias millas para buscar trabajo y descubrir que la vacante ha sido llenada, o que es uno de esos puestos de trabajo sin sueldo base; sólo una comisión sobre la venta de algún cachivache inútil que nadie compraría, excepto por piedad. Entonces, se encuentra de nuevo en la calle sin ningún lugar adonde ir, así que camina y camina. Mira en las vitrinas de las tiendas lujos que no son para él, se siente inferior y les abre paso a las personas que miran con un interés activo. Vaga en la estación de ferrocarril o se refugia en la biblioteca para descansar sus piernas y calentarse un poco, pero se pone en marcha de nuevo para seguir buscando trabajo. Es probable que no lo sepa, pero su falta de rumbo lo delataría inmediato si no lo hiciera su figura. Puede estar bien vestido con la ropa que le quedó de la época en que tenía un trabajo estable, pero la ropa no puede ocultar su derrota.

El dinero marca la diferencia

"Ve a miles de otras personas, contadores, dependientes o químicos ocupados en sus trabajos y los envidia desde el fondo de su alma. Ellos tienen independencia, dignidad y humanidad, y él simplemente no puede convencerse de que él también sea un hombre bueno, aunque deseche esa idea y más tarde tenga una mejor opinión.

"Es sólo el dinero lo que marca esta diferencia en él.

Con un poco de dinero, este hombre sería un poco él mismo otra vez".

EL TEMOR A LA CRÍTICA

Nadie puede decir cuál es el origen de este temor, pero una cosa es cierta: que los hombres lo sienten de una forma altamente desarrollada. Algunos creen que el miedo hizo su aparición en la época en que la política se convirtió en una "profesión". Otros creen que se puede remontar a la época en la que las mujeres comenzaron a preocuparse con los "estilos" en las prendas de vestir.

Este autor, al no ser humorista ni profeta, se inclina a atribuir el temor básico a la crítica a esa parte de la naturaleza heredada del hombre que lo impulsa no sólo a despojar a su prójimo de sus bienes y mercancías, sino también a justificar sus actos luego de criticar el carácter de su prójimo. Es un hecho bien conocido que un ladrón critica al hombre a quien le roba, que los políticos buscan cargos, no mostrando sus virtudes y títulos, sino tratando de desprestigiar a sus oponentes.

El temor a la crítica adopta muchas formas, la mayoría de las cuales son pequeñas y triviales. Los hombres calvos, por ejemplo, son calvos por ninguna otra razón que por su temor a la crítica. El pelo se les cae a causa de las bandas ajustadas de los sombreros, que impiden la circulación en las raíces del cabello. Los hombres usan sombreros, no porque realmente los necesiten, sino sobre todo porque "todos lo hacen". El individuo cae en esto y hace lo mismo, a menos que otro individuo lo critique. Las mujeres rara vez son calvas, o tienen el pelo delgado, porque no llevan sombreros apretados, ya que el único propósito de los sombreros es el de servir como adorno.

Sin embargo, no debe suponerse que las mujeres estén libres del temor a la crítica. Si una mujer dice ser superior al hombre en relación con este temor, pídale que salga a la calle con un sombrero de 1890.

Los fabricantes astutos de ropa no han tardado en sacar provecho de este temor básico a la crítica con la que toda la humanidad ha sido maldecida. Cada temporada, cambian los estilos en muchas prendas de ropa. ¿Quién establece los estilos? Ciertamente, no el comprador de la ropa, sino el fabricante. ¿Por qué cambian los estilos con tanta frecuencia? La respuesta es obvia. Cambia los estilos para vender más ropa.

Por la misma razón, los fabricantes de automóviles (con algunas raras excepciones) cambian los estilos de los modelos de cada temporada. Nadie quiere conducir un automóvil que no esté a la última moda, aunque el modelo más antiguo en realidad pueda ser mejor.

Hemos estado describiendo la manera en que la gente se comporta bajo la influencia del temor a la crítica cuando esta se aplica a las cosas pequeñas e insignificantes de la vida. Pasemos ahora a examinar el comportamiento humano cuando ese temor afecta a las personas en relación con los acontecimientos más importantes de las relaciones humanas. Tomemos, por ejemplo, prácticamente a cualquier persona que haya alcanzado la edad de la "madurez mental" (de treinta y cinco a cuarenta años de edad, como promedio general). Si pudiera leer los pensamientos secretos de su mente, encontrará que realmente no cree en la mayoría de las fábulas enseñadas por la mayoría de los dogmáticos y los teólogos de unas décadas atrás.

Sin embargo, rara vez encontrará a una persona que tenga el valor de declarar abiertamente su creencia sobre este tema. La mayoría de las personas, cuando se les presiona un poco, dicen una mentira en lugar de admitir que no creen en las historias asociadas con esa forma de religión que mantenía esclavizadas a las personas antes de la época de los descubrimientos científicos y de la educación.

¿Por qué la persona promedio, incluso en esta época de iluminación, no se atreve a negar su creencia en las fábulas en las que se basaron casi todas las religiones hace unas décadas? La respuesta es, "por el temor a la crítica". Muchas personas fueron quemadas en la hoguera por atreverse a expresar su incredulidad en los fantasmas. No es de extrañar que hayamos heredado una conciencia que nos hace temer a la crítica. No hace mucho tiempo, las críticas eran objeto de castigos severos, algo que todavía sucede en algunos países.

El temor a la crítica despoja al hombre de su iniciativa, destruye su poder de imaginación, limita su individualidad, le roba su autonomía, y le causa perjuicios en muchos otros sentidos. Muchas veces, los padres les hacen un daño irreparable a sus hijos al criticarlos. La madre de uno de mis amigos de infancia lo castigaba con golpes casi todos los días y luego le decía, "Estarás en la cárcel antes de los veinte años". Mi amigo fue enviado a un reformatorio a los diecisiete.

La crítica es la única forma de servicio que todos tenemos en demasía. Todo el mundo tiene una gran cantidad de ella y la da de forma gratuita aunque se lo hayan pedido o no. Nuestros parientes más cercanos suelen ser los peores delincuentes. Debería considerarse como un crimen (en realidad es un crimen de la peor naturaleza) que los padres inculquen complejos de inferioridad en la mente de un niño a través de críticas innecesarias. Los empleadores que comprenden la naturaleza humana, obtienen lo mejor que hay en los hombres, no por la crítica, sino por la sugerencia constructiva. Los padres pueden lograr los mismos resultados con sus hijos. La crítica sembrará el miedo o el resentimiento en el corazón humano, pero no cultivará el amor o el afecto.

Los síntomas de temor a la crítica

Este temor es casi tan universal como el temor a la pobreza, y sus efectos son fatales para la realización personal, sobre todo porque este miedo destruye la iniciativa y desalienta el uso de la imaginación. Los principales síntomas del miedo son:

INSEGURIDAD. Por lo general expresada a través de nerviosismo, timidez en la conversación y para reunirse con extraños, movimientos torpes de las manos y las extremidades, y mirada esquiva.

FALTA DE CONFIANZA EN SÍ MISMO. Expresada por la falta de control de la voz, nerviosismo en presencia de los demás, mala postura corporal y mala memoria.

PERSONALIDAD. Falta de firmeza en las decisiones, de encanto personal y de capacidad para expresar sus opiniones con claridad. El hábito de eludir los problemas en lugar de enfrentarlos directamente. Estar de acuerdo con los demás sin una evaluación cuidadosa de sus opiniones.

COMPLEJO DE INFERIORIDAD. El hábito de aprobarse a sí mismo por el boca a boca y por las acciones como una forma de encubrir un sentimiento de inferioridad. Usar "palabras sofisticadas" para impresionar a los demás (muchas veces sin saber su verdadero significado). Imitar a los demás en el vestir, el hablar y en las costumbres. Jactarse de logros imaginarios. Esto a veces da un aspecto de un sentimiento de superioridad.

EXTRAVAGANCIA. El hábito de tratar de "mantenerse al día con los que tienen más", gastando más allá de sus ingresos.

FALTA DE INICIATIVA. No aprovechar las oportunidades para la autopromoción, miedo a expresar sus opiniones, falta de confianza en las propias ideas, dar respuestas evasivas a las preguntas formuladas por los superiores, indecisión en los modales y el lenguaje, el engaño en las palabras y los hechos.

FALTA DE AMBICIÓN. Pereza mental y física, falta de autoafirmación, lentitud para tomar decisiones, fácilmente influenciable por los demás, costumbre de criticar a los demás a sus espaldas y halagarlos cuando están delante, el hábito de aceptar la derrota sin protestar, renunciar a algo ante la oposición de los demás, sospechar de otras personas sin causa justificada, falta de tacto en los modales y en el habla, falta de voluntad para aceptar la culpa por sus errores.

EL MIEDO A LAS ENFERMEDADES

Este temor puede deberse a la herencia, tanto física como social. Está íntimamente relacionado, en cuanto a su origen, con las causas del miedo a la vejez y el temor a la muerte, pues lleva a la persona al borde de mundos "terribles" que desconoce, pero respecto al cual ha aprendido algunas cosas incómodas. Existe también una opinión más bien generalizada de que ciertas personas poco éticas y que están en el negocio de "vender salud" han tenido mucho que ver con mantener vivo el temor a la enfermedad.

En general, el hombre teme a la mala salud a causa de las terribles imágenes que han sido sembradas en su mente de lo que podría suceder si la muerte lo alcanzara. También le teme por la carga económica que pueda representar.

Un médico de buena reputación estima que el 75 por ciento de todas las personas que visitan al médico por los servicios profesionales sufre de hipocondría (enfermedad imaginaria). Se ha demostrado de manera muy convincente que el miedo a la enfermedad, incluso cuando no existe el menor motivo de temor, suele producir los síntomas físicos de la enfermedad temida.

¡La mente humana es potente y poderosa! Construye o destruye.

Los dispensadores de medicamentos patentados han cosechado fortunas luego de aprovecharse de esta debilidad común del temor a la enfermedad. Esta forma de imposición sobre la humanidad crédula llegó a ser tan frecuente hace unos veinte años que la revista *Colliers' Weekly* realizó una dura campaña en contra de algunos de los peores ofensores en el negocio de los medicamentos patentados.

Durante la epidemia de gripe que se desató durante la guerra mundial, el alcalde de Nueva York tomó medidas drásticas para evaluar los daños que las personas se infligían a sí mismas debido a su miedo inherente a la enfermedad. Llamó a los periodistas y les dijo: "Señores, me parece necesario pedirles que no publiquen titulares alarmistas acerca de la epidemia de la gripe. A menos que ustedes cooperen conmigo, tendremos una situación que no podremos controlar". Los periódicos dejaron de publicar artículos sobre la gripe, y al cabo de un mes, la epidemia fue controlada con éxito.

A través de una serie de experimentos realizados hace algunos años, se comprobó que las personas pueden hacerse daño debido a la sugestión. Realizamos este experimento haciendo que tres conocidos visitaran a las "víctimas", y les preguntaran: "¿Qué le pasa? Se ve muy enfermo". Por lo general, la víctima sonrió y dijo con indiferencia, "Ah, no es nada, estoy bien". La segunda pregunta fue contestada por lo general con esta afirmación: "No lo sé exactamente, pero me siento mal". El tercero en preguntar se encontró normalmente con la franca admisión de que la víctima realmente se sentía mal.

Pruebe esto con un conocido si duda de que se sentirá incómodo, pero no lleve el experimento demasiado lejos. Hay una secta religiosa cuyos miembros se vengan de sus enemigos por el método del "embrujamiento". Ellos lo llaman "la colocación de un hechizo" sobre la víctima.

Hay pruebas abrumadoras de que la enfermedad comienza a veces en la forma de un impulso de pensamiento negativo. Éste impulso puede pasar de una mente a otra, por sugestión, o ser creado por un individuo en su propia mente.

Un hombre que fue bendecido con más sabiduría del que este incidente podría indicar, dijo una vez: "Cuando alguien me pregunta cómo me siento, siempre me dan ganas de contestar derribándolo".

Los médicos envían a los pacientes a vivir en otro clima para el bien de su salud, debido a que es necesario un cambio de "actitud mental". La semilla del temor a la enfermedad vive en cada mente humana. La preocupación, el temor, el desánimo, la desilusión en las relaciones amorosas y de negocios, hacen que esta semilla germine y crezca. La reciente depresión económica mantuvo ocupados a los médicos, porque toda forma de pensamiento negativo puede causar problemas de salud.

Las decepciones en los negocios y en el amor encabezan la lista de causas del temor a la enfermedad. Un hombre joven sufrió una desilusión amorosa que lo envió a un hospital. Durante varios meses se debatió entre la vida y la muerte. Un especialista en terapias sugestivas fue llamado; reemplazó a las enfermeras y dejó al paciente a cargo de una *joven muy encantadora* que comenzó (por previo acuerdo con el médico) a hacer el amor con él el primer día de su llegada. Tres semanas después, el paciente fue dado de alta del hospital; aún sufría, pero de una enfermedad totalmente diferente. Estaba enamorado. El remedio era una excusa, pero el paciente y la enfermera se casaron más tarde. Ambos se encuentran en buen estado de salud al momento de escribir este artículo.

Síntomas del temor a la enfermedad

Los síntomas de este temor casi universal son los siguientes:

AUTOSUGESTIÓN. El hábito del uso negativo de la autosugestión, buscando y esperando encontrar síntomas de cualquier tipo de enfermedad. "Disfrutar" de la enfermedad imaginaria y hablar de ella como algo real. El hábito de intentar todas las "modas" e "ismos" recomendados por los demás porque supuestamente tienen un valor terapéutico. Hablar con otras personas de cirugías, accidentes y otras formas de enfermedad. Experimentar con dietas, ejercicios físicos y sistemas de reducción de peso sin asistencia profesional. Probar remedios caseros, medicamentos patentados y remedios de "curanderos".

HIPOCONDRÍA. El hábito de hablar de la enfermedad, de concentrar la mente en la enfermedad, y de esperar su aparición hasta que se produce un colapso nervioso. Ningún medicamento puede curar esta condición. Es provocada por el pensamiento negativo y sólo el pensamiento positivo puede efectuar una cura. La hipocondría (un término médico para las enfermedades imaginarias) se dice que en ciertas ocasiones hace tanto daño como podría hacerlo la enfermedad que se teme. La mayoría de los casos de "nervios" provienen de una enfermedad imaginaria.

EJERCICIO. El miedo a la mala salud interfiere a menudo con el ejercicio físico adecuado, y produce un exceso de peso, haciendo que la persona evite la vida al aire libre.

SUSCEPTIBILIDAD. El miedo a la mala salud destruye la resistencia natural del organismo y crea una condición favorable para sufrir cualquier forma de enfermedad. El temor a la enfermedad se relaciona a menudo con el miedo a la pobreza, especialmente en el caso del hipocondríaco, quien se preocupa constantemente por la posibilidad de tener que pagar facturas médicas, facturas de hospital, etc. Este tipo de persona pasa mucho tiempo preparándose para la enfermedad, hablando de la muerte, ahorrando dinero para un lote en el cementerio, para los gastos de entierro, etc.

AUTO-CONSENTIMIENTO. La costumbre de buscar un poco de simpatía, utilizando como señuelo enfermedades imaginarias. (Las personas suelen recurrir a este truco para no tener que trabajar). El hábito de fingir una enfermedad para encubrir la pereza, o para servir como una excusa por la falta de ambición.

FALTA DE MODERACIÓN. El hábito de consumir alcohol o drogas para mitigar el dolor, como dolores de cabeza, neuralgias, etc., en lugar de eliminar la causa.

EL HÁBITO de leer acerca de la enfermedad y de

preocuparse por la posibilidad de ser golpeado por ella.

El hábito de leer anuncios de medicamentos patentados.

EL TEMOR A LA PÉRDIDA
DEL AMOR

La fuente original de este temor inherente necesita poca descripción, porque es obvio que ha surgido de la costumbre del hombre polígamo de robarle la compañera a su prójimo y de su costumbre de tomarse libertades con ella cada vez que podía.

Los celos, y otras formas similares de demencia precoz, aparecen por el temor heredado del hombre a perder el amor de alguien. Este miedo es el más doloroso de todos los seis temores básicos. Es probable que cause más estragos en el cuerpo y en la mente que cualquiera de los otros temores básicos ya que suele conducir a la locura permanente.

El temor a la pérdida del amor probablemente se remonta a la Edad de Piedra, cuando los hombres robaban mujeres por la fuerza bruta. El hombre sigue haciendo esto, pero su técnica ha cambiado. En lugar de la fuerza, ahora utiliza la persuasión, la promesa de vestidos hermosos, automóviles, y otros "cebos" mucho más eficaces que la fuerza física. Los hábitos del hombre son los mismos que en los albores de la civilización, pero ahora los expresa de un modo diferente.

Un análisis cuidadoso ha demostrado que las mujeres son más susceptibles a este miedo que los hombres. Este hecho se explica fácilmente. Las mujeres han aprendido por experiencia propia que los hombres son polígamos por naturaleza y que no se puede confiar en ellos cuando se encuentran en manos de sus rivales.

Los síntomas del miedo a la pérdida del amor

Los síntomas característicos de este temor son:

CELOS. El hábito de sospechar de amigos y seres queridos sin ninguna prueba razonable de motivos suficientes. (Los celos son una forma de demencia precoz que a veces se vuelve violenta sin la menor causa.) El hábito de acusar a la esposa o al marido de infidelidad sin fundamentos. Sospecha general de todo el mundo, y no confiar en nadie.

ENCONTRAR DEFECTOS. La costumbre de encontrar defectos en amigos, parientes, colegas de trabajo y seres queridos a la menor provocación, o sin causa alguna.

JUEGO. El hábito de jugar, robar, engañar, y de correr riesgos peligrosos para proporcionar dinero a sus seres queridos, con la creencia de que el amor se puede comprar. El hábito de gastar más allá de sus medios o de incurrir en deudas para ofrecer regalos a sus seres queridos, con el objeto de causar una impresión favorable. Insomnio, nerviosismo, falta de perseverancia, debilidad de la voluntad, falta de auto-control, falta de autosuficiencia, mal humor.

EL TEMOR A LA VEJEZ

En general, este temor surge de dos fuentes. En primer lugar, el pensamiento de que la vejez puede traer consigo la pobreza. En segundo lugar, y de lejos la causa más común, el temor a las enseñanzas falsas y crueles del pasado que han sido muy bien mezcladas con "fuego y azufre", y a otros engaños astutamente diseñados para esclavizar al hombre a través del miedo.

En el temor básico a la vejez, el hombre tiene dos razones muy sólidas para su aprehensión: el primero surge a partir de su desconfianza por su prójimo, que puede arrebatarle todos los bienes mundanos que pueda poseer, y el segundo, que surge de las imágenes terribles del mundo más allá, que fueron sembradas en su mente a través de la herencia social, antes de que él tuviera plena posesión de su mente.

La posibilidad de la mala salud, que es más común a medida que las personas envejecen, también es una causa que contribuye a este temor común a la vejez. El erotismo también es una causa del miedo a la vejez, pues a ningún hombre le agrada la idea de ser menos atractivo en términos sexuales.

La causa más común del temor a la vejez se asocia con la posibilidad de la pobreza. Los hogares de caridad no suelen producir sentimientos agradables. Al contrario, producen escalofríos en la mente de cada persona que se enfrenta a la posibilidad de tener que pasar sus últimos años en uno de ellos.

Otra causa que contribuye al temor a la vejez es la posibilidad de perder la libertad y la independencia, pues la vejez puede traer consigo la pérdida de la libertad, tanto física como económica.

Los síntomas del miedo a la vejez

Los síntomas más comunes de este temor son:

La tendencia a hacerse lento y desarrollar un complejo de inferioridad durante la época de la madurez mental, en torno a los cuarenta años, creyendo falsamente que uno está "decayendo" debido a la edad. (La verdad es que los mejores años de ese hombre, mental y espiritualmente, son aquellos entre los cuarenta ylos sesenta).

El hábito de hablar de uno mismo en tono de disculpa, como por ejemplo, que uno "es viejo" simplemente porque tiene cuarenta o cincuenta años, en lugar de invertir la regla y expresar su gratitud por haber alcanzado la edad de la sabiduría y del entendimiento.

El hábito de matar la iniciativa, la imaginación, y la autosuficiencia mediante la falsa creencia de que uno es demasiado viejo para practicar dichas cualidades. El hábito del hombre o de la mujer de cuarenta de vestirse con el objetivo de tratar de parecer mucho más joven, y de comportarse como una persona joven, inspirando así la ridiculización por parte de propios y extraños.

EL TEMOR A LA MUERTE

Para algunos, este es el más cruel de todos los miedos básicos. La razón es obvia. Las terribles punzadas de miedo asociadas con el pensamiento de la muerte pueden atribuirse directamente en la mayoría de los casos al fanatismo religioso. Los llamados "paganos" le tienen menos miedo a la muerte que los más "civilizados". Durante cientos de millones de años el hombre ha estado formulando preguntas que aún no tienen respuesta: "¿De dónde vengo y a dónde voy?".

Durante las épocas oscuras del pasado, los más astutos y mañosos no tardaron en ofrecer respuestas a estas preguntas a cambio de un precio. Ahora verás la principal fuente del origen del miedo a la muerte.

"Ven a mi tienda, abraza mi fe, acepta mis dogmas y te daré un boleto que te llevará inmediatamente al cielo cuando mueras", grita un líder sectario. "Permanece fuera de mi tienda", dice el mismo líder, "y el diablo te llevará y te quemará por toda la eternidad".

La eternidad es mucho tiempo. El fuego es una cosa terrible. La idea del castigo eterno con el fuego no sólo hace que el hombre le tema a la muerte, sino que con frecuencia le hace perder la razón. Destruye el interés en la vida y hace que la felicidad sea imposible.

Durante mi investigación, consulté un libro titulado *Un catálogo de los dioses*, en el que se enumeraban los 30.000 dioses que el hombre ha adorado. ¡Piensa en ello! Treinta mil dioses, representados desde una langosta a un hombre. No es de extrañar que los hombres hayan sentido miedo ante la proximidad de la muerte.

Mientras que el líder religioso probablemente no puede proporcionar un salvoconducto al cielo, ni por la falta de tal disposición permitir que un desdichado baje a los infiernos, la posibilidad de esto último parece tan terrible que el pensamiento mismo se apodera de la imaginación de una forma tan realista que paraliza la razón y crea el miedo a la muerte.

En verdad, nadie lo sabe, y ningún hombre ha sabido jamás cómo es el cielo o el infierno, ni saber si estos lugares existen en realidad. Esta misma falta de un conocimiento seguro le abre la puerta de la mente humana al charlatán, para que éste pueda entrar y controlar la mente con su arsenal de manipulaciones y de distintos tipos de fraudes y engaños piadosos.

El miedo a la muerte no es tan común ahora como lo era durante la época en que no había grandes universidades. Los científicos han centrado su atención en la verdad sobre el mundo y esta verdad está liberando rápidamente a hombres y mujeres de este terrible miedo a la muerte. Los jóvenes que asisten a los colegios y universidades no se impresionan fácilmente con el "fuego" y el "azufre". Gracias a la contribución de la biología, la astronomía, la geología y otras ciencias afines, se han disipado los temores de las épocas oscuras que se apoderaron de las mentes de los hombres y que destruyen su razón.

Los manicomios están llenos de hombres y mujeres que se han vuelto locos por el temor a la muerte.

Este miedo es inútil. La muerte llegará, no importa lo que podamos pensar de ella. Acéptela como una necesidad, y aleje ese pensamiento de su mente. La muerte debe ser una necesidad, pues de lo contrario no existiría. Tal vez no sea tan mala como la han representado.

El mundo entero sólo está formado por dos cosas: la energía y la materia. En la física elemental aprendemos que ni la materia ni la energía (las únicas dos realidades conocidas por el hombre) pueden ser creadas ni destruidas. Tanto la materia como la energía se pueden transformar, pero ninguna puede ser destruida.

La vida es energía antes que cualquier otra cosa. Si la energía ni la materia pueden ser destruidas, es obvio la vida no puede ser destruida. La vida, al igual que otras formas de energía, puede sufrir diversos procesos de transición o de cambio, pero no puede ser destruida. La muerte es simplemente una transición.

Si la muerte no es un simple cambio o transición, entonces no hay nada después de la muerte, salvo un sueño largo, eterno y pacífico, y no debemos temerle. Así, podrá eliminar para siempre el miedo a la muerte.

Los síntomas del miedo a la muerte

Los síntomas generales de este temor son:

El hábito de pensar en la muerte en lugar de sacarle provecho a la vida, debido en general a la falta de un propósito o de una ocupación adecuada. Este miedo es más frecuente entre los ancianos, pero a veces los jóvenes también son víctimas de él. El más grande de todos los remedios para el miedo a la muerte es un ardiente deseo de logros, respaldado por un servicio útil a los demás. Una persona ocupada rara vez tiene tiempo para pensar en la muerte. Encuentra la vida demasiado emocionante como para preocuparse por la muerte. A veces, el miedo a la muerte está estrechamente asociado con el miedo a la pobreza, donde la muerte del individuo dejaría a sus seres queridos sumidos en la pobreza. En otros casos, el miedo a la muerte es causado por la enfermedad y la consiguiente disminución en la resistencia del cuerpo físico. Las causas más comunes del miedo a la muerte son: la mala salud, la pobreza, la falta de una ocupación apropiada, las decepciones amorosas, la locura y el fanatismo religioso.

LA PREOCUPACIÓN

La preocupación es un estado mental basado en el miedo. Funciona poco a poco, pero de un modo persistente. Es insidiosa y sutil. Aparece gradualmente hasta paralizar la facultad de razonamiento del individuo, destruyendo la confianza en sí mismo y la iniciativa. La preocupación es una forma de miedo sostenido, causada por la indecisión; por lo tanto, es un estado de ánimo que puede ser controlado.

Una mente inquieta es impotente. La indecisión hace que sea una mente inestable. La mayoría de los individuos carecen de la fuerza de voluntad para tomar decisiones con prontitud y mantenerlas cuando lo han hecho, incluso en condiciones normales de trabajo. Durante los períodos de inestabilidad económica (por ejemplo, los que han ocurrido recientemente a nivel mundial), el individuo se ve impedido no sólo por su propia naturaleza de tomar decisiones con lentitud, sino que está influenciado por la indecisión de los demás, quienes han creado un estado de "indecisión masiva".

Durante la depresión, en todo el mundo se vivía una atmósfera de miedo y de preocupación, los dos gérmenes de enfermedades mentales que empezaron a propagarse después del colapso de Wall Street en 1929. Sólo hay un antídoto conocido para estos gérmenes: el hábito de las decisiones firmes y rápidas. Además, es un antídoto que cada individuo debe aplicar por sí mismo.

No nos preocupamos por las condiciones cuando hemos decidido seguir una línea definida de acción. Una vez entrevisté a un hombre que iba a ser electrocutado dos horas más tarde. El condenado era el más tranquilo entre los ocho hombres que estaban con él en el corredor de la muerte. Su tranquilidad me indujo a preguntarle cómo se sentía al saber que muy pronto entraría en la eternidad. Con una sonrisa de confianza en su rostro, dijo:

—Me siento muy bien. Basta con pensar que mis problemas terminarán pronto. No he tenido más que problemas durante toda mi vida. Ha sido muy difícil conseguir alimentos y ropa. Pronto no necesitaré de estas cosas. Me he sentido muy bien desde que supe con certeza que he de morir. Me hice a la idea entonces de aceptar mi destino con un buen espíritu.

Mientras hablaba, devoraba una cena de proporciones suficientes para tres hombres, comiendo cada bocado y parecía disfrutarla como si no le esperara ningún desastre. ¡La decisión le dio a este hombre la capacidad de resignarse a su destino! La decisión también puede hacer que no aceptemos aquellas circunstancias que no deseamos.

Los seis miedos básicos se traducen en un estado de preocupación a través de la indecisión. Rechace para siempre el miedo a la muerte y llegue a la decisión de aceptar la muerte como un acontecimiento ineludible. Sacuda el miedo a la pobreza decidiendo conformarse con cualquiera tipo de riquezas que pueda acumular sin preocuparse.

Elimine el hábito de la preocupación en todas sus formas, al llegar a una decisión general y tajante de que no vale la pena preocuparse por nada de lo que la vida tiene para ofrecer. Con esta decisión vendrá el equilibrio, la paz mental y la tranquilidad de pensamiento que le traerá la felicidad.

Un hombre cuya mente está llena de temor no sólo destruye sus propias posibilidades de acción inteligente, sino que les transmite estas vibraciones destructivas a las mentes de todos los que entran en contacto con él, y destruye también sus oportunidades.

Incluso un perro o un caballo saben cuándo su dueño no tiene valor; además, ellos captan las vibraciones de miedo emitidas por su amo y actúan en consecuencia. Más abajo de la línea de la inteligencia en el reino animal, también podemos encontrar esta misma capacidad para captar las vibraciones de miedo. Una abeja percibe inmediatamente el miedo en la mente de una persona; por razones desconocidas, una abeja puede picar a la persona cuya mente está emitiendo vibraciones de miedo mucho más fácilmente de lo que molestaría a una persona cuya mente no registra ningún miedo.

Las vibraciones del miedo pasan de una mente a otra con la misma rapidez y con tanta seguridad como el sonido de la voz humana pasa de la emisora a un radio transistor, y por el mismo medio.

La telepatía mental es una realidad. Los pensamientos pasan de una mente a otra de forma voluntaria, ya sea que este hecho sea reconocido o no por la persona que emite los pensamientos, o por las personas que los captan.

Es prácticamente seguro que la persona que expresa verbalmente pensamientos negativos o destructivos experimentará los resultados de esas palabras, las cuales se le devolverán de una forma destructiva. La liberación de los impulsos destructivos de pensamiento, por sí solos, sin la ayuda de las palabras, se devuelven también en más de un sentido. En primer lugar, y quizás lo más importante a tener en cuenta, la persona que emite pensamientos de naturaleza destructiva sufre daños relacionados con la destrucción de la facultad de su imaginación creativa. En segundo lugar, la presencia en la mente de cualquier emoción destructiva desarrolla una personalidad negativa que repele a los demás y a menudo los convierte en antagonistas. La tercera fuente de daño a la persona que tiene o emite pensamientos negativos se encuentra en este hecho significativo; que éstos impulsos de pensamiento no sólo son perjudiciales para los demás, sino que se incrustan en la mente subconsciente de la persona que lo libera, convirtiéndose en una parte de su carácter.

Nadie se deshace de un pensamiento por el simple acto de emitirlo. Cuando un pensamiento es emitido, se propaga en todas direcciones por medio del éter, pero también se siembra de forma permanente en la mente subconsciente de *la persona que lo emite.*

Su misión en la vida es alcanzar el éxito. Para tener éxito, debe encontrar la paz mental, satisfacer las necesidades materiales de la vida y sobre todo, alcanzar la felicidad. Todas estas evidencias de éxito comienzan en la forma de impulsos de pensamiento.

Puede controlar su propia mente; tiene el poder de

alimentar cualquier impulso de pensamiento que desee. Este privilegio también contiene la responsabilidad de utilizarlo de manera constructiva. Usted es el amo de su propio destino terrenal con tanta seguridad como tiene el poder de controlar sus propios pensamientos. Puede influir directamente en su entorno y controlarlo, haciendo de su vida lo que quiera que sea, o puede dejar de ejercer un privilegio que es suyo, para hacer que su vida esté sometida, lanzándose al océano de las "circunstancias" donde será arrastrado de aquí para allá como un tronco de madera por las olas del océano.

EL TALLER DEL DIABLO
EL SÉPTIMO MAL BÁSICO

Además de los seis temores básicos, hay otro mal del que sufren las personas. Constituye un suelo rico en el que las semillas del fracaso crecen en abundancia. Es tan sutil que su presencia a menudo no se detecta. Esta aflicción no puede ser clasificada propiamente como un miedo. Está asentada de un modo más profundo y fatal que todos los seis temores. A falta de un nombre mejor, llamaremos a este mal la susceptibilidad a las influencias negativas.

¡Los hombres que acumulan grandes riquezas siempre se protegen contra este mal! ¡La pobreza nunca los golpea! Los que tienen éxito en cualquier vocación deben preparar sus mentes para resistir este mal. Si está leyendo esta filosofía con el fin de acumular riquezas, deberá examinarse a sí mismo con mucho cuidado para determinar si es susceptible a las influencias negativas. Si descuida este autoanálisis, perderá su derecho a alcanzar el objeto de sus deseos.

Haga un análisis. Después de leer las preguntas preparadas para este autoanálisis deberá responder con veracidad. Hágalo con tanto cuidado como si buscara a un enemigo que usted sabe que lo espera para emboscarlo, y enfrente sus propios defectos como lo haría con un enemigo más tangible.

Usted puede protegerse contra los asaltantes en las carreteras debido a que la ley prevé la cooperación organizada para su beneficio, pero el "séptimo mal básico" es más difícil de dominar, porque golpea cuando no está enterado de su presencia, cuando está dormido y mientras está despierto. Por otra parte, su arma es intangible, ya que consiste simplemente en un estado de ánimo. Este mal también es peligroso porque ataca de tantas formas diferentes como existen experiencias humanas. A veces entra en la mente a través de palabras bien intencionadas de sus propios parientes. En otras ocasiones nace desde adentro, a través de una actitud mental propia. Es tan mortal como el veneno, aunque no pueda matar tan rápido.

Cómo protegerte contra las influencias negativas

Para protegerlo contra las influencias negativas, ya sean de su propia creación, o el resultado de las actividades de personas negativas que lo rodean, debe reconocer que tiene una fuerza de voluntad y ponerla siempre en práctica, hasta levantar un muro de inmunidad contra las influencias negativas de su propia mente.

Reconozca el hecho de que usted, y cualquier otro ser humano, son perezosos, indiferentes y susceptibles por naturaleza a todas las sugerencias que armonicen con sus debilidades.

Reconozca que es por naturaleza sensible a todos los seis miedos básicos, y cree hábitos con el fin de contrarrestar todos estos temores.

Reconozca que las influencias negativas suelen obrar en usted a través de su mente subconsciente y que por lo tanto, son difíciles de detectar, y mantenga su mente cerrada contra todas las personas que la depriman o desanimen de alguna manera.

Limpie su botiquín, arroje todos los frascos de pastillas y deje de regodearse con los resfriados, las dolencias, los dolores y las enfermedades imaginarias.

Busque la compañía de personas que influyan para que piense y actúe por sus propios medios.

No espere problemas, ya que tienen una tendencia a no defraudar.

Sin duda, la debilidad más común de todos los seres humanos es la costumbre de dejar su mente abierta a la influencia negativa de otras personas. Esta debilidad es tanto más perjudicial porque la mayoría de las personas no reconocen que están malditas por ella, y muchas de las que lo reconocen, descuidan o se niegan a corregir el mal, hasta que se convierte en una parte incontrolable de sus hábitos diarios.

Para ayudar a quienes desean verse a sí mismos como realmente son, se ha preparado la siguiente lista de preguntas. Lea las preguntas y exprese sus respuestas en voz alta para que pueda escuchar su propia voz. Esto facilitará que sea más sincero consigo mismo.

Preguntas del autoanálisis

¿Se quejas con frecuencia porque se "siente mal", y si es así, ¿cuál es la causa?

¿Ve defectos en otras personas a la menor provocación?

¿Comete errores con frecuencia en su trabajo, y si es así, por qué?

¿Es sarcástico y ofensivo en su conversación?

¿Evita deliberadamente la asociación con cualquier persona, y si es así, por qué?

¿Sufre de indigestión con frecuencia? Si es así, ¿cuál es la causa?

¿La vida le parece inútil y el futuro sin esperanza? Si es así, ¿por qué?

¿Le gusta su profesión? Si no es así, ¿por qué?

¿Siente autocompasión a menudo, y si es así, ¿por qué?

¿Es envidioso de los que se destacan más que usted?

A qué le dedica más tiempo, ¿a pensar en el éxito o en el fracaso?

¿Está ganando o perdiendo la confianza en usted mismo a medida que envejece?

¿Aprende algo valioso de todos los errores?

¿Está permitiendo que algún pariente o conocido lo preocupe? Si es así, ¿por qué?

¿A veces está "en las nubes" y en otras ocasiones en el abismo de la desesperación?

¿Quién tiene la influencia más inspiradora sobre usted? ¿Cuál es la causa?

¿Tolera las influencias negativas o desalentadoras que podría evitar?

¿Ha descuidado su aspecto personal? Si es así, ¿cuándo y por qué?

¿Ha aprendido a "sofocar sus problemas" por estar demasiado ocupado como para ser molestado por ellos?

¿Se llamaría a usted mismo "debilucho" si permitiera que otros pensaran por usted?

¿Ha descuidado la limpieza interior hasta que la autointoxicación lo hace irritable y de mal humor?

¿Cuántos trastornos prevenibles lo molestan, y por qué los tolera?

¿Recurre al licor, a las drogas o al cigarrillo para "calmar los nervios"? Si es así, ¿por qué no recurre más bien a la fuerza de voluntad?

¿Hay alguien que "lo moleste", y si es así, por qué razón?

¿Tiene un objetivo principal y definido, y si es así, ¿cuál es, y qué plan tiene para lograrlo?

¿Sufre de cualquiera de los seis miedos básicos? Si es así, ¿de cuáles?

¿Tiene un método para protegerse contra la influencia negativa de los demás?

¿Hace uso deliberado de la autosugestión para tener una mente positiva?

¿Qué es lo que más valora, sus posesiones materiales, o el privilegio de controlar sus propios pensamientos?

¿Es fácilmente influenciable por los demás en detrimento de su propio juicio?

¿Ha añadido hoy algo de valor a su conjunto de conocimientos o estado de ánimo?

¿Confronta directamente las circunstancias que lo hacen infeliz, o elude la responsabilidad?

¿Analiza todos sus errores y fracasos y trata de sacar provecho de ellos o, toma la actitud de que este no es su deber?

¿Puede nombrar tres de sus debilidades más perjudiciales? ¿Qué está haciendo para corregirlas?

¿Anima a otras personas a que le comenten sus preocupaciones?

¿Elige, a partir de sus experiencias cotidianas, las

lecciones o influencias que lo ayuden en su desarrollo personal?

¿Su presencia tiene una influencia negativa sobre otras personas por regla general?

¿Qué hábitos lo molestan más de las personas?

¿Tiene sus propias opiniones o permite ser influenciado por otras personas?

¿Ha aprendido a crear un estado mental con el que puede protegerse contra todas las influencias deprimentes?

¿Su ocupación lo inspira con fe y esperanza?

¿Es consciente de poseer las fuerzas espirituales para permitirle mantener la mente libre de toda forma de miedo?

¿Su religión lo ayuda a mantener una mente positiva?

¿Siente que es su deber compartir las preocupaciones de otras personas? Si es así, ¿por qué?

Si crees que "las aves del mismo plumaje vuelan juntas" ¿qué ha aprendido sobre usted mismo mediante el estudio de las amistades que atrae?

¿Qué relación, si hay alguna, ve entre las personas con las que se relaciona más estrechamente y cualquier infelicidad que pueda experimentar?

¿Podría ser posible que alguna persona a quien considere un amigo sea en realidad su peor enemigo, debido a la influencia negativa que ejerce en su mente?

¿Con qué parámetros juzga quién es útil y quién es perjudicial para usted?

¿Sus asociados íntimos son mentalmente superiores o inferiores a usted?

¿Cuánto tiempo de cada veinticuatro horas dedica a:

    a. su ocupación?

    b. dormir?

    c. jugar y descansar?

    d. adquirir conocimientos útiles?

    e. perder el tiempo?

¿Quién de sus conocidos:

    a. lo alienta más?

    b. lo advierte más?

    c. desalienta más?

    d. lo ayuda más de otras maneras?

¿Cuál es su mayor preocupación? ¿Por qué la tolera?

Cuando otros le ofrecen asesoramiento gratuito sin que se lo solicite, ¿lo acepta sin cuestionar o analiza el motivo?

¿Cuál es, por encima de todo, lo que más desea? ¿Tiene la intención de obtenerlo? ¿Está dispuesto a subordinar todos los demás deseos por éste? ¿Cuánto tiempo al día dedica a su adquisición?

¿Cambia de opinión con frecuencia? Si es así, ¿por qué?

¿Suele terminar todo lo que comienza?

¿Se impresiona fácilmente con los asuntos, títulos profesionales, grados universitarios o riquezas de otras personas? ¿Es fácilmente influenciable por lo que otras personas piensan o dicen de usted?

¿Le presta atención a las personas por su condición social o económica?

¿Quién cree que es la persona más grande que existe? ¿En qué sentido es esta persona superior a usted?

¿Cuánto tiempo ha dedicado a estudiar y responder a estas preguntas? (Se necesita por lo menos un día para el análisis y la contestación de la lista completa).

Si ha contestado a todas estas preguntas con la verdad, sabrá más sobre usted mismo que la mayoría de las personas. Estudie las preguntas con cuidado, repáselas una vez por semana durante varios meses, y le sorprenderá la cantidad de valiosos conocimientos que habrá obtenido por el simple método de responder a las preguntas con sinceridad. Si no está seguro acerca de las respuestas a algunas de las preguntas, busque el consejo de los que lo conocen bien, sobre todo de aquellos que no tienen motivos para halagarlo, y se verá a usted mismo a través de sus ojos. La experiencia será asombrosa.

Usted tiene el control absoluto sobre una sola cosa:

sobre sus pensamientos. ¡Este es el más importante e inspirador de todos los hechos conocidos por el hombre! Refleja la naturaleza divina del hombre. Este privilegio divino es el único medio por el cual puede controlar su propio destino. Si no puede controlar su propia mente, puedeestar seguro de que no controlará nada más.

Si ha de ser descuidado con sus pertenencias, que sea entonces en relación con las cosas materiales. *¡Su mente es su patrimonio espiritual!* Protéjala y utilícela con la debida atención a la que tiene derecho la Realeza Divina. Se le ha dado una fuerza de voluntad para este propósito.

Desafortunadamente, no existe ninguna protección legal contra aquellos que, ya sea por intención o por ignorancia, envenenan las mentes de los demás mediante la sugestión negativa. Esta forma de destrucción debería ser castigada por fuertes sanciones legales, ya que puede —y con frecuencia destruye— las posibilidades que tenemos de adquirir cosas materiales, y que están protegidas por la ley.

Varios hombres con mentes negativas trataron de convencer a Thomas A. Edison de que no podía construir una máquina que grabara y reprodujera la voz humana, "porque" dijeron, "nadie ha producido nunca una máquina así". Edison no les creyó. Sabía que la mente es capaz de producir aquello que la mente puede concebir y creer, y este conocimiento fue lo que elevó al gran Edison por encima del vulgo.

Hombres con mentes negativas le dijeron a F. W.

Woolworth que se "arruinaría" si abría una tienda de artículos baratos. Él no les creyó. Sabía que podía hacer cualquier cosa, dentro de lo razonable, si respaldaba sus planes con la fe. Al hacer uso de su derecho a apartar de su mente las sugerencias negativas de otros hombres, acumuló una fortuna de más de cien millones de dólares.

Hombres con mentes negativas le dijeron a George Washington que no podía esperar ganarles a los británicos debido a la gran superioridad de estos, pero él ejerció su derecho divino a creer, y por lo tanto, este libro fue publicado bajo la protección de las barras y estrellas, mientras que el nombre de Lord Cornwallis ha sido olvidado.

Personas incrédulas se burlaron con desprecio cuando Henry Ford probó en las calles de Detroit su primer automóvil burdamente construido. Algunos dijeron que nunca sería un objeto práctico. Otros dijeron que nadie pagaría dinero por semejante cachivache. Ford dijo: "Llenaré la tierra con automóviles confiables", ¡y lo hizo! Su decisión de confiar en su propio juicio le hizo acumular una fortuna mucho mayor de la que puedan dilapidar sus descendientes en las próximas cinco generaciones. Para el beneficio de aquellos que buscan grandes riquezas, recordemos que prácticamente la única diferencia entre Henry Ford y la mayoría de los más de cien mil hombres que trabajaban para él, es esta: que Ford tenía una mente y la controlaba, y los otros tenían mentes que no trataban de controlar.

Henry Ford ha sido mencionado en varias ocasiones

porque es un ejemplo asombroso de lo que puede lograr un hombre con una mente propia, y con la voluntad para controlarla. Su historia echa por tierra la excusa obsoleta de, "Nunca tuve una oportunidad". Ford tampoco tuvo ninguna oportunidad, pero creó una y la respaldó con perseverancia hasta ser más rico que Creso.

El control mental es el resultado de la auto-disciplina y del hábito. Controle su mente, o ella lo controla. No hay compromisos a medias. El más práctico de todos los métodos para controlar la mente es el hábito de mantenerla ocupada con un propósito definido, respaldado por un plan igualmente definido. Estudie la vida de cualquier hombre que haya logrado un éxito notable, y comprenderá que él tiene control sobre su propia mente, y que además, ejerce ese control y lo canaliza hacia el logro de los objetivos definidos. Sin este control, el éxito no es posible.

"CINCUENTA Y SIETE" EXCUSAS FAMOSAS

Las personas que no alcanzan el éxito tienen un rasgo distintivo en común. Conocen *todas las razones para el fracaso*, y tienen lo que creen que son excusas convincentes para explicar su propia falta de logros.

Algunas de estas excusas son inteligentes, y algunas de ellas se justifican por los hechos. Pero las excusas no pueden utilizarse con el dinero. El mundo sólo quiere saber una sola cosa: ¿ha alcanzado el éxito?

Un analista del carácter compiló una lista de las excusas más utilizadas. Examínese cuidadosamente mientras lee la lista, y determine cuántas de estas disculpas, si las hay, son utilizadas por usted mismo. Recuerde también que la filosofía presentada en este libro hace que cada uno de estos pretextos sea obsoleto.

SI yo no tuviera una esposa y familia...

SI yo tuviera suficiente "empuje"...

SI yo tuviera dinero...

SI yo tuviera una buena educación...

SI yo pudiera conseguir un trabajo...

SI yo tuviera buena salud...

SI sólo tuviera tiempo...

SI los tiempos fueran mejores...

SI las otras personas me comprendieran...

SI las condiciones que me rodean fueran diferentes...

SI pudiera vivir mi vida otra vez...

SI no tuviera miedo del "qué dirán"...

SI yo hubiera tenido una oportunidad...

SI ahora tuviera la oportunidad...

SI otras personas "no la hubieran tenido en lugar de mí"...

SI nada me detuviera...

SI yo fuera más joven...

SI yo pudiera hacer lo que quisiera...

SI yo hubiera nacido rico...

SI hubiera conocido a "las personas adecuadas"...

SI yo tuviera el talento que tienen algunas personas...

SI yo me atreviera a hacerme valer...

SI hubiera aprovechado las oportunidades anteriores...

SI la gente no me pusiera nervioso...

SI no tuviera que mantener la casa y cuidar a los niños...

SI pudiera ahorrar algo de dinero...

SI el jefe me apreciara...

SI sólo tuviera a alguien que me ayude...

SI mi familia me hubiera entendido...

SI viviera en una gran ciudad...

SI tan sólo pudiera empezar...

SI yo fuera libre...

SI yo tuviera la personalidad de algunas personas...

SI yo no fuera tan gordo...

SI mis talentos fueran conocidos...

SI las cosas se me dieran...

SI pudiera salir de deudas...

SI no hubiera fracasado...

SI tan sólo supiera cómo...

SI todo el mundo no se opusiera a mí...

SI no tuviera tantas preocupaciones...

SI pudiera casarme con la persona adecuada...

SI la gente no fuera tan tonta...

SI mi familia no fuera tan extravagante...

SI estuviera seguro de mí mismo...

SI la suerte no estuviera en mi contra...

SI yo no hubiera nacido bajo la estrella equivocada...

SI no fuera cierto que "lo que será, será"...

SI no tuviera que trabajar tan duro...

SI no hubiera perdido mi dinero...

SI viviera en un barrio diferente...

SI yo no tuviera un "pasado"...

SI sólo tuviera un negocio propio...

SI la gente sólo me escuchara a mí...

SI ★ ★ ★ y esta es la mayor de todas ★ ★ ★

Si yo tuviera el valor de verme tal como soy, descubriría cuál es mi problema y lo corregiría, y entonces podría tener la oportunidad de sacar provecho de mis errores y aprender algo de la experiencia de los demás, porque yo sé que hay algo malo en mí, o yo estaría ahora donde habría estado si hubiera pasado más tiempo analizando mis debilidades, y menos tiempo fabricando excusas para encubrirlas.

Fabricar excusas para explicar el fracaso es un pasatiempo nacional. Este hábito es tan antiguo como la raza humana, *¡y es fatal para el éxito!* ¿Por qué las personas se aferran a sus excusas? La respuesta es obvia. ¡Defienden sus excusas porque las han creado! La excusa de un hombre es hija de su propia imaginación. Es propio de la naturaleza humana defender nuestras propias creaciones.

Fabricar excusas es un hábito profundamente arraigado. Los hábitos son difíciles de romper, sobre todo cuando se justifican por algo que hacemos. Platón tenía en mente esta verdad cuando dijo: "La primera victoria y la mejor es conquistarse a sí mismo. Ser conquistado por sí mismo es, entre todas las cosas, la más vergonzosa y vil".

Otro filósofo tenía el mismo pensamiento en mente cuando dijo: "Fue una gran sorpresa para mí cuando descubrí que la mayoría de la fealdad que veía en los demás, no era más que un reflejo de mi propia naturaleza".

"Siempre me ha parecido un misterio por qué las personas pasan tanto tiempo engañándose deliberadamente a sí mismas mediante la creación de pretextos para encubrir sus debilidades. Si utilizaran esto de un modo diferente, bastaría para curar la debilidad, y entonces las excusas no serían necesarias", dijo Elbert Hubbard.

Finalmente, le recuerdo que "La vida es un tablero de ajedrez, y su rival es el tiempo. Si dudas antes de mover una ficha, o se niega a moverla con rapidez, el tiempo se encargará de sacar sus fichas del tablero. ¡Está jugando contra un rival que no tolerará la indecisión!".

Anteriormente, usted pudo haber tenido una excusa lógica para no haber obligado a que la vida le diera aquello que lepedía, pero esa disculpa ya está obsoleta, porque ahora tiene la llave maestra que abre la puerta a las riquezas abundantes de la Vida.

¡La llave maestra es intangible pero poderosa! Es el privilegio de crear, *en su propia mente*, un deseo ardiente de una forma definida de riqueza. No hay penalidad por utilizar la llave, pero debe pagar un precio si no la utiliza. El precio es el fracaso. Hay una recompensa de proporciones estupendas si utiliza la llave. Es la satisfacción que sienten todos los que se *conquistan a sí mismos y obligan a la vida a darles lo que le pidan*.

La recompensa es digna de su esfuerzo. ¿Empezará y se convencerá?

"Si todos estamos relacionados", dijo el inmortal Emerson, "debemos conocernos". Para terminar, puedo tomar prestado su pensamiento y decir: "Si todos estamos relacionados, nos hemos conocido a través de estas páginas".

NAPOLEON HILL: CRONOLOGÍA

26 de octubre 1883: Oliver Napoleon Hill nació en el condado de Wise, Virginia, hijo de James y de Sara Hill. Criado en una pequeña cabaña en una zona rural, Hill experimenta de primera mano la pobreza a una edad temprana.

1893: muere la madre de Hill.

1898: Hill comienza su carrera como escritor, teniendo un trabajo como "periodista de montaña" para varios periódicos rurales pequeños.

1900: Hill se gradúa de la escuela secundaria y deja el condado de Wise para asistir durante un año a una escuela de negocios en Tazewell, Virginia.

1901: Hill se gradúa de la escuela de negocios y busca un empleo con Rufus Ayres, un prominente abogado de Virginia, mediante la redacción de una carta en la que solicita pagar por el privilegio de ser el secretario de Ayres. Impresionado, Ayres contrata a Hill con un salario.

1902: Hill es promovido a gerente de una mina de carbón bajo la dirección de Ayres.

1903: Hill asiste a la escuela de derecho, pero no termina sus estudios: toma un trabajo como gerente de ventas de un aserradero.

1908: El aserradero cierra debido a la turbulencia económica y Hill busca trabajo como periodista.

1908: Hill entrevista a Andrew Carnegie como parte de su trabajo en una serie sobre hombres famosos para la revista *Bob Taylor*. Carnegie, quien cree que el éxito se puede reducir a principios simples que hacen que este sea posible para cualquier hombre, aconsejó a Hill para entrevistar a medio millar de personas muy exitosas con el fin de estudiar el proceso de éxito y descubrir esta fórmula de éxito.

1908-1928: El proyecto inspirado en Carnegie tiene una duración de más de veinte años, tiempo durante el cual Hill se convierte en asesor de Carnegie, y entrevista a los hombres más exitosos en todos los sectores, tales como Thomas Edison, Alexander Graham Bell, Henry Ford, Elmer Gates, Charles M. Schwab, Theodore Roosevelt, William Wrigley Jr., John Wanamaker, William Jennings Bryan, Woodrow Wilson, William H. Taft, John D. Rockefeller, F. W. Woolworth, Jennings Randolph, George Eastman,

Luther Burbank, Clarence Darrow, Edward W. Bok, Julius Rosenwald, y Charles Allen Ward.

1910: Hill se casa con Florence Hornor.

1911: Nace su hijo James.

1912: Nace su hijo Napoleon Blair (llamado "Blair").

1918: Nace su hijo David.

1919–1920: Hill funda y trabaja como redactor y editor de la revista *Hill's Golden Rule*.

1928: Se publica *La ley del éxito*, el primer estudio de Hill para delinear la "filosofía del logro", donde expone sus quince principios para el éxito desarrollados a partir de las entrevistas de Hill.

1930: Se publica *The Magic Ladder to Success*.

1931: Hill funda, edita y publica la revista *Inspiration*, la cual tiene una duración de sólo dos números.

1937: Se publica *Piense y hágase rico*, uno de los libros más influyentes y de mayor venta de todos los tiempos.

1937: Hill se casa con Rosa Lee Beeland.

1941: Hill lanza el primero de los dieciséis volúmenes previstos en el curso de *Mental Dynamite* y aunque el primer volumen es un éxito total en ventas, el racionamiento de papel durante la guerra impide que se impriman los otros volúmenes.

1943: Hill se casa con Annie Lou Norman.

1945: Se publica *The-Master-Key to Riches*.

1952–62: Hill se asocia con W. Clement Stone y su compañía, Combined Insurance Company of America.

Stone Hill convierte los principios del éxito de Hill en una piedra angular de su filosofía empresarial.

8 de noviembre 1970: Hill muere en Carolina del Sur.

1971: Se publica *You Can Work Your Own Miracles* el último libro de Hill.

ACERCA DEL AUTOR

Napoleon Hill nació en 1883 en el condado de Wise, Virginia. Trabajó como secretario, "reportero de montaña" para un periódico local, como gerente de una mina de carbón y de un aserradero, y asistió a la escuela de derecho antes de trabajar como periodista para la revista *Bob Taylor* trabajo que lo llevó a conocer al magnate del acero Andrew Carnegie, que cambió el curso de su vida. Carnegie creía que el éxito podía resumirse en unos principios que cualquier persona podía seguir, e instó a Hill a entrevistar a los mayores empresarios de la época para descubrir estos principios. Hill aceptó el reto, que duró veinte años y constituyó los pilares para *Piensa y hazte* rico. Este *best-seller* sobre la creación de riqueza y clásico de todos los tiempos ha vendido más de quince millones de copias en todo el mundo. Hill dedicó el resto de su vida a descubrir y a perfeccionar los principios del éxito. Después de una carrera larga y rica como autor, editor de revistas, conferencista y consultor para líderes empresariales, este pionero de la motivación murió en 1970 en Carolina del Sur.